混合所有制改革丛书

国家社科基金重大项目阶段性成果

国有企业混合所有制
并购中的信任与创新机制研究

王 艳◎著

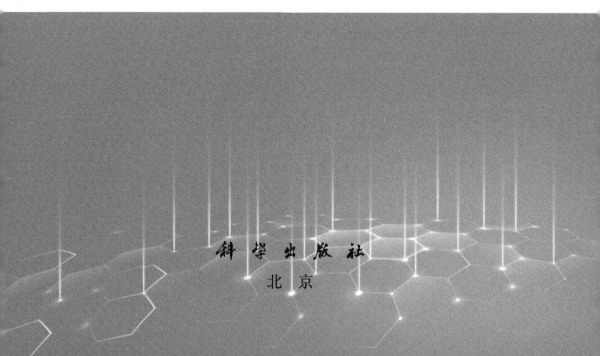

科学出版社

北 京

内 容 简 介

本书总结了国有企业混合所有制并购中的信任与创新机制，介绍了混合所有制经济、企业并购和国有企业发展的重要理论，建立了国有企业混合所有制改革的信任机制、创新机制以及并购价值的三大评价体系，结合实证研究和案例研究，推导博弈模型，通过多种方法分析国有企业混合所有制的信任及创新和并购价值的关系。

本书主要为高校师生和实务工作者提供教学和研究参考，对国有企业混合所有制并购有现实指导价值。

图书在版编目(CIP)数据

国有企业混合所有制并购中的信任与创新机制研究 / 王艳著. —北京:科学出版社，2022.4
（混合所有制改革丛书）
ISBN 978-7-03-068178-2

Ⅰ. ①国… Ⅱ. ①王… Ⅲ. ①国有企业-混合所有制-企业兼并-研究-中国 Ⅳ. ①F279.241

中国版本图书馆 CIP 数据核字(2021)第 037049 号

责任编辑：刘英红 / 责任校对：贾娜娜
责任印制：张 伟 / 封面设计：润一文化

科学出版社 出版
北京东黄城根北街 16 号
邮政编码：100717
http://www.sciencep.com
北京建宏印刷有限公司 印刷
科学出版社发行　各地新华书店经销
*
2022 年 4 月第 一 版　开本：720×1000　B5
2023 年 1 月第二次印刷　印张：13
字数：255 000
定价：128.00 元
（如有印装质量问题，我社负责调换）

作 者 简 介

　　王艳：教授，博士生导师。会计学博士，管理学博士后，财政部国际化高端会计人才（培养工程），广东外语外贸大学云山杰出学者、校学术委员会委员。国家社科基金重大项目"深化混合所有制改革的机制创新和实践路径研究"首席专家，广州市人文社会科学重点研究基地"粤港澳大湾区会计与经济发展研究中心"主任。高级会计师，中国注册会计师CPA。除重大项目外，还主持并完成国家社科基金一般项目1项，省部级以上项目10余项。在CSSCI权威期刊《管理世界》《南开管理评论》《会计研究》《管理评论》和SSCI期刊 *Accounting Forum*等发表论文30余篇，在科学出版社、经济科学出版社和Springer国内外权威出版社出版中文专著2部、英文专著1部。作为第一执笔人撰写的多篇调研报告获省部级领导批示或被省级政府采纳。获广东省第八届哲学社会科学优秀成果奖二等奖1项（2019年）、广东省第七届哲学社会科学优秀成果奖三等奖1项（2017年）。澳大利亚西澳大学、科廷大学访问学者。现任科技部会评专家，国家社科基金同行评议专家，广东省科技厅会评专家，中共广州市委全面依法治市委员会首批"广州市优化营商环境咨询专家库（25名）"决策咨询专家。财政部广东监管局、广东省财政厅、广州市人民政府国有资产监督管理委员会、广东省保险学会专家库专家。在中国企业界与资本市场有十余年工作经历，曾任财务部负责人等职。现任广东省会计学会常务理事、广东股权交易中心公司挂牌审核委员会委员。

序

王艳教授所著《国有企业混合所有制并购中的信任与创新机制研究》一书是国家社科基金重大项目"深化混合所有制改革的机制创新和实践路径研究（21ZDA039）"的阶段性研究成果，是"混合所有制改革"丛书的第一部专著。在以往的研究基础上，加入了中国国有企业混合所有制并购中的信任和创新机制，全面分析了信任、创新机制和企业并购价值的关系，探讨如何构建信任机制，提升创新能力并促进企业创造并购价值，拓宽了非正式制度领域的研究，实现了正式制度与非正式制度的融合。同时作者构建了并购价值评价指标体系与模型，运用了博弈分析、实证研究和案例研究，建立了中国国有企业混合所有制并购中的信任与创新机制的分析框架，并提出了有效的针对性建议，对推动与深化我国国有企业混合所有制改革具有较强理论意义和实践价值。

纵观全书，我们可以看出，作者在学习和继承现有理论成果的基础上，进行了积极的学术探索和创新，形成了较为丰富和有价值的研究成果。该书的特点主要体现在如下三个方面。

第一，理论研究深入，文献资料翔实。作者较为系统地研究了混合所有制经济、企业并购和国有企业发展的理论基础，深入剖析了国有企业混合所有制并购过程中存在的问题，从宏观到中观再到微观深入探讨了"创新-混合所有制并购-信任"的机制。

第二，研究方法多样，作者构建了信任机制、创新机制、并购价值评价体系，建立了实证研究和案例研究模型，推导了博弈模型。通过梳理信任与企业价值、创新与企业并购价值的文献，在总结出当前文献研究不足的基础上进行实证分析，剖析了信任机制、创新能力与并购价值的相互关联，深化了信任机制影响并购绩效的相关研究，以案例研究探讨了混合所有制并购与创新驱动发展的内在机理。

第三，研究视角新颖，研究建议有独到的见解。作者从信任与创新能力视角深入地研究了国有企业混合所有制改革中的并购问题，丰富了非正式制度研究的文献。同时，作者根据研究结论提出混合所有制改革中对非正式制度需要加以重视的呼吁，具有较高的实践价值。

该书是对混合所有制并购中信任和创新机制较为系统的研究，在一定程度上丰富了该领域的文献，有许多亮点，希望该书的出版能对我国国有企业混合所有制并购理论和实践提供一定的帮助，也希望作者能在今后的学术研究中继续深入耕耘，在此领域取得更加丰硕的成果与成就。

黄速建

2021 年 10 月

目　　录

第1章 绪 论

在新常态经济形势下，中国国有企业正积极探索存量资源重组式产权改革，并购成为中国国有企业进行混合所有制改革的重要途径。中国共产党十八届三中全会提出积极发展混合所有制经济，中国共产党十九大报告指出"深化国有企业改革，发展混合所有制经济"[①]，中国共产党十九届四中全会明确"发展混合所有制经济，增强国有经济竞争力、创新力、控制力、影响力、抗风险能力"[②]，十三届全国人大三次会议提出，国资国企改革的三大要点是实施中国国有企业改革三年行动、提升国资国有企业改革成效、提高核心竞争力，五大任务是国资监管体制、混合所有制改革、剥离办社会职能、聚焦主责主业、市场化经营机制，一个核心是激发市场主体活力。这一系列重大方针政策为中国国有企业混合所有制改革以并购为途径提供了目标和可行路径，以产权主体多元化为契机，通过公司治理、资源整合和体制机制融合，创造企业价值。在企业并购实践中，一直存在着并购黑匣子——"并购损益之谜"（post-merger puzzle），并购交易事件能够为企业带来好的市场绩效，但难以创造企业价值。从中国国有企业混合所有制改革的实践来看，如何通过并购整合实现所有权最优安排和释放制度红利是企业产权改革的焦点问题。近年来，并购中的信任与创新机制研究，已逐渐成为解释并购为何长短期绩效表现不一致、如何通过并购整合并购长短期绩效趋于一致的新研究视角。"混而不合"是混合所有制改革的共性难题，其中信任缺失阻碍创新能力提升可能是混合所有制并购创造企业价值的主要障碍，但这一视角的理论和实践研究却鲜有系统性论述（Chen et al.，2014；李文贵和余明桂，2015）。基于上述理论与现实背景，本书以混合所有制改革为背景，根据并购动机、并购整合与企业价值创造之间的逻辑关系，拟在中国国有企业混合所有制并购整合中嵌入信任和创新机制，推动中国国有企业改革发展。

本书具有重要的理论意义。构建了基于中国国有企业混合所有制并购的信任与创新机制理论模型框架，深化了并购理论研究内容。基于组织行为与组织资本

---

① 习近平：决胜全面建成小康社会 夺取新时代中国特色社会主义伟大胜利——在中国共产党第十九次全国代表大会上的报告（2017年10月18日），http://www.gov.cn/zhuanti/2017-10/27/content_5234876.htm。

② 中共中央关于坚持和完善中国特色社会主义制度 推进国家治理体系和治理能力现代化若干重大问题的决定（2019年10月31日），http://www.gov.cn/zhengce/2019-11/05/content_5449023.htm。

理论基础，在组织环境中突出中国国有企业与民营企业并购重组，以此构建诚信企业文化信任机制；基于战略并购等理论，在利益相关者利益最大化博弈推导的基础上，构建并购组织边界，从而构建利益相关者信任机制。揭示中国国有企业混合所有制并购事件的资本市场获利诱因如何影响利益相关者的信任机制建立，并直接影响并购企业短期市场绩效。在并购整合中，信任机制使并购创新能力提升对企业并购价值创造的促进作用更显著，这种信任机制来自企业内层的诚信文化而非外层的利益相关者共容利益，这有助于本书深化并购理论研究内容。同时，本书以中国国有企业混合所有制并购为研究背景，融合新制度经济学等多种理论，以信任机制为切入点，拓展行为财务领域研究，获取新的研究结论。围绕利益驱动下的信任机制，研究发现在中国国有企业混合所有制并购博弈中，收购方国有企业以收益最大化原则为定价策略出发点，但环境的复杂性和长期收益的不确定性使其行为是有限理性的（Givoly and Hayn，2000），交易定价根据预期市场超额报酬确定，从行为财务角度对并购如何创造市场绩效提供了新的理论解释。此外，将客户、供应商、债权人与股东等利益相关者的信任融入其财务行为发生、变化的内在机制中，并以财务现象予以反映，分析基于信任的财务行为对企业价值的影响。此外，本书将信任机制和创新机制这两种非正式制度与中国的混合所有制改革正式制度相结合，拓展了非正式制度领域的研究。本书揭示了在我国具有新兴转轨特征的资本市场中，非正式制度帮助中国国有企业在混合所有制并购交易过程中降低信息不对称和交易成本以创造并购价值的可行性和重要性，不仅对理解转轨经济阶段中的中国资本市场并购行为提供了一种新的视角，而且丰富了非正式制度的研究领域。并购企业获取信任并创造企业价值主要依靠并购交易与整合中的正式制度培育，同时实现正式制度与非正式制度的融合，这对企业并购重组可持续发展有着重要的意义。

同时，本书具有重要的实践价值。在中国混合所有制改革的大背景下，中国国有企业通过混合所有制并购引入民营股权进行混合所有制改革不仅仅是落实国家的政策精神，更是通过混合所有制发展经济，这具有重大的现实意义。中国国有企业并购民营企业之后，不仅能够直接利用被并购企业的资源和机会，扩大自身优势，而且能够借助并购这个机会对原有企业中存在的经营和管理问题进行调整，提升企业核心竞争力，被并购的民营企业也能实现保值增值，这对于双方来说是互益的。第六次并购浪潮以中国为主市场，以创新和技术核心竞争力并购为主要驱动力，这一次并购浪潮是中国实现产业结构调整升级和实体经济增长的极好机会。中国国有企业根据自身的特点，以信任与创新为核心元素，建立企业诚信文化，与利益相关者建立信任合作关系，在混合所有制并购整合中以创新能力提升为整合重点，化解国有企业混合所有制并购的"并购损益之谜"，促进并购创造企业价值，有助于微观个体企业实现可持续发展，国家实现经济增长方式转变和促进实体经济发展。中国国有企业混合所有制并购涉及并购双方当事人、给并购企业提供资金的股东和债权人，以及并购企业的供应商和买方。每一个利益相关者的行为背后必然有其动机和意图，动机和意图是基于利益预期而产生的，利益的实现程度又影响着并购企业的企业价值创造能力。识别中国国有企业混合所有制并购活动事前、事中和事后阶段，并购当事人和利益相关者的动机和利益预期，有助于政府制定和完善相关法律法规，规范并购行为，引导并购通过创造企业价值实现当事人和利益相关者利益均衡，同时，有助于并购当事人识别获取信任和提升创新能力的长效机制。正式制度与非正式制度双管齐下，引导中国国有企业混合所有制并购规范健康发展。

本书的研究方法具有多样性、新颖性和全面性。在规范研究方面，本书综合运用经济学、管理学、政治学、统计学等多学科研究方法，从理论机制、指标构建、模型构建、实证研究、案例研究和效果评价等多层面展开。以国有经济理论、混合所有制经济理论、战略并购理论为基点，从企业能力理论、信息经济学理论、创新相关理论等多种理论的角度，分析基于中国国有企业混合所有制并购的信任与创新机制。演绎法与归纳法相结合，以收购方国有企业宣告的并购事件为分析的逻辑起点，分析并购动机与并购中的信任机制、创新能力对企业并购价值创造的影响。通过比较、提炼中外并购研究的结论，梳理、分析国内外理论研究的差异，结合中国经济环境、制度环境与股票市场实际，归纳、构建适用于我国国情并促进中国国有企业混合所有制并购创造企业价值的信任与创新机制理论研究框架。同时，借助互联网、图书馆等平台，广泛搜集、整理和鉴别与国有企业发展、混合所有制并购、信任、创新相关的文献资料，在此基础上，综合梳理分析文献，提炼代表性观点，并用文本分析提炼出文献的盲点和本书应补充研究的内容。同时，本书还运用扎根理论和个案研究、系统动力学和综合分析法、博弈论和机制设计理论、指标评价体系构建法和实证研究法对国有企业混合并购中的信任与创新机制开展多维度、多视角和多层次研究，旨在构建中国国有企业混合所有制并购中的信任与创新问题分析框架，识别并购当事人信任对并购交易、利益相关者信任对企业创新能力及并购经济后果、并购当事人诚信文化对企业创新能力及并购经济后果的影响路径与作用方式。

第2章 混合所有制经济、企业并购和国有企业发展的理论基础

国有经济与混合所有制经济理论、新制度经济学理论、战略并购理论、契约经济学理论、信息经济学理论、非正式制度理论、企业能力理论、信任理论和创新理论共同构成了本书的理论基础。在我国国民经济发展的过程中，公有制经济发挥着主导作用，混合所有制经济是我国基本经济制度的重要实现形式，这为国有企业的改革发展与转型升级提供了契机。本书将以此为切入点，基于国有经济和混合所有制经济的理论，探究国有企业混合所有制并购的价值创造。从本质上而言，国有企业混合所有制并购是一种战略并购，是国有企业为了实现特定的发展战略和增加企业的价值而采取的并购行为，其根本目的在于获取核心竞争力，而创新能力是企业核心竞争力的组成部分。国有企业混合所有制并购和企业能力理论密不可分。新制度经济学是侧重于研究交易费用与制度本身的结构和安排的理论。国有企业进行混合所有制并购后，企业文化的整合和组织形式的选择均与新制度经济学的指导密不可分。非正式制度侧重于环境、认知、文化等层面制度的研究，对组织中与人相关的生产要素的自由流动、组织的效率和经营绩效等方面具有重要影响。在国有企业的混合所有制并购资源整合和价值创造中，不可忽略非正式制度的指导作用。人类的交换活动、企业和社会的发展均离不开信任，创新可以成为企业的核心竞争力，国有企业混合所有制并购中的信任和创新的整合，均离不开创新理论和信任理论的指导。在不完全契约理论下设计信任和创新机制，可以探析信任和创新能力对国有企业混合所有制并购价值创造的具体影响路径和效果。

2.1 国有经济与混合所有制经济的相关理论

市场经济可以划分为公有制和非公有制两个部分，国有经济和私营经济分别是公有制经济和非公有制经济的重要组成部分。混合所有制经济是二者的混合，混合所有制经济理论是对多种经济成分并存理论的进一步深化。国有经济、私营经济、混合所有制经济的存在和发展问题一直是马克思主义学者和西方经济学家理论研究的热点。

2.1.1　国有经济

国有经济是社会主义公有制经济的重要组成部分,与社会化大生产的发展相适应。在国民经济的发展过程中,国有经济发挥着主导作用,可以引导国民经济的健康发展、调控经济运行的态势。

1. 马克思主义主要观点

马克思在展现公有制经济的优势之前,先深刻剖析了资本主义社会的内在矛盾、外在表现及其不断激化的必然性,全面论述了公有制作为资本主义私有制的对应物必将取而代之的历史趋势。随着公有制经济的建立,社会的生产、分配和运行方式将发生巨大的改变,商品的生产将由社会进行统一的组织和安排。马克思、恩格斯认为,国家需要承担一定的社会职能和公共管理职能,在资本主义向社会主义过渡的时期,国有经济是改造社会关系的重要工具,无产阶级成为国家的领导阶级后,需要逐步掌握铁路运输、国家银行等重要领域的控制权。

随着对公有制经济认识的深入,结合传统所有制理论和社会主义发展的具体背景,马克思、恩格斯提出了国有制经济理论。马克思、恩格斯将国有制视为所有制其中的一种表现形式,认为国有制不具备阶级性,也不是区分社会形态的关键标志。国有制经济理论认为,国有制最先出现在私有制的社会里,随着社会的进步和生产力的发展,社会化分工日益细致,国有制也必将不断发展、健全和完善。随后,结合对社会主义的认识和具体实践,列宁进一步深化了国有制经济理论,提出了社会主义国有经济理论。列宁意识到,马克思和恩格斯对国有制和国有经济的讨论,是建立在成熟的社会主义状态的基础上的,但这并不适合处于社会主义基础薄弱、经济社会文化仍较为落后的俄国。列宁认为,需要结合社会生产水平量身制定适合本国的经济发展政策,从而推动国有经济的发展和社会的进步,国有经济需要掌握本国的经济命脉。

2. 西方经济学主要观点

长期以来,西方政治和学术领域对于国家政府部门是否应该对国民经济发展进行干预存在较大争议。国有经济的存在与发展路径一直都是西方学术界研究的热点问题。西方关于国有经济的讨论最早源于亚当·斯密,他虽然并未明确提出国有经济或公共产品的定义,但意识到了市场经济和私人资本投资存在的局限性。密尔将政府的职能划分为“政府必须行使的职能”和“政府可选择行使的职能”两类,认为政府必须行使的职能是指与政府这一概念密切相关的职能;对于政府而言,可选择行使的职能同样重要。密尔认为政府职能范围广泛,更加具体和现实地论述了政府干预在经济发展中发挥的重要作用。

凯恩斯分析了市场经济具有的局限性，认为应该扩大政府部门的职能、增强政府部门对市场的干预。与此同时，许多西方经济学家将国有化视为宏观调控经济、弥补市场失灵的重要途径。虽然国有经济在西方国家饱受质疑和争议，但西方资本主义国家均发展了国有经济、增强了政府部门对市场的干预。

2.1.2　私营经济

非公有制经济是指公有制经济形式以外的所有经济形式，私营经济是非公有制经济的重要组成部分。私营经济的发展可以充分激发国有经济的活力，完善所有制经济结构，促进国民经济的发展。

马克思将所有制形式具体划分为公有制和私有制，提出生产资料的所有制形式会随着生产力和社会形态的发展不断变化。结合社会发展的六个阶段，马克思认为在奴隶社会、封建社会、资本主义社会中，私有制经济占据主导地位；在原始社会、社会主义社会、共产主义社会中，公有制经济占据主导地位。恩格斯认为，如果仅用所有制经济形式的变化概述人类社会的发展历程，那么人类社会的发展会经历公有制经济—非公有制经济—公有制经济的变化；提出共产主义社会的形成并不是一蹴而就的，人类社会也难以在短时间内从非公有制经济状态过渡到公有制经济状态。马克思主义学者认为，由于生产力水平决定着生产关系，私有制经济形势不可能在短时间内消失，仍会在社会中存在相当长的一段时间。

2.1.3　混合所有制经济

混合所有制经济是非公有制经济和公有制经济的混合，是在基本经济制度既定的背景下，由一系列相互联系和制约的制度、结构、组织等组合而成的复合体。混合所有制经济理论是对多种经济成分并存理论的进一步深化，为国有企业的改革转型提供了契机，在推动经济发展方面发挥着重要作用。

1. 马克思主义主要观点

所有制思想在马克思主义的研究中占据重要地位，对社会其他关系的形成具有重要影响。马克思、恩格斯、列宁等对混合所有制的思想进行了深入探究。马克思在《资本论》中阐述了股份制这一混合所有制经济的实现形式，并将其看作资本主义自我否定的过程，认为混合所有制经济的发展是由资本主义社会向社会主义社会发展的必经之路。恩格斯认为应当发展农业合作社，将私人所有制经济和集体所有制经济融合，充分发挥公有制强大的社会基础和私人资本的主观能动性。恩格斯给予了混合所有制经济形态极高的评价。

基于俄国的实际情况，列宁提出了农民经济、私人资本主义等多种所有制经济形式并存的观点，主张大力发展合作社，帮助以小农经济为主体的东方国家过渡到社会主义阶段。列宁首次提出了集体所有制经济的概念，认为可以借鉴和利用资本主义的方式，充分发展社会主义。在社会主义建设的初级阶段，由于生产力和生产关系落后，发展混合所有制经济将极具政策、理论和现实意义。由此可见，马克思主义学者虽未明确提出"混合所有制"的概念，却在理论中蕴藏了许多混合所有制的观点。

2. 西方经济学主要观点

早在 19 世纪，西方市场就出现了混合经济的形态，但由于当时社会主张"少干预"或"不干预"且政府部门的规模较小，混合经济并未引起人们关注；20 世纪，西方经历了经济大萧条①，充分暴露了市场经济调节的盲目性和自发性，证明了政府干预的必要性。西方政府开始由自由放任的市场管理方式转向对市场进行干预，公共部门的规模和管理范围不断扩大。基于这种社会背景，Keynes（1936）首次提出了混合经济理论，认为扩大政府部门的职能、增强政府部门对市场的干预、促进国有资本和私人资本的合作是帮助西方社会渡过经济危机和解决失业问题最切实可行的方法。保罗·萨缪尔森（Paul A. Samuelson）1961 年在 *Economics* 一书中对市场经济和混合经济进行了进一步探究，认为现代市场经济同时包含"私人经济"和"公有经济"两部分，是国家行政机构和私人机构共同控制经济、市场竞争和垄断并存的混合经济制度，混合经济已经成为大部分西方资本主义国家的经济发展模式。萨缪尔森同时指出，市场经济应当依靠市场的价格机制和政府政策共同解决面临的问题，促进国民经济增长的任务并不能完全由市场调节来完成，还需要政府政策的配合。

对于西方资本主义国家现有的经济模式，混合经济理论认为，大部分西方国家的经济是"公私混合经济"，即除了资本主义经济，西方资本主义国家中还存在着公共经济。因此，资本主义国家的经济发展趋势是由个人主义经济向以社会福利为核心的混合经济转变，国家治理者应合理利用国家宏观调节经济的方式弥补私营经济的不足、克服社会发展中面临的失业和经济停滞等问题。

在混合经济中，公共部门和私人部门之间的互动和联系是通过生产要素和收入在两个部门间全方位和多渠道地流动而实现的。例如，政府向企业和社会公众征收各项税费和发行公共债券，使货币资金从私人部门向公共部门转移；政府向企业发放补助、进行基础设施建设等转移性支出，使货币资金从公共部门流向私人部门。政府利用财政支出购买商品和服务，使商品和服务从私人部门向政府部

---

① 经济大萧条（Great Depression），是指发生在 1929 年至 1933 年全球性的经济大衰退，是 20 世纪持续时间最长、影响最广、强度最大的经济衰退。

门转移；私人部门也可以通过交纳税费等方式获得公共部门提供的医疗、教育等服务。此外，公共部门可以通过向私有企业投资的方式，帮助私有企业获得一定的竞争力，从而在企业内部实现国有经济和私营经济的融合。正是在公共部门和私人部门的互动和联系中，货币、产品和服务相互交易、流动和转移，形成了统一的市场经济体制。而公共部门和私人部门之间复杂的交易和联系，大部分是通过公共部门基于等价的原则，在产品和要素市场进行购买实现的，国家政府部门应以市场经济为基础履行职能。

2.1.4　中国特色的混合所有制经济理论

借鉴西方混合经济理论和马克思主义学者马克思、恩格斯等关于混合所有制的研究，结合中国基本国情和现实发展背景，中国逐渐形成了具有中国特色的混合所有制经济理论。党的第十一届三中全会提出以经济建设为工作重心，决定实行改革开放，从此拉开了中国经济体制改革的序幕。针对计划经济体制下的国有企业经营效率低、缺乏创造力的情况，我国制定了一系列方针政策，以发展国有经济和国民经济、提升国有企业的经营管理效率。1992 年，邓小平对计划经济和市场经济的关系进行了创造性的论述，提出了"计划经济不等于社会主义，资本主义也有计划；市场经济不等于资本主义，社会主义也有市场。计划和市场都是经济手段"①，为发展混合所有制经济和混合所有制改革奠定了重要的理论基础。

党的十三大提出要充分鼓励个体经济、私营经济等经济形式的发展。党的十五大首次明确提出了混合所有制经济的概念，十五届四中全会充分肯定了混合所有制经济的发展优势，提出要推进国有企业的股份制改革和促进国民经济的增长。由此可见，混合所有制经济一直以来都备受党中央的关注，我国对于混合所有制经济的认识也随着改革的不断推进而深化，提出的各项政策也为混合所有制经济在我国的发展提供了坚实的政策理论基础。

2.1.5　小结

国有经济是社会主义公有制经济的重要组成部分，与社会化大生产的发展相适应。马克思主义学者和西方经济学家均对国有经济、私营经济的存在形式和重要性进行了论述。随着公有制经济和非公有制经济的发展，马克思主义学者对混合所有制的思想进行了研究，虽未明确提出"混合所有制"的概念，但在其理论中蕴含了大量"混合所有制"的观点。基于经济萧条和政府扩大干预的背景，西方经济学家提出了混合经济理论，认为应当依靠市场的价格机制和政府政策调控的共同作用维持经济的稳定、促进经济的增长、解决社会发展中面临的失业等问

---

① 邓小平与社会主义市场经济（2014 年 11 月 30 日），http://theory.people.com.cn/n/2014/1130/c40531-26119238.html。

题。在混合经济中，公共部门和私人部门存在着复杂多样的关系和互动，形成了统一的市场经济。借鉴国外学者关于混合经济的相关研究，我国逐渐形成了具有中国特色的混合所有制经济理论，并在改革中不断深化。基于此，本书将以国有经济和混合所有制经济理论为主要切入点，立足于国有企业的现实发展背景，深入探究我国混合所有制并购对国有企业并购价值创造的影响，以及信任和创新机制在并购价值创造中发挥的作用。

2.2　新制度经济学理论

新制度经济学是在新古典经济学的基础上建立和发展起来的重要的经济学理论。新古典经济学主要基于既定的结构和制度研究资源合理配置的问题；新制度经济学引入了交易成本的概念，侧重于研究制度和结构本身，分析制度结构和资源配置之间的关系。新制度经济学理论使经济学研究从假设零交易成本的古典经济学研究走向存在交易成本的更为现实的研究中，主要分为交易费用理论、产权理论、企业理论和制度变迁理论。

2.2.1　交易费用理论

交易费用理论是现代产权理论的基础。1937 年，西方经济学家 Coase 首次明确提出交易费用的概念，认为交易费用主要包括制度（契约、合同）界定和执行的成本、产权界定和转让的成本。Coase（1937）首先意识到了交易活动的稀缺性，认为交易活动的稀缺性是产生交易费用的根本原因，并将交易作为基本单位应用于制度经济学的研究中。但是，由于企业的内部交易过程（如生产、管理）也会产生交易成本，企业对于交易成本的降低具有一定的限度，交易费用虽然不能无限度地消除，但可以通过技术的进步和制度的安排进行降低。约拉姆·巴泽尔（Yoram Barzel）认为交易费用产生的根本原因是商品拥有多种属性，并将交易费用定义为获得和转让产权所产生的费用。

借鉴国外学者的研究成果，国内学者张五常 1987 年[①]明确了交易费用的范围，认为交易费用是除了物质运输和生产的直接成本之外的所有费用，包括谈判成本、监督成本等多个方面。杨小凯（2004）从劳动和中间产品交易两个维度明确区分了市场和企业，认为企业主要是利用劳动市场取代中间产品市场。沈满洪和张兵兵（2013）总结梳理了交易费用的内涵和具体的测度方法，认为交易费用理论对我国经济转型和改革具有重要的指导作用。

---

① 张五常的这种思想在其文章中多次被提及，但首次提出是在 1987 年。

2.2.2　产权理论

产权制度是市场制度和其他制度安排的基础。Coase（1959）首次提出了产权的概念，并将产权纳入经济学的研究中，形成了最早的现代产权理论。Coase 认为产权是由法律规定的权利，当外界不存在交易成本时，产权定义和以自愿原则进行交易构成了资源有效配置的充要条件；当外界存在交易成本时，产权制度会影响资源分配和利用的效率，明晰的产权制度有助于降低外部交易成本，促使资源在市场的自由交易中实现最优配置。无论是在企业制度中还是在市场制度中，明确的产权制度都是实现资源有效配置的必要条件。Demsetz（1967）从外在性、经济效率的角度对产权进行分析，认为要明确产权的边界。Barzel（1974）基于资产和商品的属性对产权进行分析，认为产权具有相对性和渐进性，经济上而不是法律形式上的所有权才是实际的所有权。奥利弗·哈特（Oliver Hart）在 *Firms, Contracts, and Financial Structure* 一书中认为基于合同存在的不完全性，只有让投资者转变为企业的所有者，享有剩余求偿权，才可以促使投资者进行投资。

2.2.3　企业理论

新政治经济学的交易费用理论侧重于研究企业和市场的关系；企业理论侧重于研究企业内部组织和结构。企业是为了特定目的进行经营生产和提供产品、服务的组织，其最终目的在于最大化企业财富和所有者权益。由于市场存在信息不对称、有限理性等复杂问题，市场交易的费用十分昂贵。为了减少交易成本，企业开始成为取代市场交易的新方式，节省交易成本是企业设立和存在的根本动力。在市场的经济活动中，资源的有效配置受价格机制的影响；但在企业的经营管理活动中，资源的有效配置取决于上级部门的"命令"。

企业与市场的边界（即企业的规模），从根本上而言是由企业的生产技术水平决定的。由于企业的生产经营和管理存在一定的交易成本，企业的边界并不可能无限度地扩张。作为有限理性的经济人，企业会根据交易费用的高低选择合适的组织形式，企业规模的限度是利用企业组织劳动分工的成本等于利用市场组织劳动分工的成本。

2.2.4　制度变迁理论

制度变迁理论是在产权理论、意识形态理论等理论的基础上，由以道格拉斯·诺斯（Douglass C. North）为代表的经济学家提出的。诺斯认为，尽管技术创新促进了社会经济发展，但是如果人们没有拥有制度创新和变迁的想法，以及未及时采取行动构建一系列制度（如产权制度）将技术创新的成果进行巩固，将难以实现国家长期、可持续的经济增长和社会稳定发展。在促进国家经济增长和维护社会稳定发展方面，制度发挥着决定性的作用。

制度变迁是对现有制度供给和需求不均衡的一种反应，从根本上而言，是更具有效率的新制度对原有低效率的制度的替代过程，通常会经历僵滞、创新、均衡三个发展阶段。制度变迁的原因在于制度的相对稳定性、环境的不确定性、人类对利益追求三者的冲突。简单而言，当一项制度为人们带来的预期收益超过其预期成本，该项制度便存在创新的可能。

2.2.5　小结

新制度经济学引入交易成本的概念，深入探究制度结构和资源配置之间的关系，代表理论有"交易费用理论""产权理论""企业理论""制度变迁理论"。基于此，本书将对新制度经济学理论中细分的国有企业的并购活动进行研究。相较于民营企业，国有企业会受到政府更多的政策性支持，缺乏逐利和创新的动力，因而经营效率相对不高。针对部分国有企业生产经营过程中存在的低效率的问题，近年来，我国将推动混合所有制经济发展和国有企业混合所有制改革作为经济工作的重点。国有企业参与混合所有制并购，可以引入民营资本投资、提升企业经营管理绩效、完善内部控制和治理结构、实现国有和民营资本的优势互补，从而对企业的价值创造产生影响。并购方（国有企业）和被并购方（民营企业）的相互信任，有助于实现不同所有权性质企业的优势互补，并进一步促进并购企业的经营管理绩效。

2.3　战略并购理论

战略可以解释为战争谋略，是指从全局出发，长期性和阶段性地分析战争的策略。战略对于企业的生存发展具有重要的意义，包含经营、投资、并购等多个方面。战略并购以企业理论中资源基础观为基础，是企业为了实现特定的发展战略而采取的经济活动（Weston and Chung，1983），是企业实现可持续发展、增强竞争优势的重要方式。

2.3.1　战略并购动机

企业进行战略并购的动机主要在于通过扩大企业规模、实现协同效应、提高企业的科技创新能力并保持可持续竞争优势，来实现并购创造价值与财富。从并购动机的形成到获得价值增值，企业通常会经历并购事前、事中和事后三个不同的阶段，并购事前主要制订收购计划、评估收购风险等，并购事中主要支付并购对价、聘请专业机构等，并购事后主要对并购的绩效进行评估、整合内部资源等。并购的每个阶段都会涉及不同的利益相关者（如并购双方企业股东、评估机构、供应商），而不同的利益相关者拥有不同的并购动机。根据并购活动的参与者对并购企业影响的大小，可以将并购活动的参与者划分为并购当事人（参与并购双方）、利益相关者（供应商、债权人等）。

在战略并购中，参与并购的双方和利益相关者均期望通过并购增加企业的价值、实现各自的利益诉求。因此，实现并购规模效应和协同效应、增加企业的价值为战略并购最本质的动因。股东是企业产权的所有者，然而，在现代企业治理制度的背景下和企业的经营发展过程中，由于股东缺乏管理企业必要的知识和技能，其会将企业资产交由管理层进行生产经营管理，并采取系列行为（如设定目标薪资、股权激励）对管理层进行激励和约束，促使高管按照企业财富和所有者权益最大化的目标进行生产经营管理。因此，股东在战略并购中期望以尽可能小的风险取得较高的收益、避免支付过高的并购溢价、实现并购企业价值和所有者权益的高速增长。与企业股东的利益函数不同，管理层主要通过薪酬奖励实现收益，薪酬奖励往往是企业规模的增函数。因此，管理层倾向于通过并购扩大原有企业的规模、增大企业的经营范围、分散企业经营的风险，从而帮助其获得更好的薪酬回报、分散管理层的风险。债权人不会对企业的并购活动产生直接的影响，其关注的重点在于企业的资产可抵押水平、经营现金流情况、是否能按时偿还负债等。因此，在企业的并购活动中，债权人期望并购后的企业拥有更为充足的利润和现金流、可以按时偿还款项。债权人也会通过契约等方式对并购后企业的经营、管理层的治理进行监督，促使并购为企业创造价值，以保护自身的权利、按期收回本金和利息。在并购活动中，客户期望并购后的企业可以提供更为优质的产品和服务、更符合需求的个性化产品；供应商期望并购后的企业可以履行合同的规定和义务、按期付款、建立更为长久的交易关系和增加销售的比重。因此，客户和供应商的诉求均会推动并购企业进行价值创造。

2.3.2　战略并购经济后果

在企业的经营和发展过程中，企业拥有的有形资源和无形资源的自由流动帮助企业逐步形成了独特的资源和能力，这些资源和能力成为企业的核心竞争力。基于自身拥有的独特资源和优势，收购方和目标公司根据公司制订的战略发展需要，选择并购这一途径实现战略目标，促进公司的资源配置和利用效率，使并购公司内部资源实现协同效应，从而增加并购公司的价值。首先，战略并购的根本原因在于通过并购实现企业特定的经营发展战略。并购企业通过整合、共享彼此独特的知识、资源、技术创新能力，实现规模经济和协同效应，优化产业链和形成长期战略合作联盟，从而促进双方企业的可持续发展，实现"1+1>2"的经济效果。其次，战略并购实现的基础为企业竞争优势的提高。企业的竞争优势和经营发展的战略目标会随着时间的推移、外部环境的改变而不断变化。因此，企业可以通过战略并购的方式，重新整合和调整内外部的知识和资源，形成新的竞争能力，帮助企业实现长远和可持续的发展。最后，战略并购和财富转移型并购是基于并购动机划分的两种不同类型的企业并购。企业并购具有多种分类方式，如根据并购公司的产业属性，并购可以划分为横向、纵向和混合并购三种；根据并购的动机，并购可以分为战略并购和财富转移型并购。财富转移型并购是一种较为纯粹的企业价值的分配行为，展现了公司利益相关者在并购过程中利益掠夺与被掠夺、资源侵占与被侵占的动态过程。而战略并购主要呈现双方企业通过并购实现价值最大化、相互共享企业价值和优势，实现规模效应、协同效应的过程。

2.3.3　战略并购风险

在企业战略并购的三个阶段中，存在着各种风险。并购前期的风险主要存在于投资决策、制度和法律等方面，并购中期的风险主要存在于支付合适的并购对价、选择融资渠道等方面，并购后期的风险主要存在于企业资源、文化制度的整合等方面。在并购过程中企业应关注行业、企业文化等方面的风险，如充分了解被并购方的行业背景及经营风险、员工的责任心和价值观等方面的内容。

2.3.4　小结

企业通过战略并购扩大规模、实现特定经营战略，是市场经济发展的必然情况，企业发展的历史是由一系列的并购活动组成的。企业可以通过并购产生协同效应，获得先进的技术和生产力，增强竞争优势，从而实现企业价值创造和帮助不同的利益相关者实现各自的利益诉求。并购可以划分为战略并购和财富转移型并购，由于国有企业进行混合所有制并购的根本原因在于增加企业的价值、实现协同效应，国有企业的混合所有制并购属于战略并购。在国有企业的混合所有制战略并购中，会存在各种风险，并购双方应合理评估企业面临的风险，关注并购存在的不确定性因素，尽可能减少并购的风险。基于此，本书将对国有企业混合所有制的战略并购进行探究，并分析信任机制和创新机制对国有企业战略并购后绩效的影响的具体路径。

2.4　契约经济学理论

在存在信息不对称问题的经济环境中，契约经济学侧重于研究如何通过有效的契约安排促进交易的公平。在微观经济活动中，契约的签署主体为企业，企业与交易对方签署的一系列契约将双方纳入契约网络中，如企业与公司管理层和员工签约、企业与资本投入者股东和债权人签约、企业与供应商和客户签约。在完整的契约网络中，除了签署契约的主体，还有履约的环境（如资本市场）。在法学中，契约是完全契约，内容完备且在任何情况下均可被证实，具有法律强制力；经济学的研究者主要从制度的特性和契约具有的经济功能的角度对其进行界定，在微观经济学的研究中，契约的本质是一种交易的微观制度，并且主要为不完全契约。

2.4.1　不完全契约理论

经济学中研究的契约一般指"不完全契约"，即签订契约前无法包括所有或然事件的契约。不完全契约产生的原因有很多。第一，签约人的行为是有限理性的。在复杂的现实世界中，签约人决策的起点是理性的，但由于签约人的有限理性，人们并不能估计到所有的偶然性，契约中出现条款遗漏的情况不可避免，而且即使签约双方估计到了所有的偶然性，也很难将其用双方均认可的语言写入契约中（Hart and Moore，1990）。第二，签订契约存在交易成本。在签约双方签订契约时，预测未来事件并将应对的措施写入契约中，都会产生交易成本，因此，签约双方倾向于在签署契约时遗漏部分内容，待日后该事件发生时再进行讨论和协商。第三，相关变量的第三方不可验证（Hart and Moore，1990）。签约双方签订的正式契约既包含法律契约属性，也包含心理契约属性，因此，对于契约中包含的内容和条款，签约双方是清楚且明确的，但对于未参与签约的第三方，由于其并未参与签约的整个过程且对履约的环境缺乏深入了解，无法观察所有的契约条款。第四，信用制度的不完善与不健全，交易的一方违反合约相关条款却可以不承担赔付责任。不完全契约会增加履约过程中产生的交易成本，并导致契约市场运行效率低下。而信用秩序的建立和信用制度的完善，需要正式制度和非正式制度的共同约束和引导。

在信息经济学理论中，委托人和代理人之间存在着"委托—代理"关系，双方签订了一系列的契约。由于签订契约的双方存在信息不对称，契约经济学理论认为，委托方应注重激励契约的设计，对代理人的行为进行约束，减少道德风险。此外，由于代理人和委托人签订的是不完全契约，企业经济活动中存在一系列的代理问题，如公司高管侵占股东的合法利益。

2.4.2　激励契约设计

针对不完全契约情况下制度和机制的选择，不完全契约理论有两个分支。一是以 Williamson 为代表的交易费用经济学，认为签约双方应通过比较不同现实情况和治理结构下事前和事后交易成本的差异，选择最为节省成本的制度安排。二是以 Hart 为代表的新产权理论，认为应当建立某种机制充分保护签约前的投资激励，以达到次优社会福利的效果。交易费用经济学和新产权理论均将有限理性和机会主义作为不完全契约产生的主要原因，但分析问题的侧重点有所不同，交易费用经济学侧重于研究契约事后的适应性治理，而新产权理论侧重于研究事前的投资激励保护机制。

针对契约中存在的不可履约或无法完全履约及法律制度不完善的问题，Telser（1980）、Klein 和 Leffler（1981）对自我履约协议进行研究。参与自我履约协议的双方均不希望与存在违约可能的另一方签订合同或契约，而且自我履约协议对于单方违约者的惩罚只有立即终止合约。因此，潜在的违约者会将履行合约获得的收益与违反合约需要付出的成本进行对比，能够在最初达成和签订的自我履约协议必定是履行合约获得的收益超过违反合约需要付出的代价。签订自我履约协议是交易双方保持长期商业关系的一种方式，交易双方的可靠性源于双方对于履行合约获得的收益和违反合约需要付出的成本的衡量，而不是双方的道德水平。当交易的一方发现对方违反了合约条款，将采取最极端但最有效的方式——永久终止合约，因此，自我履约协议具有较强的约束性。而与自我履约协议相对的，是第三方履约协议。在第三方履约协议中，当签订契约的一方违反合约的条款后，另一方可要求事先约定的第三方进行调节或裁决。

2.4.3　小结

契约经济学侧重于在信息不对称的环境中研究如何通过有效的契约安排促进交易的公平。由于签约双方存在信息不对称等问题，现代契约经济学理论的发展经历了"委托—代理"契约理论和不完全契约理论两个阶段。此外，还有学者针对关系契约中的自我履约协议和第三方履约协议进行研究。在国有企业形成混合所有制并购动机和完成并购整合的过程中，并购双方会达成和签订各种不完全契约，如"对赌协议"①。在并购的各种不完全契约的达成和签订过程中，利益相关者除了关注不完全契约中的权利，也会关注契约执行过程中的权利（如影响投资者的回报），利益相关者将利用契约中的权利进行博弈，以获得更多的收益。例如，针对股东拥有的所有权与控制权，Hart 认为应该增大股东在企业投资决策中发挥的作用，从而帮助股东实现企业所有权与控制权的匹配，减少代理人（管

---

① 对赌协议（valuation adjustment mechanism，VAM）就是收购方与目标公司出让方在达成并购协议时，对于未来不确定的情况进行一种约定。如果约定的条件出现，收购方可以行使一种权利；如果约定的条件不出现，目标公司出让方则行使一种权利。所以，对赌协议实际上就是期权的一种形式。在信息不对称情况下签订的不完全契约，可通过对赌协议等条款设计，有效保护收购方利益。

理层）的道德风险。基于此，本书将基于不完全契约理论基础设计信任与创新机制，将信任机制融入并购企业创新能力提升路径的研究中，丰富和深化研究者对并购动机、并购整合及并购企业创新能力的提升等方面的认识，探究信任机制和创新机制对国有企业混合所有制并购价值创造的作用路径。

2.5　信息经济学理论

经济学主要探究人类和社会在生产和交换过程中的行为和规律。在生产和交换的过程中，信息是最为基本的要素。随着经济全球化，信息的收集和应用在经济活动中的重要性不断提升。微观信息经济学从信息分布具有非对称性这一特征出发，重新思考和研究了传统经济学基于完全信息假设提出的一系列观点，并深入探究信息的价值延伸出的竞争均衡、委托—代理、风险与不确定性、逆向选择与道德风险等问题，深化学者对微观经济活动的理解。1961 年，Stigler 创造性地提出了信息的价值、获取信息带来的成本问题和不完全信息情况下导致的市场失灵等问题。

2.5.1　信息不对称理论

由于市场交易中存在信息不对称的问题，拥有信息优势的一方通常能在市场交易中获得更多的收益；处于信息劣势的一方会意识到对方在利用信息优势操纵交易，会采取相应措施加以应对。此时，市场价格机制不再具有效率，甚至无法促成令交易双方均满意的交易。根据发生的时间，非对称信息可以具体划分为事前和事后两类。事前非对称信息是指存在于签订契约或合同之前的非对称信息，如贷款人贷款前的信用情况、投保人买保险前的身体情况，会导致逆向选择的问题，使购买方在市场中选择了本不希望选择的商品。例如，在旧车市场中，相较于买车人，卖车人掌握更多的关于汽车的信息，而买车人可能只了解汽车市场的平均价格，从而产生了"柠檬市场"（次品市场）问题，优质的汽车逐渐退出汽车市场，交易市场中最终只会剩下劣质的汽车。事后非对称信息是指在签订契约或合同后才存在的非对称信息，如员工签订合约后的努力水平，会导致道德风险的问题。产生的原因在于交易的一方无法监督另一方的行为，如在保险交易中，投保人购买保险后可能会改变其行为，增加保险公司赔付的风险。

2.5.2　信号理论

对于逆向选择问题，Spence（1973）提出了"信号理论"，鼓励掌握信息优势的一方主动对其拥有的信息进行披露。例如，应聘员工出示学历和能力的相关证书、汽车卖方为客户提供维修担保等、公司出售的产品建立了一定的品牌知名度等。掌握信息的一方"发信号"的目的在于区分优劣产品,因此,优质产品"发信号"的成本应高于劣质产品"发信号"的成本,优质产品"发信号"获得的收益应远大于其"不发信号"获得的收益。"发信号"是优质产品和劣质产品的拥有者在不完全信息的情况中的博弈,博弈最终产生的结果即为"纳什均衡"(非合作博弈均衡)。对于道德风险中存在的问题,信息经济学理论认为可以采用激励机制,即签订合同约束掌握较多信息一方的行为。

2.5.3　"委托人—代理人"理论

针对产权制度中存在的信息不对称问题,詹姆斯·莫里斯(James Mirrlees)在其 1974 年发表的 *Notes on Welfare Economics,Information and Uncertainty* 论文中提出了"委托人—代理人"理论,委托人为市场中具有较多信息的参与者,而代理人为市场中具有较少信息的参与者。"委托人—代理人"理论从设计激励机制的角度来帮助委托人解决代理人签订合约后产生的道德风险的问题,而代理人也可以借助合同的条款减少自身面临的风险,最优的激励机制既发挥了激励的作用,也帮助代理人分担了风险。一般而言,代理人的努力程度与其受到的激励呈正相关关系,委托人应尽可能保证代理人付出同样的努力在不同的工作中获得的回报相等,并根据短期和长期的业绩表现给予代理人适当的激励。

在非对称信息的情境中,选择决策和产生的经济后果并不是一一对应的,决策的参与者按照自身利益最大化的原则进行选择,但最终产生的经济后果不一定能实现帕累托最优,因此,经济个体是有限理性的。由于经济个体的有限理性,在经济活动中,每个参与者均依照理性的原则进行决策,但其产生的经济后果可能是非理性的,并且由每位理性参与者组成的群体做出的决策也可能是非理性的。因此,信息经济学以个体间的相互作用作为研究分析的出发点,通过一系列机制理论设计"非价格"制度以解决在信息不对称情境中价格机制的不适用问题。

2.5.4　小结

信息经济学理论从信息具有非对称性这一角度出发,研究了现实中存在的委托—代理、逆向选择和道德风险等问题,并提出了"信号理论"和激励机制等来解决信息不对称情况下产生的问题。在国有企业参与混合所有制并购的事前、事中和事后阶段,并购的利益相关者均会面临信息不对称的情况,并且会根据外部环境变化做出有限理性的决策,决策产生的经济后果不一定能实现帕累托最优。通过信息公开机制(上市公司披露年报、重大交易等信息)、声誉机制(公众平台的公开评价、公司的信誉)、企业价值共享机制(股利分红、管理层持股)等方式，可以适度降低并购中产生的信息不对称程度，加强国有企业与被并购方的信任关系，促使并购交易顺利达成、制定合适的并购对价。国有企业混合所有制并购的信任创新机制的设计和研究离不开信息经济学的指导。

2.6　非正式制度理论

非正式制度理论研究范围广泛，涉及古典经济学、制度经济学等众多学派。诺斯提出，即使在最为发达的社会中，正式规则约束社会经济个体行为的程度也是有限的，社会经济个体主要受非正式制度的影响。Veblen 认为，社会中法律、经济制度等正式制度均是在非正式制度的基础上提出和建立的，正式制度作用的发挥会受非正式制度的影响和制约。

2.6.1　制度环境

制度环境是指在人类交往过程中由人类自发形成的并被广泛接纳的行为规范，包括与政治和文化相关联的习俗、法规等。制度环境作为一种宏观影响因素，对微观经济个体的行为具有重要影响，许多学者将非正式制度置于制度环境的背景中进行研究。Williamson 认为，企业的治理是在制度环境中进行的，企业的治理和经营绩效会随着制度环境的改变而发生变化；企业经营管理的外部环境是由正式制度（如产权）和非正式制度（如社会习俗）共同组成的。诺斯认为，同样的正式制度在不同的社会背景中存在着不同的影响，这主要是由于非正式制度的作用。相较于正式制度，非正式制度的应用范围更为广泛，制度环境中非正式制度的因素也更多。良好的非正式制度背景，可以促进公司治理水平的提升，增加企业价值；诚信的外部制度环境，有助于提升企业的会计信息披露质量和审计监督质量。

2.6.2　企业文化

企业文化是非正式制度的重要组成部分。从知识转化的角度，组织资本可分为信息类、流程类和文化类组织资本，企业文化类组织资本是通过人力资本内生和互动增长时的社会关系形成的，根本上源于企业家在企业初创阶段的信念和精神（许庆瑞等，2002）。企业文化是由组织共同的价值观组合而成的（Kreps，1990），具有组织行为的特征，并可以用来教育企业的新成员。在人力资本转化为组织资本的过程中，企业文化可以被看作是一种协调和整合的机制，组织协调企业资源在企业组织结构中合理地配置，促使员工的知识、经验和技能充分有效地转化为企业的组织资本。企业文化的优劣会对个人知识和经验向组织转移的效果产生直接影响，即会影响组织累积的财富。企业文化可以充当催化剂，促使与人相关的生产要素（如劳动力）向组织聚集，促进企业内部资源的利用效率和合理配置；但也可能是分离剂，当与人相关的生产要素和组织的企业文化存在较大的差异时，人员和知识会从组织流失。除此之外，企业文化可以通过组织行为进行体现。优秀的企业文化可以引导领导和员工的行为、增加员工为企业服务和贡献的能力和愿望、不断地引导员工提高工作效率和实现创新。

　　与信息类组织资本和流程类组织资本不同，文化类组织资本的实质和核心需要体现在企业的价值取向和组织行为中。产生于组织中的各类知识通过在个人和企业组织之间的转移和扩散而创造价值，并在转移和扩散的过程中形成各类组织资本，而知识和信息的传播和转移需要企业员工的合作。因此，文化类组织资本为企业创造价值的关键在于促进资源的合理配置，帮助组织形成良好的环境、氛围或机制，促使组织成员充分展现和发挥其拥有的知识、技能，并将资源高效地转变为组织资本。一般而言，文化类组织资本在企业中以资本存量的形式存在，当信息和知识在传递、扩散的过程中与企业资本存量相互吸引时，企业资本存量会不断增加；当信息和知识与企业资本存量相互排斥时，企业资本则会不断减少。相较于信息类和流程类组织资本，文化类组织资本更不易改变，在企业发展中起着更为长久的作用，这也可能会对企业的绩效增长产生一定的阻碍（许庆瑞等，2002）。

　　组织的内外部环境是复杂多变的，为能持续保持核心竞争力和竞争优势，企业必须不断创新，企业创新不应该仅仅对现有资源进行技术改造，还应该通过开放式创新的方式引入创新资源，通过自主创新和现有资本存量整合的方式创造创新资源。在企业创新的过程中，文化类组织资本使企业发现、挖掘、聚合企业内外的知识，它从非正式制度效力上帮助企业获得创新的知识、技能和信息，从而形成创新能力。在企业的文化类组织资本中，诚信文化是至关重要的部分，既可以提升企业内部各生产要素间的合作效率，又可以在企业交易过程中形成关系资本，提升企业的绩效。在企业内部，诚信的企业价值观可以促使组织成员建立相互信任的人际交往关系，营造良好的组织环境，提升企业的运营效率；在企业外部，诚信的企业价值观可以帮助企业在与外部利益相关者的交流中树立良好的社会形象，减少市场信任的不对称导致的机会和利益损失，降低交易成本。

2.6.3　小结

　　非正式制度理论研究范围广泛，涉及了古典经济学、制度经济学等众多学派。由于企业的经营管理是在特定的制度环境中进行的，制度环境将对企业的运营管理产生重要影响。企业文化类组织资本可以促进与人相关的生产要素的自由流动、帮助组织营造良好的环境、提升组织的效率，而诚信作为企业文化类组织资本的重要组成部分，也对企业的运营效率、价值创造、创新等方面产生重要的影响。并购是企业实现成长型战略目标的一种主要路径，并购整合作为连接企业组织资本和新组织环境的中间环节，决定了并购活动能否为企业创造价值。在国有企业混合所有制的并购融合中，并购公司所处的非正式制度环境可以通过影响企业的交易成本、整合效率等影响企业的并购绩效；并购公司内部的企业文化可以通过调整组织结构、改善工作流程等方式实现更新和融合。作为并购的媒介和并购双方公司既有的存量资本，企业文化类组织资本树立诚信的企业价值观和执行相应的行为模式，将减少并购双方因信任导致的信息不对称的问题，促进资源融合，提升创新能力，从而创造并购价值。

2.7　企业能力理论

企业能力理论以"能力"为研究分析的基本工具，从企业内部能力与资源的价值相关程度、不可仿制性等角度研究企业获得长期竞争优势和超额收益的根本原因，是现代战略管理领域一系列理论研究和实证分析的基础。Penrose（1959）对企业能力理论进行了较为全面和深入的阐述，认为应该以企业内在成长论对企业的能力进行分析，企业的知识积累是企业长期内部化的结果，新知识的积累是通过把相关的知识转变为程序化的、具备针对性的知识实现的。企业能力理论的主要观点包括：①能力是企业具有的关键的资源或资产，是可以被人类感知的智力资本，可以帮助其所有者解决现实生活中面临的各种困难和问题。②企业是由各种组织能力组合而成的整体。表面而言，企业是由各类有形和无形的资源组合而成的个体，但是从更深层次角度分析，企业拥有的资源的重要性和价值取决于其背后拥有的能力，企业的本质是蕴含在各种生产要素中的能力。③企业的能力可以决定企业的核心竞争力、经营管理绩效和利益，并使企业获得长期的竞争优势，通常具有路径依赖性、长期累积性、难以仿制性等方面的特征。④企业的能力会展现为一种动态不均衡的状态，外界环境与企业内部条件发生变化，企业阶段性发展目标也会随之调整，如果连续不断地积累、培养、提高和应用核心能力，将可以实现超额收益。具体而言，企业能力理论主要包含"企业资源理论"（Wernerfelt，1984）、"核心能力论"（Prahalad and Hamel，1990）、"企业动力能力论"（Teece et al.，1997）、"企业知识基础论"等。

2.7.1　企业资源理论

企业资源理论假定企业持有的资源是不完全流动的和异质的，试图从企业的内部探寻企业成长发展的动因，并利用企业持有的内部资源的独特性和稀缺性来解释不同企业间竞争优势的差异。该理论认为企业由各类资源组合而成，拥有各类有形和无形资源，由于资源在不同的企业间不可以自由流动和难以复制，这些资源逐渐转化为企业独特的竞争优势。企业想要保持持续的竞争优势，其具有的资源必须满足下列四个条件：①企业拥有的资源必须是有价值的，即可以提升企业的效率和为企业创造价值。②企业拥有的资源必须是稀缺的，即这些资源只掌握在少数企业的手中。③企业拥有的资源必须是不可被完全模仿的，即其他企业不太可能通过模仿获得该种资源。④企业拥有的资源必须是不可被完全替代的，即没有"战略等价物"。

组织间的协调可以帮助企业获得更多的资源，因为知识主要是通过契约、联合行动发挥有效作用。有效的资源配置和保护才可以帮助企业提升绩效，企业资源理论认为企业的竞争优势并不是由理性决策决定的，而是来自资源的有效配置，而企业资源是在相当长的一段时间积累而成的。

2.7.2　核心能力论

核心能力论假设企业是能力的综合组成，个体积累和保持市场开拓能力是企业形成可持续竞争能力的决定性因素。该理论的主要观点有：①企业的核心能力不是一般意义上的科学技术水平，而是一种相互依赖的知识制度体系，可以代表企业整体的能力并为消费者创造价值。②企业的核心能力包括企业开发异质性产品的能力和企业组织、协调各种要素进行生产并将其转化为价值的能力两个方面，均有助于企业经济效率的提高。③企业的核心能力是由过去的经历和经验积累而来的，而不是从市场交易中获取的，核心能力的强弱取决于企业资源的协调和有机整合能力的大小。④企业拥有的核心能力的差异决定了企业经营效率的差异，而这种差异也决定了企业营利能力的异质性。由于在生产经营过程中员工的组成和能力、组织架构的不同，企业具有不同的能力，展现了不同的效率，并最终体现在其收益的差异中。

2.7.3　企业动力能力论

企业动力能力论假设企业在获得核心能力的同时，面临因抗拒变化而丧失核心竞争优势的风险，强调企业需要拥有迅速适应环境变化的能力、不断更新和发展自身的能力。企业动力能力主要包括获取、整合、利用企业内外部资源的能力（Teece et al., 1997）。企业动力能力论认为，改变企业发展状况的能力本质上为技术知识，其过程是企业追求和吸收新知识的过程，结果是企业建立了新知识体系，动力能力是企业保持或改变竞争优势的能力。

2.7.4 企业知识基础论

企业知识基础论假设企业生产投入和价值实现的基础是知识，将企业作为生产性知识和能力的集合，试图从知识的角度解释企业竞争优势的来源。企业的知识可以分为管理知识、制度知识和技术知识，具有传递性、占有性、层次性、可利用性等特征。企业知识基础论将知识视为企业利润和价值增值的根本来源，认为知识的创造、储存等均离不开员工，员工是企业知识的主要传播载体。

2.7.5 小结

企业能力理论以"能力"为研究分析的基本工具，从企业能力、资源价值相关性等角度分析了企业获得竞争优势的根本原因，认为企业能力决定了企业的边界和价值创造能力，并会随着时间的变化进行动态调整。具体而言，企业能力理论包含企业资源理论、核心能力论、企业动力能力论、企业知识基础论等，主要演进过程如图 2-1 所示。国有企业可以在混合所有制并购中获得被收购方的稀缺的资源和能力（创新能力）、管理和技术知识，但想要真正实现企业的价值创造，国有企业还需要拥有整合和重新配置资源的"动力能力"。相较于企业内生成长，创新能力会在组织边界扩展的环境中形成，在并购整合中信任机制会对企业创新能力的提升度产生影响。本书将探究信任机制、国有企业创新能力提升对混合所有制并购价值创造的作用方式和具体路径。

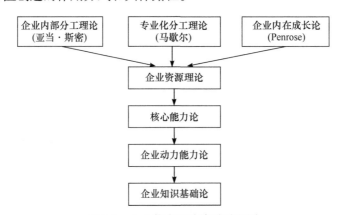

图 2-1　企业能力理论演进过程图

2.8　信　任　理　论

1900 年，Simmel 首次提出了信任理论，认为当代社会的物质交换离不开信任，人类社会的运行也与信任息息相关。18 世纪后，许多学科（如社会学、组织行为学）对信任进行了深入探究。信任最初被应用于心理学的研究中，旨在分析和探究信任对人际交往关系的影响。Deutsch（1958）进行了囚徒困境实验，认为信任是人类对特定情境产生的一种反应，交际双方的信任程度将随着特定情境的变化而变化。在管理学领域关于信任的研究中，Rotter（1967）认为信任是个体或组织在双方关系的基础上建立的期望，要求交际双方按照事前约定的文本或合约行事。

关于信任的分类方式，大部分学者认为信任可分为直接信任和间接信任两类，直接信任通常源于信任主体对信任客体拥有或表现的某种属性的认同和相信，在信任理论的研究中对应的是信任源理论；信任主体对被信任方产生的间接信任通常源于第三方的评价，如他人的举荐，在信任理论的研究中对应的是信任传递理论。随着信任理论研究主体的深入和企业所处经营环境日益复杂化，部分学者针对组织这一特定主体，对组织信任理论进行了深入研究。因此，本节将从信任源理论、信任传递理论和组织信任理论三部分对信任理论进行梳理。

2.8.1　信任源理论

信任源是信任产生的决定性因素，代表信任主体对信任客体拥有或表现的属性的感知，是信任研究的重点和热点。

在信任影响因素的研究中，Ganesan（1994）认为由于交易环境存在着较大的不确定性和风险，信任主体将更关注信任客体的善意和可靠性；也有部分研究学者认为信任关系会受信任客体的动机和实现动机需要的能力的影响。进一步，Butler 和 Saraoglu（1999）将实用性、诚信、公平等十个要素纳入信任影响因素的研究中。

借鉴前人的研究，Mayer 等（1995）提出了被人们广泛接受和应用的信任整合模型，认为善意、能力和正直是信任的关键影响因素，即信任测量的三个维度，并指出信任的时间变化因素，认为能力和正直对信任的影响速度较快，而善意的影响速度较慢，并将风险因素引入信任的预测中。在信任整合模型中，善意是信任形成的基础，表现为信任客体主动站在对方的角度考虑问题，而非出于"利己"的角度将信任主体置于风险中；能力是信任的主要影响因素，表现为信任客体在面对信任主体的需求时，有充足的能力和技术满足信任主体的需求，信任会随着信任客体能力的增加而增加；正直是信任的主要组成部分，表现为信任客体愿意主动向信任主体展示最为客观和真实的情况，不会出现隐瞒或欺骗的行为。

2.8.2　信任传递理论

信任传递理论主要研究信任主体对信任客体产生的间接信任，深入探究了信任在多个信任主体间传递的过程。在现实生活中，信任主体除了通过认同信任客体拥有或表现的某种属性对其产生直接信任，还会借鉴和考虑第三方的意见，降低与信任客体交往时感知到的不确定的风险，从而对信任客体产生间接信任。此外，信任传递是人们处于陌生环境时判断陌生主体是否值得信任的关键影响因素。

2.8.3　组织信任理论

随着信任理论研究主体的深入和企业所处商业环境日益复杂化，学者开始探究组织内部和组织间的信任。目前，学者关于组织信任的界定主要有系统论、人际论和综合论三种观点，系统论认为组织信任是员工和组织之间产生的信任，员工在进行全面的评估后会认同组织制定和实施的政策（Robert et al., 1988）；人际论认为组织信任是在组织内部的员工之间产生的，是员工对同事和上级领导的信任（Podsakoff et al., 1990）；综合论综合考虑了员工和组织、员工和员工之间产生的信任（Nyhan, 1999）。关于组织信任理论的结构，Nyhan（1999）根据组织信任对象的特征，将组织信任具体划分为人际信任和系统信任；McCauley 和 Kuhnert（1992）根据信任的方向，将组织信任具体区分为水平信任和垂直信任，水平信任主要指员工之间的信任，而垂直信任主要指员工和上级领导之间的信任。

组织信任的影响因素主要有三个。一是个体因素，具体而言，影响组织信任的个体因素包括信任主体、信任客体的特征和人口统计因素。二是组织因素，Rahim 认为组织气候是影响组织信任的主要因素，员工之间的气氛越和谐，组织信任程度越高，Gillespie 和 Dietz（2009）提出了组织结构、组织文化等是组织信任的主要影响因素。三是管理风格因素，Kouzes 认为严厉的组织领导会降低组织信任，管理风格平等、和谐的组织领导可以增进员工间的沟通，提升员工的组织信任感。

2.8.4　小结

学者在心理学、管理学、组织行为学等领域对信任进行了探究。根据信任的来源，信任可以划分为直接信任和间接信任，分别对应了信任理论中的信任源理论和信任传递理论。随着信任理论研究主体的深入和企业所处商业环境日益复杂化，部分学者对组织信任的分类、影响因素和产生的经济后果进行了探究。人类的交换活动、企业和社会的发展与进步均离不开信任，员工与企业组织之间的信任可以营造良好的企业文化氛围、提高国有企业的经营效率；地区层面的信任程度越高，并购方（国有企业）和被并购方（民营企业）之间存在的信息不对称程度越低，并购产生的交易成本也就越低，将会对国有企业的并购绩效产生显著影响。基于此，本书将探究信任机制对国有企业混合所有制并购的影响和具体的作用路径，为深化我国混合所有制改革、提升企业内部和地区层面的信任程度提供一定的理论支持。

2.9　创　新　理　论

创新是以新思维、新发明和新描述为特征的一种概念化过程，从本质而言，创新是创新思维物化的过程，也是理想转化为现实的过程。1934 年，熊彼特第一次将创新予以理论化的研究，将创新视为经济范畴。

2.9.1　熊彼特创新理论

熊彼特在 1934 年出版的 *The Theory of Economic Development* 一书中认为创新是经济实体建立了一种全新的生产函数，着重强调了生产技术和方法的变革在经济和社会生活中的关键作用，认为创新是在生产经营过程中内生的，即创新是从企业内部自行发生的变化而非外部施加的。熊彼特创新理论的观点包括：①创新具备突发性和间断性的特征，需要以"动态"的眼光研究经济发展和创新。②创新也意味着毁灭。在竞争性的社会经济环境中，创新在引入"新组合"的同时也意味着将原有的生产技术或组织进行破坏或毁灭。随着规模经济的发展，创新更多地表现为企业组织内部的自我更新。③创新必须能为经济实体创造价值。一般而言，创新位于发明之后，发明是发现或创造一种新方法或工具，而创新是对发现或创造的新方法或工具予以应用。新方法或工具的应用最直观的表现即能为经济实体创造价值。④创新是经济发展的本质规定。经济增长和经济发展具有本质的区别，创新可以帮助社会经济实现周期性的发展，而经济增长可能仅仅是由资本或人口等因素引起的。⑤企业家是创新的主体，在创新活动中起着重要作用。在企业创新的过程中，企业家是"新组合"的执行者，其核心职责并不包括经营和管理企业，核心职责的差异是区分真正的企业家和其他活动家的重要因素。

2.9.2　技术创新理论和制度创新理论体系

随着创新理论的不断研究深化和专门化，基于熊彼特的创新理论，学者逐步构建起技术创新和制度创新等创新理论体系。首先是以技术变革和科技推广为主要研究对象的技术创新理论体系。1960 年，Rostow 首次提出了著名的"起飞"理论，认为"技术创新"在经济实体创新中占据决定性地位。1962 年，伊诺思（Enos）在其《石油加工业中的发明与创新》一文中首次认为技术创新是由资本投入、计划制订等多种经济实体综合而成的结果。Solow（1956）基于新古典经济学生产函数的分析，认为国民经济的增长与资本的增长率、技术创新息息相关，并提出了技术创新的"两步"理论。其次是以制度创新和变迁为主要对象的制度创新理论体系。制度创新是指通过设计一种全新的制度实现社会的稳定可持续发展和变革。与技术创新理论不同，制度创新的侧重点在于实现社会政治等制度的革新。

2.9.3　扩散创新理论

随着创新理论在应用领域被广泛接受和采纳，部分学者对扩散创新理论进行了研究。Rogers 在 *Diffusion of Innovations* 一书中认为创新扩散会受创新的本质属性、时间变化、传播渠道等因素的影响，并深入探究了形成扩散网络的因素。在以传播作为创新扩散媒介的研究中，扩散创新理论认为传播主要有人际和大众两种方式，人际传播具有双向性和反馈性，可以对人们的强制性观点产生显著影响；大众传播是最快捷和有效的方式，可以使少数人的观点被大部分人熟知和接受。此外，时间的先后顺序也会对创新的扩散效果和采纳率产生显著影响，最合理的传播顺序应该是先通过大众传播的方式，创新的观点被大部分人了解，然后逐渐由大众的传播方式转向人际传播方式。Rogers 认为创新的效果既有正面也有反面，需要在特定的文化背景和社会系统中综合考虑创新的效果。

2.9.4　小结

熊彼特创新理论认为，创新是经济实体设立的一种全新的生产函数，具有内生性、突发性等特点，可以为经济实体创造新的价值。随着创新理论研究的不断深化和专门化，根据创新对象的差异，学者提出了技术创新理论和制度创新理论，深入探究在创新中占主导地位的因素。针对创新的传播效果，Rogers 等学者提出了扩散创新理论，对创新的传播渠道、传播效果、创新采纳率等进行研究。创新对于企业而言十分重要，甚至可以成为企业的核心竞争力。企业可以通过技术或制度创新引进新的产品和技术、提升经营效率，从而增加企业的价值。应充分发挥国有企业在技术创新中的积极作用，增强国有经济的竞争力、创新力、控制力、影响力、抗风险能力。基于此，本书将探究创新机制对国有企业混合所有制并购效果的影响及具体的作用路径，并关注国有企业管理者在企业创新中发挥的作用。

2.10　理论基础简要小结

国有经济与混合所有制经济的相关理论、新制度经济学理论、战略并购理论、契约经济学理论、信息经济学理论、非正式制度理论、企业能力理论、信任理论和创新理论共同构成了本书的理论基础。理论基础研究框架如图 2-2 所示。

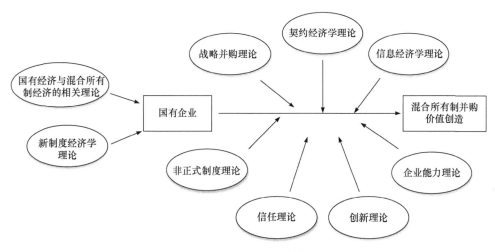

图 2-2　理论基础研究框架图

在我国经济发展进程中，公有制经济是主导力量，国有经济向混合所有制经济延伸，赋予了国有经济理论、混合所有制经济理论新的内涵，这成为指导我国国有企业改革的指导思想，并为国有企业的改革方式和路径提供了明确指引。混合所有制的相关研究均肯定了市场混合经济和企业混合所有制结构的重要作用，市场的价格机制和政府政策调控的共同作用可以维持经济稳定发展、解决社会在发展的过程中面临的失业等问题；企业参与混合所有制改革有助于充分融合国有经济和民营经济的优势，增加核心竞争力。因此，国有企业混合所有制并购效果的研究，离不开混合经济理论和混合所有制相关研究的指导。

从本质上而言，国有企业混合所有制并购是一种战略并购。战略并购是企业为了实现特定的发展战略和增加企业的价值而采取的并购行为，从动机上区别于财富转移型并购。企业进行战略并购的动机主要在于通过扩大企业规模、实现协同效应、提高企业的管理技术水平和竞争优势，从而增加企业价值。在企业的战略并购的三个阶段中，存在着各种风险，需要企业不断关注外部环境变化和被收购方的企业文化等。

获取核心竞争力是国有企业混合所有制并购的主要动机之一，而创新能力是企业核心能力的一部分，因此，本书的研究与企业能力理论密不可分。国有企业可以在混合所有制并购中获得被收购方的稀缺的资源和能力（创新能力）、管理和技术知识，但想要真正实现企业的价值创造，国有企业还需要拥有整合和重新配置资源的"动力能力"。

新制度经济学是注重于研究交易费用和制度本身的结构和安排的经济学研究。根据产权理论，企业可以划分为国有企业和私有企业，并且私有企业的逐利天性更强，本书将侧重于研究国有企业的并购行为。并购过程中存在着许多利益相关者（如并购双方、供应商、员工），企业间的并购交易必然会涉及交易成本，并购双方公司内部存在的文化等非正式制度将对并购企业的整合产生影响。并购活动改变了国有企业的规模和边界，在并购过程中，并购双方的企业文化和核心观念存在一定的冲突；完成并购后，国有企业将根据成本选择合适的组织形式。因此，无论是从企业文化的整合还是组织形式的选择方面，为了实现战略并购创造企业价值的目标，国有企业的战略并购均离不开新制度经济学的指导。

在国有企业参与战略并购的事前、事中和事后阶段，并购的利益相关者均会面临信息不对称的情况，并且会根据外部环境变化做出有限理性的决策，决策产生的经济后果不一定能实现帕累托最优。通过信息公开、声誉机制、企业价值共享机制等方式，可以适度降低并购中产生的信息不对称问题，加强国有企业与被并购方的信任关系，促使并购交易顺利达成、制定合适的并购对价。国有企业战略并购的信任创新机制的设计和研究离不开信息经济学的指导。

企业的并购交易是一项企业行为，企业间的交易需要通过签订一系列的契约明确权利和义务，达到双方交易的目的。从国有企业形成并购动机到完成并购整合，企业会签订各种各样的契约。利益相关者除了关注不完全契约中的权利，也会关注契约执行过程中的权利（如影响投资者的回报），将利用契约中的权利进行博弈，以获得更多的收益。在不完全契约理论下设计信任和创新机制，可以探索式发现信任机制和创新能力的互相作用方式和路径及产生的经济后果，深化读者对并购动机和并购整合效果的理解。

非正式制度理论研究范围广泛，涉及古典经济学、制度经济学等众多学派。企业的经营管理是在特定的制度环境中进行的，制度环境将对企业的运营管理产生重要影响。企业文化类组织资本可以促进与人相关的生产要素的自由流动、帮助组织营造良好的环境、提升组织的效率，在企业生产管理的每个环节均发挥着重要作用。并购可以帮助企业通过外延式发展迅速成长，并购协同效应不是一蹴而就的，必须与并购整合相联系，这些作为连接企业组织资本和新组织环境的中间环节，决定了并购活动能否为企业创造价值。在国有企业的并购融合中，并购公司所处的非正式制度环境的完善性和企业文化类组织资本拥有的诚信的企业价值观和行为模式，将减少并购双方因信任导致的信息不对称的问题，促进企业的资源融合，从而为并购企业创造价值。因此，在分析国有企业战略并购和整合的过程中，不能忽视制度环境和企业文化的重要作用，需要以非正式制度理论为理论基础。

人类的交换活动、企业和社会的发展与进步均离不开信任，员工与企业组织之间的信任的提高有助于营造良好的企业文化氛围、提高国有企业的经营效率；地区层面的信任程度的提高有助于减少并购方（国有企业）和被并购方（民营企业）间存在的信息不对称问题，降低并购产生的交易成本。因此，分析信任机制对国有企业混合所有制战略并购的影响和具体作用路径，需要以信任理论作为理论指导。

　　创新是以新思维、新发明和新描述为特征的一种概念化过程，从本质而言，创新是创新思维物化的过程。创新对于企业而言十分重要，甚至可以成为企业的核心竞争力，企业可以通过技术或制度创新引进新的产品和技术、提升经营效率，从而增加企业的价值。因此，在探究国有企业混合所有制并购的整合效果、分析创新机制对国有企业战略并购的具体影响路径的过程中，不能忽视创新理论的指导。

第3章 国有企业混合所有制并购中的
信任创新机制的理论研究框架

2013年11月，十八届三中全会明确提出"积极发展混合所有制经济"[①]；2015年9月，《关于国有企业发展混合所有制经济的意见》强调"通过深化国有企业混合所有制改革"[②]；2017年10月，党的十九大指出"深化国有企业改革，发展混合所有制经济"[③]；2019年10月，十九届四中全会又一次明确"发展混合所有制经济"，"做强做优做大国有资本"[④]。无疑，在新时代特别是新冠肺炎疫情冲击之下，国有经济与民营经济必须融合，共同发展。换言之，国有企业混合所有制改革可以改善国有企业或民营企业自我发展中的内在缺陷，通过制度改革增强企业活力，提高国有经济核心竞争力，而并购重组是增强国有企业活力的重要手段，顺应新形势发展，应充分发挥并购在国有企业混合所有制改革中的积极作用。首先，本章回顾了国有企业混合所有制改革的历史，其次，对国有企业混合所有制并购存在的问题进行了总结归纳，最后，基于"创新-混合所有制并购-信任"的视角，对国有企业混合所有制并购的宏观体制、中观产业发展机制及微观企业发展机制进行了分析。

3.1 国有企业混合所有制改革回顾

3.1.1 国有经济发展回顾

从1949年到2018年，人均国民收入由66.1元增长至64 520元，国内生产总

---

① 中共中央关于全面深化改革若干重大问题的决定（2013年11月12日），http://cpc.people.com.cn/n/2013/1116/c64094-23561785.html。
② 国务院关于国有企业发展混合所有制经济的意见（2015年9月24日），http://www.gov.cn/zhengce/content/2015-09/24/content_10177.htm。
③ 习近平：决胜全面建成小康社会 夺取新时代中国特色社会主义伟大胜利——在中国共产党第十九次全国代表大会上的报告（2017年10月18日），http://www.gov.cn/zhuanti/2017-10/27/content_5234876.htm。
④ 中共中央关于坚持和完善中国特色社会主义制度 推进国家治理体系和治理能力现代化若干重大问题的决定（2019年10月31日），http://www.gov.cn/zhengce/2019-11/05/content_5449023.htm。

值（gross domestic product，GDP）占世界总量由 1/22 上升到 1/6，这是天翻地覆的变化。70 多年来，作为中国特色社会主义经济发展"顶梁柱"的国有经济，也经历了一系列改革历程，回顾和总结过去是为了更好地建设未来。对此，很有必要做一个总结，认识国有经济的发展阶段，掌握国有经济的发展历史，找准国有经济改革的关键点，更好地规划国有经济发展的未来。

在经济体制改革中，最主要、最根本的是要明确生产资料所有制的问题，只有明确了生产资料的权属问题，才可以激发各种产权经济下的生产要素活力，进而提高全要素生产率（葛扬和尹紫翔，2019）。在我国国有经济发展的历史上，随着所有制结构改革的变化，整个经济体制也在发生着转变。以改革开放为划分基线，中国的国有经济大体上经历了单一公有制形式下的计划经济时期和多种所有制经济并存下的市场经济发展时期（刘伟，2019），经过中华人民共和国成立初期经济恢复、私营企业改造与计划经济体制建立、"大跃进"、"文化大革命"、有计划的商品经济、社会主义市场经济体制、国有资产监督管理体制完善与经济新体制全面磨合和深化阶段的艰苦探索，国有经济从我国经济发展的"擎天独柱"逐渐成为"国之支柱"。

改革开放前，公有制经济对我国迅速恢复经济发展这一主基调起到了重要作用，国有资本是国家工业发展的最主要内驱资本，也是解决民生问题和保持社会稳定的保障性资金的最主要来源。但在当时，公有制经济就是计划经济的错误思想，约束了国有经济微观主体——国有企业按照"企业"的本质属性进一步发展，如国有企业相对弱化生产效率和经济绩效考核，而过度强调分配公平，这使要素配置不合理、不经济，减弱了经济发展的活力，社会主义优越性也没有得到充分发挥（葛扬和尹紫翔，2019）。改革开放后，民营经济迅速成长，国有经济进行了公益类、一类商业、二类商业等属性划分，国家通过政策引导国有经济与民营经济混合发展，在明确公有制为主体的同时也不断对国家经济中的所有制结构进行规划和调整，我国经济在社会主义市场经济体制中取得了举世瞩目的成绩。

70 多年来，我国国有经济发展在诸多方面取得了巨大成就，但同时必须清醒地看到，在中国确立社会主义市场经济体制改革的目标后，作为公有制代表的国有经济如何与市场经济体制融合这个国有经济改革所需破解的根本性问题始终未得到有效和充分解决。企业是经济发展的微观主体，因此促进国有经济与市场经济体制融合还需从国有企业改革入手。

从国际上国有经济的发展历程来看，虽然各个国家的所有制基础、经济结构和经济发展方式不同，国家文化、人民意识形态和风俗习惯也有较大差异，但国有经济在各个国家均存在。当然，就国有经济的作用大小、机制和发展战略而言，各国是不同的。发达国家的国有经济发展以美国和英国为代表，以"私有化"经济为主流。美国奉行"大市场、小政府"的市场经济模式，保持尽可能小的国有经济规模；英国国有经济改革成效好的关键在于营造出了优胜劣汰的竞争机制，打破了国有经济的垄断局面。美国和英国的国有经济管理均呈现明显的分类管理的特点。发展中国家的国有经济发展以印度与阿根廷为例。印度国有化改革的主要举措有对国有企业进行市场化改革、允许私人股份进入、扩大企业经营自主权、将企业经营效益与员工自身利益紧密结合等。阿根廷与美国一样，保持尽可能小的国有经济规模，国家仅掌握少数关系国计民生和国家经济命脉的企业，大部分公用设施和企业由私人部门掌握。

从总体上来看，无论是发达国家还是发展中国家，国有经济均是以代表广大人民利益的政府所有、以企业形式存在的资产与股份相结合的经济形式，国有经济改革的私有化均与建立完善的市场经济体制相关。从经济发展水平来看，国有经济比重存在一定差距（廖红伟和赵翔实，2014），但不容否认的是，在市场经济体制中推行混合所有制经济发展均是各国国有经济改革的重要举措，国家仅保留少数公益类企业，将大量商业类国有企业私有化。

无论是我国国有经济发展历程中所有制结构的改革和经济体制的转变，还是国际上各国国有企业的私有化改革进程，都透露出一个核心信息，即国有经济改革是为了提高资源配置效率，尤其是商业类国有企业的资源配置效率，以实现经济效益。国家仅掌握少数关乎国家安全、社会稳定的企业，即通常所说的公益类企业，允许并大力鼓励私人资本进入商业类国有企业。张伟和于良春（2019）从资源配置观的视角论证了国有企业发展的方向问题，抛开企业的产权性质，资源配置观下的企业与西方经济增长理论下的企业是一致的。作为企业，国有企业应该强化通过提高全要素生产率推动经济的增长，使要素、资源配置达到最优。无疑，国有企业与民营企业相融合，打破企业竞争中的玻璃门和弹簧门，通过要素市场化配置，可以激发潜在的经济增长率，达到帕累托改进（裴长洪和许光伟，2019）。

2020 年 5 月 22 日，十三届全国人大三次会议召开，会议上的《政府工作报告》提出提升国资国企改革成效，实施国企改革三年行动，完善国资监管体制，深化混合所有制改革，基本完成剥离办社会职能和解决历史遗留问题。国有企业要聚焦主责主业，健全市场化经营机制，提高核心竞争力。国资国企改革从 2018年"政府工作报告"中的"推进"到 2019 年的"加快"，再到 2020 年的"提升成效"，表明了国资国企改革是结果倒逼式改革，随着接下来的《国企改革三年行动方案》的推出，国资国企的改革行动将更为明确。

3.1.2　混合所有制经济发展回顾

混合所有制经济是伴随着国有经济发展的，发展历程可以用五个阶段来概括。

第一个阶段是 1949～1978 年的混合所有制孕育阶段。这一阶段强调公有制发展和计划经济的社会主义建设，对于没收的官僚资本，以国家资本主义经济参与公有制经济的形式，发展混合所有制经济，但随着三大改造的完成，国家资本主义经济不存在了。第二个阶段是 1979～1992 年的混合所有制萌芽阶段。在这一阶段，国家的宏观经济政策不再强调全盘计划经济，而是在计划经济主模式下发展商品经济，整体上形成了多种所有制并存共生的局面，非公有制经济发展逐步走向正轨。第三个阶段是 1993～2002 年的混合所有制探索阶段。随着改革深化和市场化发展目标的明确，国有经济与民营经济等非公有制经济发展呈现出持续融合趋势，在这一阶段，国有企业开始实施股份制改革，国有企业的股权所有者除了国家、法人之外，也开始融入自然人股东，股份制改革使国有企业和国有经济的活力增强。第四个阶段是 2003～2013 年的混合所有制发展阶段。民营经济等非公有制经济迅速发展，混改不再局限于简单的资本混合，而开始强调经营管理和生产要素的融合，然而，非公有制经济融入公有制经济的发展意愿普遍不强烈，混合所有制改革深化的空间依然很大。第五个阶段是 2014～2021 年的混合所有制崛起阶段。十八届三中全会对混合所有制经济的界定，使各类企业明确了方向，不再被惯性思维束缚，更多的国有及其他所有制形式的经济成分被纳入混合所有制改革框架中。2019 年 12 月 7 日，中国国有经济研究中心正式发布《2019 中国国有经济发展报告》，报告以十八大为起点和 2019 年为终点。报告显示，中国中央企业混合所有制改革比例达到 70%，相比党的十八大以前，也就是 2012 年，提高了 20%；在混合所有制改革的企业中，70%的企业利润获得了较大增长。混合所有制经济呈现出国有经济与民营经济混合比例上升，各种所有制经济成分在充分竞争领域的混合所有制改革诉求强烈，混合所有制企业利润增长较快等特点。图 3-1 展示了混合所有制经济发展的演变历程。

　　经过 70 多年来的发展，混合所有制经济在诸多方面取得了显著成就（武鹏，2017），但混合所有制经济发展内外依然面临诸多问题。对内，民营企业真正参与混合所有制改革时存在诸多隐性障碍。尽管发展混合所有制经济已经推行多年，但当前真正实现机制融合的混合所有制企业占比依旧不多，对混合所有制改革的内涵和作用理解不到位。整体而言，目前的混合所有制改革主要解决的是体制机制上的矛盾，而没有从实质上去解决混合所有制如何解决技术创新的问题和在全球产业链中如何促使中国经济向高价值产业链跃升的国际市场开拓问题。混合所有制改革企业身份转换后不久即遭遇政策变动，即民营资本面临产权保护不够的严峻问题，改革后的混合所有制企业又面临得到的政策扶植相对减少的问题。国有资本与民营资本难以实现深度融合。对外，西方国家不认可已经实行股份制改革的国有企业为市场主体。

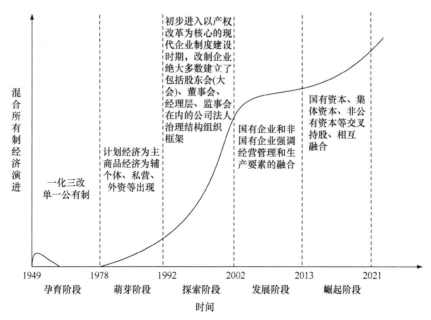

图 3-1　混合所有制经济发展的演变历程图

　　混合所有制改革以资本为纽带，但不仅仅局限于资本混合，股东大会、董事会和管理层的改革，还涉及新的激励和约束机制，这些都不是仅通过资本混合就能解决的，而是需要不断修正和完善的系统工程（赵春雨，2015）。现实的混合所有制改革存在阻力，一方面由于出现了国有资产流失和民营企业家退出的情况，国有企业和民营企业都存在抗拒情绪，另一方面改革定位不清带来的政策不持续也使微观主体国有企业和民营企业对混合所有制有些望而却步（王丹，2019）。从混合所有制发展的内部环境来看，面临的难题主要表现在以下四个方面：①民营企业真正参与混合所有制改革时存在诸多隐性障碍。尽管发展混合所有制经济已经推行多年，但从股东会、董事会和经营层全方位真正实施混合所有制的企业比重并不高。相对民营企业，国有企业经营者更可能对其他国有企业身份认同，而对民营企业参与自身的经营管理存在着产权性质的抗拒。同时，民营企业在进行混合所有制改革时往往面临"虚低实高"的门槛条件，部分地方政府出于怕被问责的想法不敢承担混合后的改革风险。②对混合所有制改革的内涵和作用理解不到位。首先，混合所有制改革不仅仅是资本混合，体制机制的建立和长效执行是一个系统工程，而如何通过混合所有制改革解决中国"卡脖子"的技术难题和提升我国经济在全球产业链中的价值创造地位，更需要不断修正和探索，那些认为企业仅通过混合所有制改革就能突破一切瓶颈实现经济效益的看法显然是不对的。其次，混合所有制改革的重点不够清晰，重点是"改"而非"混"。资本混合和改变一股独大的现状只是混合所有制改革的基础，伴随资本的结合，通过基于现代企业制度目标的决策机制优化、基于国家治理现代化的公司治理质量提升、创新驱动提高企业的资源配置效率，才能真正实现企业的市场化经营。③混合所有制改革企业身份转换后不久即遭遇政策变动。民营资本进入国有企业，不仅仅混入有形资本，更是使知识、创新、智力资本实现共享，而知识产权等隐性资本面临产权保护不够的严峻问题，改革后的混合所有制企业又面临得到的产业扶持相对减少、金融机构的支持力度相对减弱等突出问题。④国有资本与民营资本混合所有制改革后难以实现深度融合。民营企业参与混合所有制改革后在董事会中缺乏应有的话语权，董事会职权落实不到位，决策权被虚化、弱化。混合所有制改革企业的监管模式未根据市场主体的股份变化而改变，无法真正实现"同股同权"，民营资本和国有资本难以实现公平分配。同时，混合所有制改革企业的激励机制也不够健全，难以真正激发员工的积极性和创造性。此外，民营资本和国有资本之间存在的文化差异和目标不一致也使二者不能迅速实现融合。

从混合所有制发展的外部环境来看，目前面临的最大困境是外部经济体的不认可。中国于 2001 年加入世界贸易组织（World Trade Organization，WTO），于 2011 年正式宣布入世承诺全部履行完毕。然而，以美国为首的西方国家对中国国有经济根深蒂固的偏见却一直存在，其严厉批评中国对出口企业补贴数量大、范围广，声称中国违反入世承诺的透明和公平竞争原则。尽管我国一直在推行市场化改革，构建市场化机制体制，并已经取得了不错的成效，但外部国家一直不认可我们的市场化经济，戴着"有色眼镜"看待我们的国有企业发展。2018年 3 月 9 日，特朗普签署关税协议，正式打响了中美贸易战的第一枪。2019 年 12 月 13 日，中方声明已就中美第一阶段经贸协议文本达成一致，阶段性地缓和了中美贸易摩擦，但这并非结束，中美贸易战是长期性、严峻性的问题，其根本出路在于改革。就国有经济改革来说，要大力推进混合所有制经济发展，对内对外一视同仁，建立公平竞争、透明的市场环境，落实竞争中性，消除所有制歧视，而混合所有制并购无疑是国有企业进行混合所有制改革的一种重要实现途径。

3.1.3　国有企业混合所有制改革回顾

国有经济是我国国民经济发展的命脉，在国民经济中起着主导作用。国有企业作为国民经济中的重要组成部分，自改革开放以来为维护我国社会稳定和经济建设做出了重大贡献。当然，国有企业在多年的发展中也存在着许多不足之处，因此国有企业改革一直在进行中。回顾国有企业的发展历程，改革开放后，在相当长的一段时期内，国有企业的迅猛发展带来了国民经济的持续增长。这与 20世纪 80 年代国有企业提高内部激励效率的一系列改革措施有关，如利润向职工二次分配、绩效薪酬和奖金分阶段发放制度、职工承包企业经营权等，使上至管理层下至普通工人均能沐浴改革的春风，改革的激励作用明显。进入 21 世纪后，经济进入新常态，经济增速放缓，国有企业高速发展后面临着产能过剩、资源配置效率不高和发展目标多元化导致的竞争不足等现实问题，这也引起了党和国家领导人的高度重视，多次强调发展"混合所有制经济"，指明混合所有制改革不仅仅是简单的资本混合，更是要素市场化，在存量经济和增量经济发展中均释放混合所有制制度红利。从十九届四中全会所阐述的问题来看，我国混合所有制深层次改革进度仍较缓慢。本书认为，要使混合所有制改革不停留在资本层面，应该以企业并购重组为抓手。企业并购重组是资本、要素、管理、文化融合的系统工程，随着企业边界的扩大，在集团公司内必须解决国有企业、民营企业混合发展的根本问题，如存量资源如何更好配置，要素如何在企业内更优流动，内部要素如何通过市场化机制与外部要素嫁接，并通过生产经营集约化实现资本回报最大化。这个过程不仅仅是生产的优化，更是公司治理和决策机制不断调整升级和优化的体现。

2013 年十八届三中全会明确要大力发展混合所有制企业，但 2016 年 6 月混改试点才实质性启动。截至 2021 年，混改已推出四批试点企业名单，从既有的混改试点实践来看，已然取得了一定的成效，实现了七大重要领域①全覆盖，但改革的广度和深度仍不容乐观，主要体现在混改目标不清晰和市场化经营导向不明确。从混改的目标来看，国有企业实施混改，是为了激发企业活力，提高企业竞争力，但在混改的实践中，一些国有企业仅实现了简单的资本融合，做到了形式上的融合，未考虑深层次的机制问题。国有企业实施混改首先应该明确改革目标，混改方案才能更科学，在混资本的基础上混机制，混改成效也将更显著。如果只是为了降低负债率而进行股权融资，或企业本身的实际情况并不适合混改，如企业所属行业不适合，经营业务范围、经济资源过度依赖大股东等，国有企业的混改也将难以取得成效。从市场化经营导向来看，长期以来，国有企业聚焦在关系国家安全和国民经济命脉的领域，存在资本软约束，与民营企业相比，它除了要创造经济效益，还承担了很多社会功能，国有企业股东的利益可能无法得到有效保障。通过混改，国有企业应更聚焦主业，减少企业承担的政策性任务占比，或将政策性任务拆解，以市场化经营目标为导向，在资本硬约束情况下高度重视资金使用效率和投资有效性，切实保障股东利益。目前，受新冠肺炎疫情和全球经济下行的影响，经济发展形势不容乐观，我国两种最重要的经济成分必须联手发展、共同砥砺前行，混改刻不容缓。

并购是支持国有企业混改的有效路径，国有企业常出于获取竞争优势、进行

---

① 七大重要领域包括电力、石油、天然气、铁路、民航、电信、军工。

资本经营、实现企业增值、获得特殊资产尤其是民营企业的优势无形资产、满足国有资产管理部门的考核需要、谋求协同效益等原因进行混合所有制并购，但在混合所有制改革中，混是形式，改是手段，发展才是目标。国有企业通过混合所有制并购实施混改，应当把国有资本和民营资本的资源要素聚合在一起，实现要素的合理流动和再次分配，逐步释放要素市场化红利，让国有企业有序退出竞争性领域，集中在基础性行业和关键领域，民营企业能进入行业壁垒高的竞争性领域。改革后的混合所有制企业既能发挥国有企业的优势，又能发挥民营企业的优势，并且结合二者优势形成新的优势。国有资本和民营资本共同发展，在全球经济受到冲击的形势下稳步发展，逐步向高质量发展迈进。国有企业进行混合所有制并购具有重要的现实意义，但不可否认的是，从我国目前混合所有制并购的实践来看，还存在诸多问题。接下来，本书将对国有企业混合所有制并购中存在的主要问题一一进行分析。

3.2　国有企业混合所有制并购存在问题研究

并购是国有企业实施混改的一种方式，也是激发国有企业活力的有效途径。国有企业并购民营企业不仅可以提升自身的竞争实力，也能让国有企业逐步适应市场化的竞争形式，激发企业活力。当前并购在支持国有企业混改上已取得了一些成绩，然而，当前国有企业混合所有制发展还不够成熟和完善，仍处于探索期，国有企业并购民营企业虽有很多好处，但在并购的具体实践过程中还存在着一些问题，在国有企业混合所有制并购环节中往往也面临较大的风险和挑战，这严重阻碍了国有企业的发展及混改成效的取得。本书接下来从并购前、并购中、并购后三方面对国有企业混合所有制并购中存在的问题进行分析，并提出以"创新-混合所有制并购-信任"三维度机制化解这些问题。

3.2.1　国有企业混合所有制并购前问题分析

1. 委托代理带来的盲目决策问题

由于我国特殊的产权体制，国有企业普遍存在委托代理问题，出资者为国家政府，经营者由政府直接任命或市场化选聘而来，存在股东利益与经营者利益不一致的情形。部分国有企业经营者的并购动机可能出于自身利益或为了尽快完成国家政策要求，并非完全自愿的市场经济行为，对并购目标企业进行选择时未能充分考虑到对目标企业进行并购是否符合企业的战略发展要求，在对目标企业的经营、财务等情况没有做全面详尽的调查时就匆忙开展并购活动，并购双方缺乏沟通交流，没有充分意识到并购的潜在风险，此类情形下的并购交易通常存在一定的盲目性和风险性。此外，一些国有企业经营者在企业经营遇到困难的时候很可能单纯为了完成上级部门的考核任务或掩盖经营管理问题而希冀并购，期望国有企业通过并购民营企业实现价值增值以顺利完成考核目标，获取奖励，未能充分考虑并购将对企业产生的影响，短期行为明显，致使国有企业并购大都以失败而告终。

2. 并购估值带来的国有资产流失问题

交易定价是企业并购的核心问题之一。合理的并购交易定价源于全面的调查和客观的评估，资产评估报告、财务审计报告等是确定企业并购价值的重要依据，如果国有企业在并购前未能对目标企业的价值做出合理的预判和评估，一旦并购交易定价过高，很可能造成国有资产流失。在国有企业混合所有制并购的实践中，由于并购双方之间存在信息不对称，并且我国产权交易市场还不是很发达，并购交易的公允性值得考量。目前相关法律法规对资产评估行业的规范也尚为缺乏，国有企业在并购经营状况较差的民营企业时，没有专业机构进行资产评估，可能导致评估结果出现偏差，国有企业在并购后陷入财务风险之中。此外，有一些国有企业经营者出于自身利益考虑，在并购中很可能与目标企业联手，钻法律和政策的空子，故意抬高并购交易价格以从中获得差价，侵占国有资产；而部分民营企业出于天然逐利的本质，在并购前通过采取相应措施（如虚构资产）提升自身价值，导致企业价值评估得不准确，估价偏高，造成国有企业混合所有制并购交易过程中国有资产损失，给国有企业带来资产流失风险。

3. 在重点领域实行混合所有制改革的意愿不强

在我国特殊的经济体制下，通常认为国有企业是在位企业，拥有与生俱来的产权优势和资源禀赋，在某些重点行业或领域常常拥有绝对市场占有率；民营企业是后发企业，天然具有逐利性，但它们位于产权劣势一方，先天资源禀赋不足，想要进入国有企业主导的重点行业或领域是难上加难。中央政府从 2016 年 6 月实质性启动混改试点，截至 2021 年，混改已推出四批试点企业名单，从既有的混改试点实践来看，已然取得了一定的成效，实现了七大重要领域全覆盖，但整体进度较为缓慢，以并购顺利完成混改的国有企业并不多。这主要是因为国有企业通过并购民营企业实施混改就意味着要对民营企业开放行业壁垒高的垄断领域，分享一部分垄断租金，但在混改的实践中，部分政府主管部门不愿意免费让民营企业分享垄断租金，为了完成国家政策要求仅仅向民营企业开放行业壁垒低的低利润领域，在这种情况下进行的并购，混改效率不高，难以取得预期成效。

3.2.2　国有企业混合所有制并购中问题分析

1. 被并购民营企业隐瞒信息带来的信息不对称问题

在企业并购活动中，并购双方信息不对称是阻碍并购为企业创造价值的重要原因之一，尤其在目标企业试图隐瞒企业真实信息的情况下，很可能造成并购活动失败。在国有企业并购民营企业的过程中，信息不对称风险主要有表内风险和表外风险。一方面，在并购前，国有企业对被并购民营企业各项情况的调查如果不够全面、深入，民营企业为了维护自身利益很可能粉饰财务报表，目标企业财务数据失真，不能真实公允地反映企业的经营和财务情况，加剧混合所有制并购风险。另一方面，在国有企业进行并购前，民营企业通常会隐瞒目标企业的或有债务、隐性担保、连带诉讼等重要信息，以及一些未披露且难以调查核实的潜在债务，包括公司有意隐瞒的对外担保、已形成的违约责任等，将民营企业原有的债务和法律风险一并代入并购后的企业中，这不仅会增加并购后国有企业的债务负担，而且会让国有企业在并购后陷入债务纠纷，甚至错失重要经营商机，对国有企业未来发展造成诸多不利影响。

2. 缺乏有效融资方式和渠道带来的过度融资问题

国有企业在混合所有制并购时所选择的不同并购方式，会引起并购支付方式及并购交易金额的不同，而这又会导致国有企业在混合所有制并购进程中存在支付风险和融资风险，如现金支付并购，收购方在短期内需要筹措大量资金，在后期并购整合及后续经营过程中可能面临资金短缺问题，并且税负较高。并购支付方式主要有如下两种。①承担债务式并购。收购方虽然不用直接支付大量现金，但在后期并购整合及后续经营中需要偿还较多债务，资金压力较大。②股份支付并购。引入战略投资者，还能享受税收优惠，有利于企业未来发展，留存于企业内部的现金可以用于后续的并购整合，减小企业资金压力，但《中华人民共和国证券法》（以下简称《证券法》）对股份支付并购具有严格的条件限制。国有企业由于具有国家背景，易从银行获得贷款支持，在筹措并购资金时具有一定的优势，但这也会让国有企业过于依赖现金支付并购而忽视其他并购支付方式，导致企业出现高杠杆、高负债的情况，后续经营面临较大资金压力。加之我国资本市场起步较晚，金融中介机构发展时间较短，可能无法充分满足国有企业并购的融资需求，导致并购后企业绩效难以提升。

3. 并购重组法律法规不健全带来的法律适用问题

法律法规作为正式制度必然会对国有企业并购产生积极影响，然而，在我国现行法律体系中，鲜有针对并购的专门立法。尽管目前多项并购重组法律法规①已出台，并对企业并购做出了一些规定和约束，但针对不同所有制经济成分间并购行为的规定还尚为缺乏。加之在部分国资国企混改中，政府多关注国有企业利益，而忽视了民营企业利益，这也打消了民营企业通过并购参与混改的积极性。目前，我国并购重组法律法规体系还不是很完善，难以满足国有企业混改的需要，使国有企业在并购民营企业时，在申报审批、交易定价等方面存在较大的法律适用风险，加剧了国有企业并购成本。除此之外，在国有企业进行混合所有制并购前由于相关法律法规不健全还带来了其他诸多风险，如税务违法风险、诚信履约风险等。就税务违法风险而言，部分民营企业在粗放成长的过程中，遵规守法、诚信经营、依法纳税的意识还比较薄弱，出于逐利本性，企业可能存在一些逃避纳税的违规行为。国有企业在并购前，如果未能对目标企业的真实情况进行详尽的调查，并购后易陷入税务违法风险中。就诚信履约风险而言，截至 2021 年我国社会诚信体系的建设还不是很完善和健全，部分民营企业可能缺乏守法经营、诚信为本的理念，加之民营企业普遍为中小企业，规模较小，履约能力有限，在日常经营中很可能出现合同违约的情形，国有企业在并购前应综合考虑民营企业的各方信息，避免让自己在并购后陷入风险之中。

3.2.3　国有企业混合所有制并购后问题分析

国有企业混合所有制并购后的问题主要体现在并购整合风险上。国有企业的经营管理以政府为背景，虽然当前政府实行企业所有权和管理权分离的制度改革，但在国有企业并购中，政府依旧发挥着重要的指挥作用，被动并购事件在国有企业并购中不在少数。政府为了扶持民营企业，可能出于风险偏好干预国有企业并购民营企业。这些民营企业可能本身存在经营不善等问题，国有企业被动并购这类民营企业给国有企业带来了诸多不利影响，不但增添了国有企业的经济损失，在并购整合过程中还面临着诸多困难，导致并购整合程度低，未能顺利实现并购协同效应。国有企业混合所有制并购整合程度低，一方面是因为我国国有企业在并购中对并购前的谈判和并购具体交易阶段较为关注，而忽略了并购后双方资源要素的整合。国有企业未能对并购后的整合制订详细的工作计划，导致并购双方难以在管理、经营等方面更好地适应和融合，在并购整合过程中可能造成一定的资源浪费或资源配置不合理。另一方面是由于并购后企业的资产负债发生了较大的变化，企业资产负债率增加，但内部缺乏完善的资产管理计划，闲置资产配置问题未能得到妥善解决，财务杠杆系数增大，影响了资产收益。此外，一些国有企业在并

---

① 如近几年新修订的《中华人民共和国公司法》（以下简称《公司法》）、《证券法》、《关于企业兼并的暂行办法》等。

购后对存量资产的整合较为重视，可能忽视了内部资金流量及人员的整合，易引发经营风险。具体来说，国有企业在并购后期整合过程中常易发生的问题有管理整合风险问题、经营调整风险问题、文化冲突风险问题等。

1. 管理整合风险问题

并购后的双方企业的管理整合主要涉及管理模式、组织架构、人员等，管理整合风险也随之而来。由于国有企业和民营企业长期以来在经营理念和企业发展目标上的不同，二者在经营管理上通常存在一定的差异，双方的管理理念也存在一定的分歧，如果并购后双方企业之间的差异和分歧不能得到有效的化解，国有企业在并购后很可能因管理机制不完善、管理制度不适应等陷入管理整合风险。并购后国有企业应该充分融合双方优秀的管理制度，在管理模式、组织架构、人员等方面进行有效整合，如并购后因企业经营业务调整等因素影响，国有企业可能面临如何对企业的管理层进行调整、如何留住优秀员工等问题，这都需要国有企业在混合所有制并购的后期整合过程中进行重点关注，并采取行之有效的措施加以化解。

2. 经营调整风险问题

并购后的经营风险包括企业内部运营风险、外部市场风险及政策调整风险。一方面，国有企业并购民营企业后，企业的主营业务规模随之扩大、主营业务种类随之扩增，但双方企业此前的经营策略多多少少是存在一些差异的，这就需要国有企业在并购后能结合双方企业的实际发展情况及外部市场环境变化，聚焦主业，及时采取措施调整经营策略和产业结构，抢占更多的市场份额，避免国有企业在并购后因经营调整不及时、不彻底而陷入运营风险和市场风险之中。另一方面，国有企业虽具有政府背景，但政府对于企业发展的政策支持并非一成不变，也是在不断的调整中，国有企业在并购后期的经营中需密切关注外部政策环境变化，紧贴国家政策支持方向发展，将政策红利的的确确地转换为企业的经济效益。国有企业并购民营企业后能在企业经营上实现协同效应，能充分挖掘和利用并购双方企业之间的优势资源来获取战略发展机会，激发企业发展活力，提高企业经营效益，对于企业后续发展至关重要，否则并购后的企业很可能陷入经营困境。

3. 文化冲突风险问题

在我国特殊的经济体制下，国有企业和民营企业的发展背景截然不同，二者的经营文化也存在很大差异，主要体现在以下四个方面：第一，在经营理念上，国有企业由于具有一定的行政性，肩负承担社会责任等职能，更强调遵规守法和诚信经营，民营企业天然逐利，更强调效率优先；第二，在经营管理上，国有企业对企业的长期可持续发展较为关注，民营企业出于天然逐利的本质，更关注企业能否在短期内实现经济效益；第三，在决策制定上，国有企业要综合考虑管理层及多方利益相关者（如政府）的意见，集体负责、分权制衡，民营企业的大部分决策主要由管理层单独负责决断；第四，在职工选聘和管理上，国有企业虽实行了市场化选聘制度，但仍会受到论资排辈、人际关系等的限制，民营企业则多考虑员工对企业的成就贡献、创新能力等。由于长久以来的文化差异，在并购后续整合和后期经营中，国有企业与民营企业之间多多少少会存在一定的文化冲突，如果并购双方之间的文化冲突不能得到有效化解和融合，对于并购后企业的生产经营必然会带来不良影响，甚至导致并购失败，这需要全面探讨和重点解决国有企业混合所有制并购后的日常运营机制，在保证合法合规的前提下保持原民营企业的机动性、灵活性、高效性、创新性。

国有企业混合所有制并购存在的问题如图 3-2 所示。

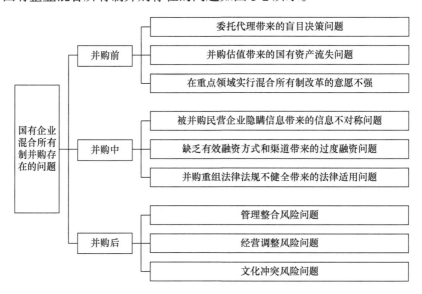

图 3-2　国有企业混合所有制并购存在的问题

3.2.4　以"创新-混合所有制并购-信任"三维度机制化解问题

并购是存量资源重新配置的重要方式，企业并购通常以提高资源配置效率为目标，企业的资源配置效率提升了，企业价值增值也就实现了。通过前述对国有企业混合所有制并购存在的问题的分析，不难发现，信任和创新机制的缺乏是国有企业混合所有制并购存在诸多问题的重要原因之一。因此，以提高资源配置效率为目标，通过混合所有制并购实现国有企业的做强做优做大，需要以创新为驱动、以混合所有制并购为核心、以信任为保障的机制设计，通过"创新-混合所有制并购-信任"的机制设计，在商业类国有企业中，合理有效地流转传统要素、知识和人力资本，提升资本回报率，增强国有企业活力，提高国有经济核心竞争力。

十九届四中全会审议通过的《中共中央关于坚持和完善中国特色社会主义制度 推进国家治理体系和治理能力现代化若干重大问题的决定》将社会主义基本经济制度由原来的公有制为主体，多种所有制经济共同发展的单一制度扩展为公有制为主体、多种所有制经济共同发展，按劳分配为主体、多种分配方式并存，社会主义市场经济体制三维度社会主义基本经济制度。这为国有企业混合所有制并购提供了制度基础，也为新时代下国有企业混合所有制并购迎来了新的契机。三维度社会主义基本经济制度为国有企业混合所有制并购传递出一个信号：在以混合所有制经济为基本实现形式，解决国有经济发展中面临的突出问题的同时，要兼顾分配制和市场经济体制。通过充分利用混合所有制经济，所有制经济主体依法平等地使用资源要素，合理有效配置资源，扩大初次分配的基数，并凭借生产要素的所有权参与受益分配，按照市场机制完成国民收入的初次分配。在此基础上，发挥国有经济"集中力量办大事"的优势，实现国有收益向公共产品、健康教育和创新扶持等领域的再分配，体现公平和效率的原则导向。最后，遵循自愿性原则完成国民收入的第三次分配。而这整个收入分配的过程，是在资源配置效率最优导向下，在建立灵活高效的市场机制基础上，发挥市场在资源配置中的决定性作用及更好发挥政府作用中完成的。

多种所有制经济发展的目标是提高整个经济系统内的资源配置效率，高质量收入分配体系的实施也需要合理配置资源。可见，无论是所有制制度，还是分配制制度，说到底还是要在其中发挥市场经济体制的巨大优势，让市场决定性配置资源，同时更好地发挥政府作用。国有企业改革，也是国有企业混合所有制并购的最终任务，说到底还是要推动形成灵活高效的市场机制，在市场化经济进程中提高资源配置效率，使国有企业通过混合所有制改革真正成为自主经营、自负盈亏、自我积累、自我约束和自我发展的经济实体，形成全面开放的市场化经济体系，实现理性经济人的发展需求，增强国有企业活力，推动国有经济的高质量发展。接下来，本书将基于"创新-混合所有制并购-信任"的视角，对国有企业混合所有制并购的宏观体制、中观产业发展机制及微观企业发展机制进行探讨。

3.3　"创新-混合所有制并购-信任"三维度
宏观体制研究

为了在经济中更好地配置资源,拥有大量国有企业的国家必须发展市场力量,建立竞争机制，合理分工国有部门和私营部门，让各个部门都对国家发展做出应有的贡献。在意识到这个问题后，各国便开始纷纷进行国有经济改革。效率和竞争原则是确保企业生存发展和国家经济繁荣的基本条件。在未进行国有经济改革前，国有企业常被非商业性的目标捆住，没有优胜劣汰的竞争机制，不积极参与市场竞争，但只有在竞争的市场上，企业活力才能被激发，企业才会努力提高自身经营效率，而这一切的前提是要有宏观机制的支持，因此，接下来，本书将从宏观层面阐述创新和信任机制对混合所有制并购的影响。

3.3.1　宏观创新机制与混合所有制并购

《2019 年全球创新指数》显示，我国创新指数已上升至全球第 14 位，位列发展中国家首位[①]。2018 年，我国全社会研发支出 19.657 亿元，占全球份额 21.68%，位居世界第二，全社会研发支出占 GDP 总额 2.18%，超过欧盟平均水平（2.03%），达到中等发达国家水平[②]，拥有各类研发人员 400 多万人[③]，科技贡献率达 58.5%。各项数据均显示，我国科技创新水平在主要指标上已与创新型国家接近或相当，但同时也必须清醒地认识到我国综合创新能力与发达国家还存在一定差距，创新能力仍有待提高，创新发展不平衡不充分等问题仍较突出（张新等，2020）。本书通过将创新分为创新投入、创新实施和创新产出三个层面，在不同的创新层面剖析构建何种机制以持续激发混合所有制并购活力，释放混合所有制度红利。

就创新投入层面来说，创新是经济发展的原动力，而持续稳定的资本投入是增强创新能力的前提。新经济增长理论认为经济增长的源泉在于技术进步、人力资本和物质资本。创新不仅需要在前期投入大量传统要素、知识和人力等资本，在创新实施期间更需要持续的资本支持，在整个创新过程中如果缺乏资本的支持，创新将难以为继。在创新投入中，首先需要识别传统要素资本中的创新资本。过去几十年我国经济的高速增长主要依赖传统要素资本的大量投入，新时代下经济增长显然已由传统要素驱动转变为创新驱动，但这并不意味着传统要素资本对于创新来说就不重要了，不能一味否决传统要素资本。当前我国经济正由要素投放粗放型阶段逐步向创新驱动发展阶段过渡和转型，创新依旧需要传统要素资本投入，只是不能将所有传统要素资本一股脑地投入创新，而是要识别出其中的创新资本并在创新实施过程中予以充分和高效利用，即提高资源配置效率。其次，在识别传统要素创新资本的基础上，合理配置传统要素、知识和人力资本，形成创

---

① 参见世界知识产权组织（World Intellectual Property Organization）《2019 年全球创新指数》报告（2019 年 7 月 24 日），https://www.wipo.int/global_innovation_index/en/2019/。

② 国家统计局. 2019. 2019 中国统计摘要. 北京：中国统计出版社。

③ 李钊. 2019. 在创新引领中培育壮大新动能//国务院研究室. 十三届全国人大二次会议〈政府工作报告〉辅导读本. 北京：人民出版社：229。

新的综合资本，将综合资本投入创新，以提高创新效率，追求更高的创新效益。最后，要充分调动创新投入的分配，改变创新投入结构失衡的局面。2017 年，我国基础研究、应用研究与试验发展经费占比分别为 5.5%、10.5%和 84%[①]，存在极不平衡的情况，基础研究成为创新最大的短板。

就创新实施过程来说，在创新资本投入的基础上要持续进行科技创新、商业模式创新及充分利用大数据时代下的数据赋能创新。科技创新是创新实施的第一层，通过科技创新，提升原始创新能力和二次创新能力，有效解决混合所有制经济发展关键问题，集聚整合全球科技创新资源，增强中高端科技供给，破解混合所有制经济发展对国外科技技术发展的路径依赖。商业模式创新是创新实施的第二层。通过科技创新可以直接创造新产品和财富，而商业模式创新对科技创新的显著促进作用在于其通过增大整个"价值蛋糕的尺寸"为公司捕获价值，实现创新成果的价值最大化（孙宁华等，2015）。罗珉等（2005）认为市场经济是一种"创造性破坏"状态下的不确定性经济，企业只有通过商业模式的不断再造或者创造性破坏才能有效地生存下来。数据赋能创新是创新实施的第三层。大数据时代下的数据赋能正以各种方式和路径影响着创新，数据赋能对创新驱动形成了三维视角：大数据资源与技术的工具化运用、大数据资源与技术商品化推动"大数据"创新链形成、以"大数据"为中心的扩张引发行业跨界与融合创新。在以往传统科技创新和商业模式创新的基础上，数据赋能通过互联网实施资源整合和双元创新，高效推动资源的合理配置。

除了要提升科技创新、商业模式创新和数据赋能创新能力，还要注重创新实施过程中的信任问题。Coase（1937）认为信任是经济活动得以发生和顺利进行的重要保障，可以降低交易双方获取对方信息或相互监督的内在需要，减少交易成本。创新的关键要素在于信任，如何让资本家信任创新，将资本放心大胆地投入创新，是保障创新顺利实施的关键。作为一个长期过程，创新在短期内很难为资本家创造效益，并且创新又是看不见摸不着的一个过程，不免会让资本家对创新持有怀疑和保留态度。虽然创新是无法预期的，但创新驱动的重要力量——资本是可控的，而以去中心化为核心特征的区块链技术的出现，无疑为混合所有制经济中的各资本家营造了一种信任机制。从理性经济人的角度出发，创新前期高投入、过程不确定性、产出滞后性等特点及信息的不对称性会降低资本家对创新的预期，不愿意也不放心将大量资本投入创新，创新难以真正运行。通过区块链技术，经济活动中的各项交易信息以区块形式被记载，整个创新过程中资本的"来龙去脉"一目了然。"区块+链"的数据结构使资本家可以及时了解资本在创新

---

① 数据来源于国家统计局：《2017 年全国科技经费投入统计公报》（2018 年 10 月 9 日），http://www.stats.gov.cn/tjsj/zxfb/201810/t20181009_1626716.html。

过程中的动态流向，减少创新的时间链条和成本链条，降低要素投入摩擦，促进资本跨行业、跨地区的有序流动，优化资本配置效率，保护创新投入，解决资本家的"后顾之忧"。

就创新产出来说，创新不只是解决效率问题，更重要的是如何做好科学技术成果在生产和商业上的应用和扩散（洪银兴，2013），因此必须要做好创新产出的价值最大化、成果商业化、再循环利用化和知识产权保护。首先，要提高创新产出的价值最大化，提升创新产出成果的转化率，保证创新投入资本合理转化为创新产出，减少资本价值流失；其次，要做好创新产出的成果商业化，创新的最终目的还是为资本家带来效益，不能让创新产出成为"镜中月""水中花"，只有创新能够实实在在地为资本家创造经济效益，才会激发更多资本家的创新投入，将创新做强做优做大；再次，要做好创新产出的再循环利用化，让整个创新过程形成良性循环，不断激发创新活力；最后，要做好创新成果的知识产权保护，加速推进知识产权改革及其保护制度，将知识产权保护法律法规统一成规模体系，避免产权保护制度的分散化，推动建立知识产权交易市场，打造连接国内外技术、资本、人才、创新资源的技术转移网络。

3.3.2 宏观信任机制与混合所有制并购

一个国家的竞争力，归根结底是制度的竞争力，制度不仅包括正式制度，还包括非正式制度，二者是制度的两个不可分割的部分，前者为后者的稳定和改进提供条件，后者会促使前者出现（崔万田和周晔馨，2006）。党的十九届四中全会赋予中国特色社会主义基本经济制度新的内涵，为本书奠定了正式制度基础，但仅仅依靠正式制度去推进混合所有制经济发展显然是不够的，必须有相应的非正式制度及配套机制，才能发挥其显著的制度优势，提高制度供给能力，显示出制度巨大的优越性和强大的生命力。无论是脱离非正式制度仅谈正式制度还是脱离正式制度仅谈非正式制度对混合所有制并购的影响均是不可取的，信任机制作为经济社会的基础性非正式制度，对混合所有制并购的实施具有重要影响。本书将资源配置理论和权变理论嵌入三维度基本经济制度中，并以信任机制这一基础非正式制度为纽带运行制度，在顶层设计中构建新的混合所有制并购理论体系，通过理论创新体现我国基本经济制度的制度优势。为了深入贯彻落实"推进国家治理体系和治理能力现代化"的重要战略目标，党的十九届四中全会顺利召开。党的十九届四中全会提出的包括公有制为主体、多种所有制经济共同发展，按劳分配为主体、多种分配方式并存，社会主义市场经济体制的三维度社会主义基本经济制度，进一步明确和升华了我国的基本经济制度，这也是本书的正式制度基础。以三维度社会主义基本经济制度为正式制度基础，本书的重点内容之一是要探究如何将信任机制这一基础非正式制度融入正式制度基础之中的问题。

具体来说，本书在三维度社会主义基本经济制度供给的基础上，嵌入资源配置理论和权变理论的理论基础，融入信任机制这一非正式制度，构建三维度基本经济制度供给的制度体系，进行制度理论创新。资源配置是经济学讨论的永恒问题，因为社会再生产过程中的资源是有限的，而各个方面的需求是无限的，相较于需求而言，资源总是表现出相对的稀缺性，于是不可避免地产生了资源配置问题，如何用最少的资源耗费获取最佳经济效益是一个值得探讨的问题。社会资源配置主要通过动力机制、信息、决策机制实现。第一，资源配置的目标是实现经济效益最大化，在理性经济人假设条件下，资本家追求经济效益，必定会采取各种措施来提高资源配置效率以使自身利益最大化。第二，资源配置效率的最大化需要有合理的资源配置方案作为基础，这就需要能够尽可能多地掌握相关交易信息，而信息的收集、处理、传递、加工流程需要一定的机制予以实现。第三，在制订资源配置方案的基础上，还需要做相应的资源配置决策，决策权可以是集中的或分散的，它们有着不同的权力制约关系，形成了不同的决策机制。资源能否得到有效合理配置，决定着经济发展的成败，对于混合所有制经济的发展亦是如此，对于本书聚焦于国有企业以混合所有制并购形式进行混合所有制改革而言更是突出。资本家总是追逐经济效益的，想通过最少的资源和最佳的配置达到最大的效益，而在市场经济条件下，各企业之间的资源完全由市场按照效率目标合理配置。因此，在全面改革开放的时代背景下，在资源配置理论的指导下，国有企业如何通过混合所有制并购实行混合所有制改革，充分利用国内外资源，提升资源配置效率，不断释放三维度基本经济制度显著优势，提高三维度基本经济制度的制度供给能力就显得尤为重要。

权变理论是本书的另一重要理论基础，该理论以系统观点为理论依据，核心在于通过组织各个子系统内部和之间的相互联系及所处外部环境之间的联系确定各种变数。权变理论与资源配置理论是相辅相成的，一个解决的是如何应对企业发展内部的问题，一个解决的是如何应对极具不确定性的外部环境的问题。"权变"的意思是权宜应变，每一个企业发展所拥有的内在要素及所面临的外部环境条件都是不一样的，各有特色，在企业实际的经营管理中不存在统一的原则和方法，必须根据企业的实际情况采取不同的方案进行管理。概言之，权变理论强调企业在实际发展过程中要懂得随机应变，能够实时地根据所处外部环境的变化调整经营管理策略，而企业管理获得良好成效的关键在于对内外状况的充分了解和有效的应变策略。

一个国家国民财富的增长，不仅是资金、自然资源和劳动等物质要素投入量的函数，还是体现在生产过程中的技术进步因素和经济赖以运行的环境因素的函数（洪银兴，2018）。将权变理论与三维度基本经济制度相结合，应用到国有企业以混合所有制并购实行混合所有制改革中，就是在国有企业混合所有制并购过程中，在执行三维度基本经济制度的基础上，除了要注重内部资源配置效率的提升，还要注重如何在外部环境极具不确定性的新时代背景下，让国有企业通过混合所有制并购更好地适应全球经济环境变化。混合所有制经济作为一个开放系统，应当进行"有机"管理，不断地调整自己，不失时机地适应外界的变化，以便满足和平衡内部需要，并适应不确定和动荡的环境状况，达到全面市场化，让西方国家承认我们的市场化地位，推动混合所有制经济的"引进来"和"走出去"，让经过混合所有制并购的国有企业成为真正的市场经济主体。

3.4 "创新-混合所有制并购-信任"三维度中观产业发展机制研究

产业是国民经济持续发展的力量支撑和社会和谐安稳的重要基石，关系国民经济发展的效率和质量。国有经济作为我国国民经济的支柱，在供给侧结构性改革下推进混合所有制经济在产业层面的布局优化和结构调整的重要作用不言而喻。一个国家和地区的经济发展过程，除经济总量增加之外，更重要的是体现在经济结构的优化上（洪银兴，2018）。新时代以来，中国经济逐渐进入以经济增长速度变化、产业结构优化和发展动力转换为特点的新常态，产业转型升级成为产业主动适应新时代的内在要求和必然选择（刘伟和蔡志洲，2018）。习近平曾指出"产业结构优化升级是提高我国经济综合竞争力的关键举措"[1]。党的十九大提出"深化供给侧结构性改革"[2]。十九届四中全会进一步强调"坚持以供给侧结构性改革为主线，加快建设现代化经济体系"[3]。接下来，本书将从中观产业发展层面阐述创新和信任机制对混合所有制并购的影响。

3.4.1 产政学研协同创新机制与混合所有制并购

1. 通过产政学研协同创新推进实体经济与虚拟经济融合

创新是经济发展的原动力，现代化产业体系的构建需要通过产政学研协同创新实现。一直以来，我国都属于实体经济大国，而非强国，究其原因，在于创新

---

[1] 习近平在华东七省市党委主要负责同志座谈会上强调抓住机遇立足优势积极作为 系统谋划"十三五"经济社会发展（2015 年 5 月 27 日），http://military.people.com.cn/n/2015/0529/c172467-27072982.html。

[2] 习近平：决胜全面建成小康社会 夺取新时代中国特色社会主义伟大胜利——在中国共产党第十九次全国代表大会上的报告（2017 年 10 月 18 日），http://www.gov.cn/zhuanti/2017-10/27/content_5234876.htm。

[3] 中共中央关于坚持和完善中国特色社会主义制度 推进国家治理体系和治理能力现代化若干重大问题的决定（2019 年 10 月 31 日），http://www.gov.cn/zhengce/2019-11/05/content_5449023.htm。

供给不足，产业转型升级缓慢。在产政学研协同创新体系中，以政府为主导，有秩序、有步骤地整合产政学研的创新资本，组织来自各方的科研人员，共同攻克重点科研项目和核心技术；创新"互联网+"新模式，依托虚拟经济的高度资本流动性，为实体经济服务，让资源更多地流入实体经济领域，促进传统实体经济深度参与价值创造、价值传递、价值实现等环节，对产业发展的结构进行纠偏；注重基础应用研究和技术转化，加速产业结构调整升级，同时注重创新成果转化，以政府为主导做好创新成果的保护和利益分享工作。最终建立以企业为主体、市场为导向、产政学研深度融合的技术创新体系，促进实体经济与虚拟经济的融合，以先进的产业集群带动实体经济发展，提升国际竞争力。

2. 通过产政学研协同创新在混合所有制并购中推进国有资本与民营资本融合

习近平在亚太经合组织工商领导人峰会上曾强调"新科技革命和产业变革是一次全方位变革，将对人类生产模式、生活方式、价值理念产生深刻影响。"[①]，以及"坚持创新导向，开辟增长源泉"[①]。落实到以产"政学研协同创"新为驱动的产业层面的混合所有制并购上，就是要充分吸收国有和民营的优质资本，加大创新投入，依靠国有资本和民营资本的融合，降低低附加值产业比重，向高附加值产业转型延伸，形成产业迈向中高端的发展格局。在国有资本与民营资本融合的产政学研协同创新过程中还要倡导创新文化，政府不断推出鼓励创新的优惠政策，形成良好的创业环境，为产业调整升级注入创新活力。总体来说，在混合所有制并购的产政学研协同创新体系中，应以政府为主导，将产政学研的创新资源优化配置于基础研究和攻关研究，推进国有资本和民营资本的深度融合，加快资本的周转速度和循环流程，推动产业结构调整升级，做强做优做大国有资本，实现国有资本的保值增值，让国有资本和民营资本更多地向重点行业、关键领域和优势企业集中，推进国有企业通过混合所有制并购实现做强做优做大。

3. 通过产政学研协同创新推进区域经济中的混合产业集群发展

区域协调发展是世界各国、各区域共同追求的发展目标，也是我国追求的一个重要战略目标，从"九五"计划开始，我国就把促进区域协调发展作为一项重要的国民经济发展方针，先后实施了一系列重大区域发展战略。但我国区域经济在快速发展的同时也产生了一系列的问题，如"问题区域"（如落后区域、膨胀区域、萧条区域等）的存在、区域发展的不公平与不均衡、生态环境的恶化、区

---

① 同舟共济创造美好未来——在亚太经合组织工商领导人峰会上的主旨演讲（2018 年 11 月 17 日），http://www.gov.cn/gongbao/content/2018/content_5346491.htm。

域政策碎片化等。这些问题都是亟须解决的，为此先要解决传统发展理念下各地经济发展出现产业结构趋同、重复建设等恶性竞争现象导致的经济效益低下、资源浪费问题，以产政学研协同创新实现各区域间的协同发展，让各区域充分发挥各自的比较优势，实现优势互补，产生"1+1>2"的经济协同效应。产政学研协同创新的溢出效应和聚集效应会让产政学研创新主体聚集在一个公共范围内，进而提升创新产出效率。通过以政府为主导的产政学研协同创新，将那些具有重大科技创新突破能力的主体聚集于某一个区域内，通过创新的双向溢出效应，改善创新主体的价值生产能力，不断提高区域整体的创新产出效率。总而言之，充分利用产政学研协同创新的各主体分工明确、知识互补的优势，让各项创新要素能在产业集群内不断循环流动与配置，形成创新要素生态系统，将区域内的资本要素高效转化为新产品、新工艺和新服务，产生经济效益，推动产业结构调整升级，进而推进国有企业通过混合所有制并购实现做强做优做大。

4. 通过产政学研协同创新推进供给侧结构性改革中的生产要素合理配置

产政学研协同创新是产业生产力发展的重要动力来源，也是供给侧结构性改革的重要抓手。根据内生增长理论，现代经济增长要谋求各项生产要素的协同，而不是仅仅依靠某一生产要素方面的优势。过去我国经济快速增长源于低价劳动力成本优势，现在，人口红利日渐消失，各种要素成本大幅上升。在供给侧要素总量投入无法持续增加的条件下，创新是发展生产力最重要的可持续途径，让产业发展更多地依靠生产率提高，在产政学研协同创新体系中依靠技术、知识和人力资源等生产要素的合理配置，把"汗水经济"转变为由创新驱动的智慧经济。一方面，通过产政学研协同创新形成的生产要素合理配置体系推动传统产业的信息化、智能化改造，调整传统产业结构，建立现代化产业体系。另一方面，通过产政学研协同创新形成的生产要素合理配置体系，促进新兴科技和新兴产业的深度融合，加快培育新兴产业。总的来说，通过产政学研协同创新推进供给侧结构性改革中的生产要素合理配置就是要让技术知识密集化，用高级生产要素替代低级生产要素，在市场机制中实现要素的合理配置，在产政学研协同创新过程中让各种要素更加便捷、有效、健康地结合，提高创新产出效率，在这个过程中不断调整产业结构，推进国有企业通过混合所有制并购实现做强做优做大。

5. 通过产政学研协同创新在推进全球价值链中优化产业结构

当前全球经济格局深度调整，产业竞争异常激烈，突出表现为全球价值链竞争，在全球价值链迭代中，面临着国际发达国家"再工业化战略"和发展中国家"低端产品分流"制造业竞争加剧的现实挑战。产政学研协同创新的目标是推动产业迈向全球价值链中高端，在全球产业链上部署全球创新链，关键是有效衔接知识和技术创新，在相应的产业链环节上创新处于国际前沿的核心技术。摆脱过去仅仅靠学习、模仿和引进技术的局面，以政府为主导构建产政学研协同创新体系，依靠技术创新、市场创新与制度创新，推进混合所有制经济产业迈向全球产业链的中高端，让产业发展逐步摆脱低端锁定状态，占据全球创新链的重要分工环节，开发全球生产要素和市场的潜在价值，在全球价值链迭代中实现产业结构调整升级，提高产业附加值，增加经济效益，推进国有企业通过混合所有制并购实现做强做优做大。

3.4.2　中观信任机制与混合所有制并购

1. 在产业政策实行中融入信任机制推进混合所有制并购中实体经济与虚拟经济融合

虽然国有企业和民营企业在实体经济方面均面临着国内原材料、人力资源等多重价格上涨的高运行成本现实困难，以及国际发达国家"再工业化战略"和发展中国家"低端产品分流"制造业竞争加剧的现实挑战，但整体而言我国国有企业在实体经济领域占据主导地位，民营企业又是网上销售、快递等虚拟经济的主力军，通过国有企业和民营企业的混合所有制改革，以"互联网+制造""龙头+配套""存量+增量""集约+循环"的形式将实体经济与虚拟经济结合推进混合所有制经济发展和振兴中国实体经济。普遍而言，国有企业的实体经济发展能力较强，虚拟经济发展较弱，而民营企业的实体经济发展能力较弱，虚拟经济发展迅速，通过国有企业的混合所有制并购促进二者优势互补不仅仅是解决混合所有制经济发展的问题，更是落实国家经济发展新战略的实践。推动实现创新驱动发展，需要混合所有制制度、财政税收特殊政策支持，并着力培育新型融资渠道，如细化科创板的制度规则为中小科技型混合所有制企业发展开辟直接融资新途径，运用产融基金和产投基金的政策解决实体经济与虚拟经济融合发展的资金需求问题。传统贷款方面，差异化利率政策需要向这些混合所有制改革的企业与产业融合倾斜。

2. 在产业政策实行中融入信任机制推进混合所有制并购中国有资本与民营资本融合

混合所有制改革的首要动机是提高资源配置效率。理想的市场经济制度，必须顺应资本的逐利本性，以市场为基础性手段，促进资本自由地流向高利润产业，达到资源配置效率最优。国有资本效率"现况"常常被解读为国有企业自身运行效率低（刘小玄，2000；吴延兵，2012），附带效率损失大（刘瑞明和石磊，2010），创新效率和动力不足（董晓庆等，2014；Wei et al.，2005），而资本由国有部门向非国有部门流动可以提高资本的配置与利用效率及企业运行效率。对民营资本来说，借混合所有制改革的机会进入国有垄断行业或垄断行业中的竞争性部分，既可以增加自身市场竞争力以分享市场份额，又可在技术、信誉（信用）、政治关联等方面受益于国有企业的优势资源。对国有资本来说，可以通过汲取民营资本在独有技术、商业模式或经营机制等方面的资源优势提升国有资本运行效率，实现互补共赢。但所有权结构的多元化并不是决定混合所有制改革成效的唯一变量，"一混就灵"的期望并不现实，改革的成功需要有系统性的制度创新和治理保障。混合所有制改革不应该只是资本的混合，更应该是管理和智慧、优势资源的混合，是文化的混合。发展混合所有制经济需要信任这一治理机制作为保障，在信任机制的基础上，以"政府-行业协会-市场"产业治理方式推进国有资本和民营资本在进行混合所有制改革后的融合。

3. 在产业政策实行中融入信任机制推进区域经济中的混合产业集群发展

区域协调发展是解决新时代人民日益增长的美好生活需要和不平衡不充分的发展之间的矛盾的关键着力点之一。改革开放之初，我国采取了东部沿海地区优先发展的战略，随后，为了缩小东部与中西部之间的发展差距，采取了"西部大开发""中部崛起"等战略举措，但效果并不显著，要缩小中西部与东部的差距，实现中西部经济崛起，必须以大力发展混合所有制经济为突破口，让国有经济和民营经济共同发力。虽然，东西部之间国有和民营经济发展的巨大差异不完全是由政府的政策导致，如区位优势和创新能力是影响各区域国有与民营经济发展的深层次因素。但解铃还须系铃人，政府应该在区域经济发展中探寻产业经济发展道路。产业集群是促进区域经济协调发展的有效途径。2016年"十三五"规划明确以产业链和创新链协同发展为途径，培育新业态、新模式，发展特色产业集群，带动区域经济转型，形成创新经济集聚发展新格局。因此，政府必须从实际出发，制定科学合理的区域产业集群发展政策，融入信任机制，提高区域产业生产效率，扩大和加强集群本身的混合所有制经济发展能力。形成以资本为纽带、以市场为导向、以骨干企业为龙头，专业化分工、配套协作的混合所有制产业集群，加快区域经济发展步伐，形成特色产业的成功之路，通过市场机制解决区域经济发展不平衡的问题。

4. 在产业政策实行中融入信任机制推进供给侧结构性改革中的生产要素合理配置

从供给侧看，经济发展主要是依靠土地、劳动力、资本、技术、管理等生产要素驱动，这些要素在充分合理的配置条件下经济才能实现长期稳定可持续发展。所以，推动国有经济长期繁荣发展，必须从改善制度、土地、资本、劳动力、技术和管理等要素供给效率着手，合理的制度是提高其他要素供给效率之本。国有经济的传统产业和新兴产业均存在产能过剩现象，而异质化需求的有效供应却不够。因此，政府应出台刺激国有企业在供给侧结构性改革中转型升级的产业政策，既有清单式的规范文件，又有财税和融资间接政策，在间接政策方面，要引导国有企业在混合所有制并购中运用"营改增"等减税降费政策降低税费负担，理顺科创板并试点注册制，为小微企业提供直接融资渠道。为了让混合所有制的各种经济成分在供给侧结构性改革中看到制度红利，国有企业和民营企业敢于自我革命，向自己"动刀"，果断调整产业结构、产品结构，降本减支、挖潜增效，以化解产能过剩。同时重新组织生产要素，瞄向混合所有制并购中实体经济与虚拟经济的融合，转型创造高端产业链价值链产品。

5. 在产业政策实行中融入信任机制优化全球价值链中的混合所有制产业结构

随着国际分工逐渐由产业间分工、产业内分工演进到产品内分工，产品生产的各个环节根据比较优势分布于全球各个国家或地区，全球价值链因之而生。全球价值链是产品生产的全球垂直结构，一方面产业发展呈现出全球范围离散分布而局部区域聚集的状态，另一方面跨国公司产业内企业成为全球价值链的主导者和治理者。目前，在全球价值链迭代中，我国产业发展同时面临国际发达国家"再工业化战略"和发展中国家"低端产品分流"制造业竞争加剧的现实挑战，成为全球价值链的治理者是中国产业转型升级的最高价值追求。因此，混合所有制经济要对接和紧贴"一带一路"倡议，粤港澳大湾区建设、长江经济带发展战略等国家战略制度，推动转型升级，弘扬外向型经济传统，提高供给质量和效率，走国际化之路，参与全球资源整合和跨境并购，加快优势产能的全方位转移，在国际产能合作中化解过剩产能，呈现等量资本取得等量利润及竞争导向下的良性资源配置趋势，即资源从低效率企业转至高效率企业，充分利用资源，达到满足全球需求的最高潜能。

3.5 "创新–混合所有制并购–信任"三维度微观企业发展机制研究

经过中华人民共和国成立 70 多年来的发展,我国国有企业改革取得了诸多成就,但仍存在不少问题,总的来说,国有企业的市场主体地位尚未真正确立,在对外开放中遭到西方国家的诸多质疑。而对于民营经济来说,经过中华人民共和国成立 70 多年来的发展,民营经济不断向前推进,积极探索,取得了重大进展和丰硕成果,但是,由于各种主观因素的综合作用,改革开放以来的民营企业发展质量不高,与国有企业相比,民营企业发展在行政和政策上受到的制约较多。在我国特殊的经济体制下,国有经济和民营经济各具发展优势和劣势,纯国有企业和纯民营企业想要实现高质量发展都存在一定的现实困难,而通过混合所有制并购可以实现两种经济成分的优势互补,实现两者的共同发展,以混合所有制并购形式推进国有企业的混合所有制改革是当前国有企业和民营企业打破现有束缚、走出发展瓶颈期、走向高质量发展的最佳途径。接下来,本书将解析创新和信任机制对国有企业以混合所有制并购推行国有企业混合所有制改革的作用机制。

3.5.1 微观企业创新机制与国有企业混合所有制并购

竞争环境下企业实现创新突破的关键在于自主创新能力的提升(姜卫韬,2012),如何培育企业自主创新能力是国有企业通过混合所有制并购激发企业活力、提高核心竞争力的现实问题。就国有经济与民营经济发展的先后顺序而言,通常认为国有企业是在位企业,民营企业是后发企业。在创新上,国有企业和民营企业各具优势和劣势。国有企业的创新优势主要在于创新资源禀赋足、享有的政策待遇优,劣势主要在于创新活力相对较弱,创新资源配置效率相对较低;民营企业的创新优势主要在于其作为后发企业在长期技术追赶过程中所形成的创新能力和经验,创新活力较强,劣势主要在于其创新资源禀赋相对缺乏,在国家政策上享有的待遇不如国有企业好。国有企业通过并购实行混改,可以让国有企业和民营企业实现创新优势互补,形成创新合力,充分调动国有企业发展的积极性。

1. 国有企业在混合所有制并购中通过自主创新推进产权保护与市场要素自由流动

混合所有制并购涉及国有企业与民营企业,就创新投入来说,国有企业和民营企业将各自拥有的优质资本投入企业创新,实现二者的资本互补,优化创新投入的资源配置。就创新实施来说，国有企业在实体经济领域内拥有深厚的技术创新基础，民营企业在长期的技术追赶过程中所形成的创新模式、创新经验、创新精神是其所拥有的巨大创新优势，在创新实施过程中可以通过区块链信任机制让双方的创新优势深度融合，国有企业为民营企业提供良好的创新基础，民营企业为国有企业带来新的创新动力，进而提升创新资源配置效率。就创新产出来说，通过国有企业和民营企业形成的创新合力，不断带动产品质量的提升，以满足消费需求为导向，以高质量的产品产出与销售持续增长及高效益为目标，来满足理性经济人的资本逐利需求，可实现国有和民营经济双赢。

创新是混合所有制度的内生引擎，是使国有企业通过混合所有制并购产生混合所有制制度红利的最根本推动力。在投入初期，创新可能存在不具有实物特征、面对的不确定性影响大、生产要素来源不充分、创新失败风险大的特点，在创新成果形成后又可能面临知识产权不受保护的困境，特别是在混合所有制并购中如何保证企业获得充分的创新要素和综合资本，使市场要素自由流动，并解决创新产出后的知识产权保护问题，提高民营企业家的获得感和安全感这一问题，必须重视。国家明确引导市场混合所有制产权主体健全，完善技术创新平台和服务体系。在混合所有制并购后为进一步推进国有企业的壮大和发展，形成该产业的优势群体的基础上，混合所有制并购中的国有企业和民营企业要通过自主创新实践，在创新投入、创新实施和创新产出中强化产权保护，特别是知识产权保护，在资本、货币、技术、土地、资源、环境、劳动力、人才等市场要素的获得和使用中，要敢于平等使用要素、消除资本流动障碍、提高资本市场配置效率，通过提升创新产出、强化按资本投入公平分配产出成果和落实成果的产权归属，推进产权保护与市场要素自由流动机制。

2. 国有企业在混合所有制并购中通过自主创新提高生产效率和质量以形成产品供给新动力

习近平一直以来都高度重视科技创新，曾指出"创新是引领发展的第一动力，是建设现代化经济体系的战略支撑"[1]"关键核心技术是要不来、买不来、讨不来的"[2]"要推动企业成为技术创新决策、研发投入、科研组织和成果转化的主体"[2]。习近平的重要论述，同样也为国有企业在混合所有制并购中加快自主创新步伐指明了前进方向、提供了根本遵循。国有企业在混合所有制并购的自主创

---

[1] 决胜全面建成小康社会 夺取新时代中国特色社会主义伟大胜利——在中国共产党第十九次全国代表大会上的报告（2017 年 10 月 18 日），http://www.gov.cn/zhuanti/2017-10/27/content_5234876.htm。

[2] 习近平：在中国科学院第十九次院士大会、中国工程院第十四次院士大会上的讲话（2018 年 5 月 28 日），http://www.xinhuanet.com/politics/2018-05/28/c_1122901308.htm。

新过程中，要从提高企业产品质量出发，矫正要素配置扭曲，扩大有效供给，更好地满足人民群众的美好生活需要。一要提升产品生产效率，二要提高产品供给质量。产品生产效率的提高既是对提高整个混合所有制经济系统资源配置效率的回应，也是混合所有制企业做强做优做大的基本条件，更是满足理性经济人资本逐利的基本要求。提高产品供给质量就是要以处置"僵尸企业"为重要抓手，破除无效供给，减少低端产品供给，引导中国消费者从国际消费市场回流，推动化解过剩产能。只有不断提高产品生产效率和产出高质量产品，形成供给新动力，才能真正通过发挥新消费引领作用实现企业提质增效，只有围绕消费市场的变化趋势进行创新和生产，才能最大限度地激发企业活力，提高自主创新有效性，提升企业的竞争力和附加值。

3. 国有企业在混合所有制并购中通过自主创新健全人才善用激励流动机制和培育企业家精神

国有企业在混合所有制并购中推行职业经理人制度，实行市场化的选人用人机制，客观上需要市场化的薪酬制度，需要建立有效的激励和约束机制。混合所有制条件下，企业家激励效果影响着企业的长远发展，他们处于企业的核心地位，决定战略发展方向，承担经营风险。混合所有制经济要求企业具有创新精神和市场活力，企业家激励在这一过程中发挥了积极作用，激励效果影响企业长远发展，而企业家激励主要包含职业经理人制度、差异化薪酬制度、严格的绩效考核制度、核心员工持股制度和劳动合同管理制度五个制度。人才善用激励流动机制主要涉及用人机制，这不是仅靠制度就可以完全解决的，特别是，企业家激励与企业家精神高度相关。企业家精神的内涵比较丰富，国有企业在并购中通过自主创新，可以激发创新、坚守、责任的企业家精神，这样的企业家精神作用于人才善用激励流动机制，可以激发员工创造热情，提高企业的活力和竞争力，这样才能从根本上提升企业竞争力，培育出一批一流企业，从而实现国有资本的做强做优做大。

4. 国有企业在混合所有制并购中通过自主创新构建以消费需求为导向的公平有序企业竞争机制

消费是促进经济发展的基础，为更好地满足人民日益增长的美好生活需要，需要优化质量标准满足消费结构升级需求，充分发挥市场机制与企业主体作用，加大新技术、新产品等创新成果的标准转化力度。因此，国有企业通过混合所有制并购，强化自身的自主创新能力，尤其以市场需求为导向推动技术创新、产品创新、模式创新，将加大新技术、新产品等创新成果的标准转化力度，并通过发挥市场机制与企业主体作用，增强高品质产品和服务供给，切实满足基本消费，持续提升传统消费，大力培育新型消费，不断激发潜在消费。因此，国有企业在混合所有制并购中通过自主创新提高产品质量，并通过市场机制满足消费需求时，就可以形成公平有序的企业竞争态势，形成社会各方的消费共同治理机制。

3.5.2　微观企业信任机制与国有企业混合所有制并购

混改是增强国有企业活力的重要动力，国有企业以并购的形式推进混改，对当前建立现代经济体系、推动经济高质量发展具有重要的理论和现实意义。制度不仅包括正式制度，还包括非正式制度，二者作为制度的两个不可分割的部分，只有保持目标的一致性才能保持制度的稳定性（崔万田和周晔馨，2006）。对于一个企业的发展来说，正式制度和非正式制度都是具有积极影响的，如果仅注重一方发展而忽视另一方发展，国有企业混合所有制并购原本能够取得的经济效益也可能消失，尤其在我国法律、金融等方面的正式制度安排均较薄弱的情形下，非正式制度作用的发挥甚至能弥补正式制度在某些方面的缺陷，而信任机制作为经济社会的基础性非正式制度，对于国有企业混合所有制并购至关重要，不仅影响社会稳定和经济发展，还影响企业效率和市场竞争力。信任机制对企业最大的影响在于它能够显著地提升企业创新能力，弥补正式制度创新激励不足的问题。因此，本书将信任机制这一重要的非正式制度与一般的正式制度相结合，探讨其在国有企业混合所有制并购中的重要作用。

1. 国有企业在混合所有制并购中通过现代企业制度推进混合所有制并购中国有企业公司治理正式制度与诚信创新制度文化互融

制度是激发企业活力的源泉，首先要有好的制度，然后才可以谈及好的企业发展。对国有企业而言，只有所有权与经营权的分离才能更好地激发国有企业的发展活力，促进混合所有制并购的顺利实施。党的十九届四中全会强调深化国有企业改革，完善中国特色现代企业制度，就是要求在所有权与经营权分离的前提下深化企业改革。对于国有企业现代企业制度的建立，关键是要建立合理的公司组织结构和规范的公司法人治理结构，并处理好并购后集团公司内母公司与子公司的组织关系。特别地，国有企业通过混合所有制并购形成的企业价值创造能力不仅存在于技术和人力资源等有形资本内，还蕴含在企业文化等组织资本中，尤其在公司治理中，企业文化治理效果可能成为影响改革成效的最重要因素。国有企业混合所有制并购的改革效果和国有资本、民营资本融合效果相关，这主要涉及诚信和创新文化的融合。混合所有制改革是存量经济改革，创新是存量资源配置效率提高的根本动力，创新文化建设的过程，实际上就是一个企业活力激活的过程，制度是激发企业活力的源泉。因此，在企业制度中要突出企业文化是"崇尚创新、宽容失败、支持冒险、鼓励冒尖"，激励企业员工在工作中创新、管理层在管理中创新，让企业每一个要素都活跃起来，形成新的创新治理机制，积极主动地进行改革。"混而不合"是国有企业和民营企业进行混合所有制改革过程中面临的共性难题，其中信任缺失阻碍创新能力提升可能是影响混合所有制并购创造企业价值的主要障碍。诚信是市场经济发展的基石，维护着整个社会的基本价值和社会生活，现代企业制度中的"诚信经济人"理念为混合所有制企业的主体诚信治理提供了必要的制度保障。

2. 国有企业在混合所有制并购中通过现代"亲""清"政企形式公司治理实现混合所有制并购中国有企业公司治理正式制度与诚信创新制度文化互融

混合所有制是关于存量资源的改革，混合所有制并购可以实现国有企业和民营企业的优势互补，但可能会出现国有企业引入的新机制与原有体制之间的不和谐和不匹配的问题，混合所有制改革要想实现实质性的突破，公司治理正式制度必须与诚信创新制度文化互融。社会信任作为一种重要的社会资本，积极促进了经济发展。信任机制对企业最大的影响在于它能够显著地提升企业创新能力，在创新实施过程中引用区块链技术的重要原因之一在于它能够为资本家营造出一种信任机制，让资本家放心大胆地投入资本进行创新，弥补正式制度创新激励不足的问题。现代"亲""清"政企形式公司治理中，政府、党组织和企业在以正式制度开展公司治理的过程中，都应该要有诚信创新文化建设的危机感和紧迫感。通过公司治理正式制度与诚信创新等非正式制度的互融，企业创新成果能得到正式制度的有效保护，企业能享受到创新带来的超额收益，进一步提升创新意愿，促进国有企业在混合所有制并购中，在市场机制下的战略竞争中培育企业文化，以诚信观念、创新能力的企业文化为支撑，通过公司治理破解新机制与旧体制之间的冲突，增强企业的综合竞争能力，最终形成企业积极创新的良性循环。

3. 国有企业在混合所有制并购中通过自主创新实现公司治理正式制度与诚信创新制度文化互融

在国有企业改革中，治理机构普遍得到建立健全，法人治理结构也已基本形成，但遵守治理规则的文化建设还存在一定缺陷，直接管理控制和独自管理控制的思想依然存在，一些现代治理规则和理念如制衡、接受监督等尚未得到实质性确立。在混合所有制并购中，国有企业必须强化治理文化建设，形成良好的诚信创新治理文化。国有企业混合所有制并购中诚信创新制度文化建设的难点在于，并购不是国有资本和民营资本的简单组合，而是需要不同文化背景下两种机制的深度融合。国有企业在混合所有制并购中形成诚信创新制度文化，并与正式制度相融合，需要自主创新的内生引擎作用，当生产要素、知识和人力资本等综合资本都投向创新时，会激发企业的创新文化和创新氛围，并且创新实施中的区块链信任机制也会激发诚信文化成为企业的最主要文化，创新产出的好成绩和成果产权分配机制会强化企业的诚信创新文化，促进公司治理正式制度与诚信创新制度文化互融。

第4章 基于国有企业混合所有制改革的信任及创新和并购价值的评价指标体系研究

基于战略并购的视角研究国有企业混合所有制并购，可以将并购的动机分为以企业战略目标实现为导向的内驱力动机和以获得市场超额收益为导向的市场获利诱因动机。企业并购活动的信任机制可以分为外层和内层两种，外层信任机制是在利益相关者利益诉求实现度的基础上构建的，可以在国有企业并购交易和资源整合中影响国有企业并购价值的创造；内层信任机制是在并购双方企业诚信文化的基础上构建的，可以通过影响企业的创新能力对国有企业并购价值创造产生影响。创新能力是企业能力至关重要的一部分，可以促进企业经济增长和提升企业竞争力。基于此，本章将从评价指标体系与评价模型两个方面，分别建立信任机制、创新机制、国有企业混合所有制并购价值创造的综合评价体系和评价模型，探究信任或创新对国有企业混合所有制并购价值创造的影响。

由于所有权性质的特殊性，国有企业参与混合所有制并购的动机不仅包括实现企业资本增值和价值创造，还包括一些国家层面战略性的因素，如集中国有经济力量推动行业的发展、维护社会稳定发展等。本书侧重于从微观企业实现资本增值和价值创造这一动机，探究国有企业参与混合所有制并购的经济后果，并构建信任机制和创新机制的具体影响路径。因此，基于国有企业自身发展和实现利益最大化的特点，本书从股东、债权人、供应商、买方、企业诚信文化五个维度，构建了信任机制的评价体系；从技术创新能力、市场竞争力、可持续发展能力三个维度，构建了创新机制的评价体系；从托宾 Q 值、经营性现金流、总资产收益率、公司治理能力四个维度，构建了国有企业混合所有制并购价值评价体系。

4.1 信任机制评价体系

企业并购近百年的发展始终是一个并购理论推动并购实践、并购实践又反过来促进并购理论研究深化的过程。本书以国有企业的混合所有制战略并购动机作为研究的起点，以战略并购中的信任和创新作为主要研究路径，以企业并购创造的价值作为研究的终点。在信任机制的研究中，可以将信任分为两个维度：外层和内层。

外层信任机制是在利益相关者利益诉求实现度的基础上构建的，而内层信任机制蕴含在参与并购的公司长期的企业文化中。具体而言，外层信任机制通过利益相关者合作的形式体现，会对企业的价值产生影响；内层信任机制体现为并购公司的诚信文化，通过对企业创新能力的作用，影响企业并购产生的价值，从而形成了信任机制对并购公司价值创造影响的综合评价体系。

一个完整、全面的评价标准体系包含评价主体、客体、目标、指标、方法五个方面。评价主体即对客体做出评价的人，就企业的并购活动而言，并购双方公司、并购企业的股东、供应商、政府监管部门均可能成为评价主体，针对企业并购产生的经济后果进行评价。评价客体即被评价的客观对象，取决于评价主体评价的目标和需求，可以为并购企业、职能部门、企业内部特定人群（如基层员工、管理层、研发人员）。评价目标是根据评价主体的要求确定和设立的，这一目标是事前拟定并公告的，但评价目标可能会随客观环境等因素的变化而进行调整。评价指标是评价主体根据评价客体和目标具体设定的，将对评价客体的特定方面进行评估。评价方法以评价目标为最终导向，根本目标在于通过对评价指标进行评估得出最终的结果。

本书采取两个评价体系对信任进行评价。一是基于利益相关者的信任评价体系。在并购前，并购活动的利益相关者会预期并购活动为自身创造的收益、构建对并购公司的信任；在并购后，利益相关者将比较预期收益和实际收益的差异，预期收益的实现程度将影响利益相关者与并购公司之间的信任和合作程度，因此，利益相关者的信任评价体系是一个充分融合利益预期评价与利益结果的体系（李东屹和汪海粟，2016；黎文飞等，2016）。在本书基于利益相关者的信任机制研究中，国有企业混合所有制并购活动的利益相关者是评价主体，并购形成的企业是评价客体，评价目标是最大化利益相关者的收益，评价指标包含股东并购收益指标、债权人并购收益指标、供应商并购收益指标、买方并购收益指标四类，评价方法是根据评价的目标，将多种统计方式结合，测量利益相关者在并购活动中产生的预期收益的实现程度。

二是基于收购方管理层的信任评价体系。在基于收购方管理层的信任机制研究中，并购的评价主体是并购活动的决策者（即收购方的管理层），评价客体是并购企业的信任机制，即与利益相关者相关的外层信任机制和并购双方的内层信任机制，评价目标是信任机制能否促进企业并购创造企业价值，评价指标是针对利益相关者和并购双方信任设计的，评价方法以评价目标为最终导向，旨在通过多种统计方法的结合、对评价指标进行评估等方式得出最终的评价结果。

4.1.1 股东信任评价指标

并购公司股东对企业并购活动的信任，源于其对企业并购后市场绩效和财务绩效提升、最大化自身利益的诉求。一般而言，并购市场绩效可以分为短期和长期两类；并购财务绩效主要是长期的，与股东权益息息相关。

1. 混合所有制并购市场绩效

本书将采用事件研究法衡量并购市场绩效。事件研究法是一种在并购公告发布后，计算公司股票超额收益的变动来衡量并购对股东的影响的方法。Ball 和 Brown（1968）、Fama 等（1969）首次将事件研究法应用于会计财务报告和资本市场有效性的研究中，随后事件研究法逐渐被学者采纳且被广泛地应用于股票市场绩效的研究中。

1）混合所有制并购短期市场绩效

将国有企业的混合所有制并购视为单个交易事件，确定事件窗口期。然后计算事件窗口期内企业股票实际收益率与预期正常收益率之间的差额，从而确定本次混合所有制并购活动对企业所有者收益的影响。衡量短期股东收益的指标通常有超额收益（abnormal return，AR）和累积超额收益（cumulative abnormal return，CAR）两种。具体计算步骤如下所示。

第一步为确定研究事件的窗口期。

衡量某项并购交易对于企业股票市场收益的影响，首先需要确定研究事件的窗口期，在特定的事件窗口期内企业股票发生的异常波动即为并购事件的市场绩效。事件窗口期的选择通常会将并购公告日作为原点，通过衡量并购公告前和公告后某段特定时期企业股票价格的波动程度反映并购活动为企业所有者带来的累积经济后果。对于事件窗口期的长度，学者还未总结出一个准确的经验数值，但一般而言，事件窗口期越长，研究越容易受到其他无关因素的干扰，研究的效果也越差。因此，事件窗口期越短，研究结果的可靠性越高。国内外关于并购短期市场绩效的研究对于事件窗口期的选择并没有统一的标准，大部分学者采用[-1, +1]、[-2, +2]、[-5, +5]、[-15, +10]等作为事件窗口期。

第二步为计算企业股票预期正常的收益率 $E(R)$。

超额收益 AR 的计算公式为 $AR=R-E(R)$，其中，R 为样本企业股票的实际收益率，$E(R)$ 为假设样本企业并未进行并购交易活动的预期股票收益率。从 AR 的计算公式可以看出，企业股票预期正常收益率 $E(R)$ 的计算将很大程度上影响企业超额收益计算的准确性。目前在关于股票市场绩效的研究中，$E(R)$ 的计算方式主要有三种。

（1）均值调整法（mean adjusted returns），该方法假设企业股票并购前的期望收益为常数，不同的企业拥有不同的期望收益的常数。该方法更注重特定股票的历史信息，适用于股票变动与市场总体股票指数变动相关性不强的情况。具体模型设计如下。

$$AR_{it} = R_{it} - \bar{R}_i$$

其中，AR_{it}、R_{it} 分别为股票 i 在 t 日的超额和实际收益；$\bar{R}_i$ 是常数，为企业参与并购活动前的期望收益。

（2）市场调整法（market adjusted returns），该方法假定各企业事前的股票预期收益是相同的，采用市场指数的方式计算市场组合收益。因为风险资本的市场投资组合是由所有股票线性复合而成，市场调整法具备很强的时序性特点，适用于企业股票的变动与市场总体股票指数变动关联性很强的情况。具体模型设计如下。

$$AR_{it} = R_{it} - R_{mi}$$

其中，AR_{it}、R_{it} 分别为股票 i 在 t 日的超额和实际收益；R_{mi} 为市场组合收益。

（3）市场模型法（market modeling returns），该方法以资本资产定价模型（capital asset pricing model，CAPM）为基础来计算 $E(R)$。市场模型法综合考虑了均值调整法和市场调整法的优缺点，是一种折中的方法，在市场绩效的研究中被学者广泛应用（张新，2003）。具体模型设计如下。

$$AR_{it} = R_{it} - \hat{\alpha}_i - \hat{\beta}_i R_{mi} \quad AR_{it} = R_{it} - \alpha_i$$

其中，AR_{it}、R_{it} 分别为股票 i 在 t 日的超额和实际收益；R_{mi} 为市场组合收益；$\hat{\alpha}_i$ 和 $\hat{\beta}_i$ 为估计期内的普通最小二乘法回归系数。

第三步为对事件窗口期内日股票超额收益进行累积加总，计算出企业股票 i 在事件窗口期内的累积超额收益 $CAR_{it} = \sum_{t=T_1}^{T_2} AR_{it}$。

第四步为计算事件窗口期内所有样本企业的平均超额收益 AAR_{pt} 和平均累积超额收益 CAR_{pt}。之所以计算样本企业平均的超额收益和累积超额收益，是因为企业的股票收益会受到诸多因素的影响，通过平均的方法可以较好地消除不相关因素的干扰。

等权股票组合 p 在第 t 天的平均超额收益：$AAR_{pt} = \dfrac{1}{N} \sum_{i=1}^{N} AR_{it}$。

等权股票组合 p 在[T_1, T_2]的平均累积超额收益：$CAR_{pt} = \sum_{t=T_1}^{T_2} AAR_{pt}$。

　　从研究文献来看，多数实证研究结果认为并购事件可以给股东带来短期超额报酬。Jensen 和 Ruback（1983）发现在并购事件期内，股东获得了超额报酬，其中目标公司股东获利较多，而收购方股东的收益未出现显著变化。Andrade 等（2001）从全行业的情况来看，认为目标公司在事件期内获得了 16% 的显著性超额报酬，收购方股东收益为负，但不显著，目标公司股东是并购事件的主要获利者。Faccio 和 Masulis（2005）研究发现，当被收购公司为非上市公司时，收购方股东可以获得正的超额累积收益。在中国，李善民和陈玉罡（2002）对 1999 年和 2000 年沪深两市发生的上市公司并购上市公司事件进行探究，发现收购方股东市场绩效显著，而目标公司股东收益未发生显著变化。朱滔（2006）对 1998～2002 年的并购事件开展研究，发现收购方股东在事件期可以获得累积超额收益，他将事件期锁定在并购前后 1 天、10 天和 20 天，仍然得出 CAR 的均值与中位数都显著大于 0，收购方股东获得超额收益的结论。

　　对于本书所指的国有企业战略并购，从混合所有制并购为国有企业创造价值的视角而言，混合所有制战略并购为国有企业创造短期超额收益并不是国有企业进行混合所有制并购的内驱力动机，而是诱因动机。但是由于战略并购的时间跨度较长，无论是从并购的内驱力动机的角度还是诱因动机的角度，国有企业混合所有制并购均为企业创造了超额收益、帮助国有企业股东获得利益，因而会增加国有企业股东对并购企业的信任。

　　2）混合所有制并购长期市场绩效

　　混合所有制并购的长期市场绩效是指企业参与混合所有制并购这一事件在较长一段时间内为企业带来的股票价格的变化。与并购短期市场绩效的计算不同，并购长期市场绩效的计算通常不需要估计收购方股票的正常收益，而是在并购事件发生后选择与样本企业配对的企业，对比参与并购企业和未参与并购企业市场绩效的差异，从而衡量并购企业在特定事件窗口期内的市场绩效。在关于并购企业长期市场绩效的研究中，大部分研究者选择企业规模、企业账面价值与市场价值之比作为样本企业和对照组企业配比的条件，对比样本企业和对照组企业的股票回报率的差异，以此作为衡量收购方股东长期市场收益的标准。具体计算模型如下。

$$BHAR_{iT} = \prod_{t=0}^{T}(1+R_{it}) - \prod_{t=0}^{T}(1+R_{\text{benchmark},t})$$

$$R_{\text{benchmark},t} = \frac{1}{N}\sum_{j=1}^{N}AR_{jt}$$

其中，$BHAR_{iT}$ 为第 i 个收购方企业股票的长期超额收益率；R_{it} 为第 i 个股票在第

t 个月的正常收益率；$R_{benchmark}$ 为对照组企业股票的平均收益率；AR_{jt} 为对照组第 j 个企业股票在第 t 个月的实际股票收益率；N 为对照组企业的数目。在并购长期市场绩效的研究中，学者一般会根据企业规模和账市比将对照组企业划分为五组，与样本公司进行配对后形成 25 个投资组合。一般而言，账面价值采用企业年初的数值，市场价值取自企业当年年报披露的流通市值。

Gregory（1997）以英国 1984～1992 年发生的 452 起并购事件为研究样本考察长期市场绩效，发现收购方的并购长期市场绩效下降，然后将并购样本划分为行业相关与非相关两类，发现非相关行业并购并不能帮助企业获得超额累积收益。国内学者朱滔（2006）探究了我国 1415 起并购事件的长期市场绩效，并购后企业的 BHAR 显著为负，长期来看并购难以帮助股东创造市场绩效。国内外很多学者都发现了并购后市场绩效改善的短期化现象，这也在一定程度上提供了并购长期不能为收购方股东创造利益的证据，并购长期市场绩效降低，难以赢得股东的长期信任。在并购实践中，收购方在并购目标公司后，其自身股权结构不断变化，甚至控股股东变动的案例不少，也说明了并购企业难以以较好的长期并购绩效获取股东信任的现实情况。

2. 混合所有制并购财务绩效

在并购研究中，并购财务绩效一般指企业中长期的账面绩效，与并购企业股东权益息息相关。从资产负债表的角度出发，企业资产主要为股东和债权人的投入，企业在日常生产经营过程中不断利用资产创造利润，从而增加了企业股东权益。一般而言，企业并购财务绩效的衡量指标有基于企业资产账面价值计算的净资产收益率（return on equity，ROE）、基于企业股价计算的每股收益（earnings per share，EPS）等。

首先是基于企业资产账面价值计算的净资产收益率 ROE。ROE 是衡量企业财务状况的一个常用和重要的指标，对于 ROE 的计算也有多种方式。如果用当期企业实现的净利润与期初企业所有者权益的比值来衡量 ROE，则表示企业的所有者期初投入的资本为企业创造的价值的大小；如果用当期净利润与期末企业互动权益的比值来衡量 ROE，则表示本期企业利用股东投入创造的价值占股东总投入的比例。除此之外，根据杜邦分析法，净资产收益率（ROE）=总资产收益率（ROA）×权益乘数（EM）。进一步，公式还可以分拆为总资产收益率（ROA）=销售净利率×资产周转率。在企业财务指标的分析中，销售净利率可以反映企业的获利情况，即企业是否被顾客信任和认可；资产周转率可以反映企业的流动性，是供应商和企业债权人密切关注的指标，资产周转率越高，企业资产的利用率就越高；权益乘数可以反映股东权益的倍数。在国有企业的并购中，股东对企业的信任是企业其他利益相关者信任的基础，股东的诉求也一定程度上代表着其他利益相关者的诉求。当国有企业参与混合所有制并购后，企业的 ROE 得到了明显的提升，代表并购活动为国有企业股东创造了利益，股东将增加对国有企业经营活动的信任。

其次是基于企业股价计算的每股收益 EPS。在企业的并购活动中，股东除了关注企业账面价值的创造情况，也会关注企业的市场表现（如股价表现），因此，EPS 的增长也是股东信任累积的一个重要因素。EPS 一般被用于评估企业的盈利和发展能力、所有者的投资风险，反映市场对该企业是否看好。当国有企业参与混合所有制并购后，企业的 EPS 明显增长，说明企业的获利能力变强，股东持有的股票在市场上的价值不断提升，国有企业股东的信任将增加。

国有企业混合所有制并购后，如果并购双方企业能实现协同效应，并购企业的生产要素投入产出的函数将发生改变，企业的财务绩效也会提高，因而会增加收购方股东对国有企业的长期信任程度。大部分研究认为，国有企业参与混合所有制并购将提升企业的财务绩效。Megginson 等（1994）认为国有企业存在运营低效的问题，而私有化可以提升企业运营效率，并对企业绩效产生影响（D'Souza et al.，2005）。王艳（2016）对地方国有企业瀚蓝环境股份有限公司（简称"瀚蓝环境"）的混合所有制并购活动进行探究，发现并购提升了"瀚蓝环境"的创新能力，从而促进了企业的市场绩效和财务绩效。也有学者如赛罗沃（Sirower）在其 1997 年出版的 *The Synergy Trap: How Companies Lose the Acquisition Game* 一书中研究发现，由于并购活动为企业创造的收益在抵减了收购方支付的并购溢价后才能表现为并购企业财务绩效的提升，并购活动很难为企业产生协同效应。"协同效应的陷阱"可能会导致企业管理者的过度自信，支付过高的并购对价，从而使并购企业陷入窘境。Bruner（2002）对 1977~2001 年的 15 篇关于企业并购财务绩效的论文进行梳理，并以息税前利润（earnings before interest and tax，EBIT）、ROA、ROE 等作为衡量并购企业财务绩效的评价指标，发现只有 3 篇论文研究表明并购活动对企业的财务绩效存在促进作用。

4.1.2 债权人信任评价指标

并购公司债权人对企业并购活动的信任，源于其对并购公司拥有充足的利润和现金流、按时偿还利息和本金的诉求。一般而言，债权人会通过企业的资本结构、债务期限结构、短期偿债能力和债务利息率四个方面判断企业的负债情况和还款能力。

1. 资本结构

Jensen 和 Meckling（1976）从企业融资的角度，指出现代债权融资方式可能会引起债权人和企业股东之间的利益冲突。在国有企业并购活动的利益相关者中，股东是企业所有权的持有者；债权人属于经济依赖性的利益相关者。在信息不对称的环境中，当企业股东和债权人之间产生利益冲突时，企业股东是企业的所有者，拥有绝对的信息优势，因此是"代理人"，存在着机会利己主义的行为，可能会出现投资不足（Myers and Majluf，1984）的情况。国有企业股东和债权人的利益创造函数存在较大的差异，股东在混合所有制并购中的利益诉求是以尽可能小的风险取得较高的收益、避免支付过高的并购溢价、实现并购企业价值和所有者权益的高速增长，而债权人期望并购后的企业拥有更充足的利润和现金流、可以按时偿还款项。因此，在企业的投资活动中，股东倾向于投资高风险和高收益的项目，如果这类项目投资成功，债权人依旧只能享有固定收益（即债权的利息收入），而企业股东可以享受剩余的全部收益；如果这类项目投资失败，债权人和股东必须共同承担投资失败造成的经济损失。在企业资产负债率较高时，企业可能会面临无法偿还债务的困境，而股东出于自身收益的考虑，可能会拒绝现金流净现值大于 0 但是不能为企业创造较多净利润的项目，这损害了债权人的利益。

因此，企业的资本结构成为债权人衡量自身利益保障最为关键的指标。在中国，学者一般采用资产负债率作为上市公司的资本结构的衡量标准，在财务分析中，这也被称为"产权比率"。如果国有企业参与混合所有制并购后，并购企业的产权比率升高，债权人将会降低其对国有企业的信任程度，并采取一系列的措施，如根据举债契约的条款对国有企业进行监督和治理、向企业施加定期还本付息的压力等，抑制国有企业股东过度投资或投资不足的利己主义行为，从而维护自身的利益。

2. 债务期限结构

根据国有企业拥有的债务期限结构等信息，债权人可以更好地评估自身利益被保护的程度。根据债务持有期限，债务可以划分为短期债务和长期债务。Myers 和 Majluf（1984）研究发现，企业拥有的短期债务可以传递企业成长性的相关信息，如果将企业未来的投资机会视作增长期权，企业成长性越高，股东在经营过程中投资不足的情况就越严重，而企业拥有的在期权到期前需要偿还的短期债务越高，越能有效缓解股东投资不足的情况。长期债务可以将贷款企业置于债权人的监督之中，有效地抑制管理层过度投资的行为。方媛和张海霞（2008）基于债务期限结构的视角研究了债权人的利益保护和实现机制，研究表明管理层过度投资行为与企业拥有的债务期限结构呈"U"形关系，企业拥有的长期债务和短期债务均可以对债权人的利益产生一定的保护。

目前，评估公司债务期限结构的常用方法有两种。第一种是资产负债表法，计算公式为债务期限结构=长期债务/总债务；第二种是增量法，即将各种债务工具的实际发行期限作为衡量债务期限结构的标准。目前，我国的学者主要采用资产负债表法来计算债务期限结构。

当债权人对国有企业混合所有制并购行为感到不满，对国有企业信任程度降低时，其可能会缩短提供给国有企业的债务期限，从而保护自身的利益。

3. 短期偿债能力

资本结构的作用主要在于衡量企业长期偿债的能力；债务期限结构主要在于缓解股东和债权人代理冲突的问题和评估企业长期偿债能力。根据债务持有期限，负债分为长期负债和短期负债，但是随着时间的推移，企业持有的长期负债最终会转化为短期负债。因此，企业的短期偿债能力对债权人的风险会有重要影响。

对企业短期偿债能力的衡量方式有很多种。一是短期偿债能力的可持续性。可持续发展财务活动是指企业在现有资源的约束下，通过优化企业财务活动等方式，对企业的可持续发展进行合理的财务预测和评估，从而帮助企业实现价值的持续和长期增长。由此可见，企业短期偿债能力的可持续性将对企业的可持续发展财务活动产生重要影响。二是流动比率，计算公式为流动比率=流动资产/流动负债。企业持有的资产和负债的流动性直接决定其短期偿债能力，流动资产是企业有能力在一年内使用、出售或变现的资产，流动负债是一年内必须偿还的债务。值得注意的是，企业拥有的流动负债还包含长期负债一年内需要清偿的部分。三是现金流动负债比。虽然流动能力反映了企业持有的流动资产和流动负债之间的关系，但其仍有一定的局限性，如不能反映企业提取的准备金、提前确认收入等情况，也无法直接反映企业持有的负债等相关信息。而现金流动负债比可以弥补流动比率的部分不足，计算公式为现金流动负债比=经营活动的现金流/流动负债。由于企业利润的计算和实际的现金流的数值存在着一定的差异，企业可能在当期创造足够的利润但缺乏足够的现金流偿还债务，因此通过对企业现金流入净额的分析，可以探究企业按期偿还当前债务的可能性，也可以更直接地反映企业偿还流动债务的实际能力。四是表外因素。除了关注财务报表的表内因素外，债权人还会关注表外因素。例如，企业的银行贷款指标是可以提高企业短期偿还贷款能力的表外因素；企业的担保等是不利于企业短期还债的表外因素。一旦企业因为表外因素履行了现时义务，将加重企业还债的负担。

现有许多学者对企业的短期偿债能力进行了研究。Altman（1968）基于财务比率的研究方法，建立了 Z-score 模型用以预警企业财务风险。该模型通过对企业偿债能力进行分析，在预测财务困境和预防破产方面有独特的优势。Altman 等（1977）建立了 ZETA 模型，将流动比率作为评价企业短期偿债能力的指标。对于相同的企业样本进行分析时，ZETA 模型的财务风险预测能力要更加准确。吴世农和黄世忠（1987）基于企业破产这一经济现象，从资产变现力、负债状况、资产使用效率、盈利能力四个维度构建了破产指标体系，并使用流动比率和现金比率作为评估企业短期偿债能力和资产变现的指标。

4. 债务利息率

前文述及的资本结构、债务期限结构、短期偿债能力均侧重于研究债权人承担的风险，除了债权人面临的风险，债权人的利益也与收益密切相关。在并购活动的相关研究中，国外学者一般采用事件研究法分析上市公司债券价格的波动性，从而计算事件窗口期内债权人的超常收益，但并没有统一的结论。Eger（1983）对部分美国公司进行研究，发现并购活动帮助收购方的债权人取得了超额收益。Billett 等（2004）对 1979～1997 年的 831 例并购事件进行研究，将[-30，0]作为事件窗口期，发现并购反而使收购方债权人的超额累积收益为负，并根据债券等级、并购支付方式等对样本公司进行分类，发现样本组别之间并不存在显著的差异。在中国，大部分上市公司以银行贷款为主要融资渠道，并以财务指标衡量债权人的收益。大部分学者采用上市公司的利息支付比率作为评价债权人收益的指标，因为债务人付出的成本即为债权人的收益。

4.1.3　供应商信任评价指标

国有企业参与混合所有制并购后，扩大了生产经营规模，获得了协同效应，增强了对供应商的议价能力。但是，如果并购企业和供应商并不互相信任，双方之间存在信息不对称的问题，供应商可能会延迟交货甚至不向企业提供原材料，这将增加企业的交易成本、直接影响企业的生产活动，从而影响企业的销售情况和损害企业的品牌、声誉，造成企业利益的损失。因此，供应商的信任程度对并购企业的生产经营活动产生着重要影响。并购公司供应商对于国有企业并购活动的信任，主要源于其对并购公司拥有充足的现金流按时偿还货款、建立长久的合作关系的诉求。一般而言，供应商会通过企业应收账款周转率、存货周转率两个方面判断企业的经营情况。

1. 应收账款周转率

对于企业而言，应收账款是一项重要的流动资产，是实现现金流收回的重要一环。但是，随着商业信用的发展和企业规模的扩大，供应链上下游企业因为赊销产品导致的应收账款问题越来越严重。孟庆福等（2006）研究发现，我国企业每年因企业商业信用缺乏而遭受的直接和间接经济损失近 6000 亿元。因此，应收账款将对供应链上下游企业的信任度产生重要影响。

理论上而言，应收账款周转率=企业赊销收入/平均应收账款余额，但由于外部利益相关者难以获得赊销收入，一般用主营业务收入替代。应收账款周转率可以很好地反映企业应收账款的周转速度及应收账款管理的有效性，该指标值越高，代表企业应收账款的管理能力越强，现金回收速度越快，企业的短期偿债能力越强。国有企业参与混合所有制并购后，如果并购的效果比较理想，可以获得协同效应和规模效应，并可以借鉴民营企业的管理优势，在与客户的关系中将拥有较大的话语权，应收账款周转率将不断提高，表明企业按时付款的可能性越大，具有较强的偿债能力，将增强供应商对企业的信任程度；但如果并购的效果并不理想，甚至使国有企业失去了原有的优势，就会导致收购方应收账款周转率不断下降，这将降低供应商对企业的信任程度。

2. 存货周转率

参与并购的国有企业大多为制造业，拥有众多种类的存货，如原材料、在产品、产成品、委托加工材料等。据统计，制造业拥有的存货在流动资产中的占比一般为60%，侧面反映出了存货管理在企业生产经营中的重要性。

存货风险的影响因素主要有内部和外部两种。内部影响因素主要包括再次订购时间的不稳定性、市场需求预测水平的有限性、预测周期和方法的不确定性等。近年来，随着科学技术的进步和市场竞争激烈程度的增加，产品的更新速度不断加快。除此之外，由于经济的发展及其他因素的影响，客户对产品的需求越来越难以预测、异质性要求也越来越高，进一步加大了客户需求的不确定性，增大了企业存货管理的难度。由于管理的有限性，许多企业会提前相当长的一段时间进行客户需求的预测来安排生产、进行存货采购的决策，这有可能会导致计划和企业实际需求存在较大不匹配的情况，增加了企业存货管理的难度和风险。影响存货风险的外部因素主要有外部经济环境的波动（如通货膨胀）、生产技术的更新、政策的改变、供应链的断裂等。生产技术的更新将对企业的产品销售产生巨大影响，过时的产品将大量堆积在仓库中，增加了存货贬值和管理的风险；供应链的断裂将直接影响企业原材料的进货，从而影响企业正常的生产活动，企业可能无法生产出足够的产品满足顾客的需求，造成企业经济的损失。从目前的情况分析，制造业企业存在的最主要的问题是存货积压过多，这将对企业的存货管理能力和盈利能力产生巨大影响，还会影响企业的可持续发展。

存货周转率可以用于反映存货的周转程度和销货能力，具体计算方式为主营业务成本/存货平均余额。存货周转率是衡量企业生产经营、存货管理、销售水平的关键指标。具体而言，企业的存货周转率越高，说明存货占用的成本越少，存货的变现能力和资金使用效率越高，现金回收能力越强；企业的存货周转率越低，说明资产的变现能力越差，资产管理能力和管理效率低下，这将对企业的盈利和营运能力产生直接的影响，并限制企业的可持续发展。

供应商对企业的信任度是在及时收回款项、维持签订合同的稳定性的基础上建立的。如果在混合所有制并购后，国有企业扩大了企业规模、获得了协同效应，能充分结合被并购方（民营企业）的优势，优化国有企业的资本结构，提升对存货的管理能力与存货周转率，供应商的利益诉求得到稳定保障，那么供应商将增加对并购企业的信任程度，与企业形成以信任为基础的战略联盟，实现供应商和并购企业的双赢。但是，如果在混合所有制并购后，国有企业与民营企业的资源整合效果并不理想，并购企业缺乏合适的管理者，并购双方公司的文化、经营习惯等不能较好地融合，可能反而会不利于并购企业存货周转率的提升，供应商无法回收资金的风险进一步增加，这会降低供应商的信任。

4.1.4　买方信任评价指标

国有企业进行混合所有制并购后，企业生产经营规模扩大，获得了协同效应，对客户的议价能力增强，可以向客户供应更专业化和更优质的产品和服务。如果并购企业和客户并不互相信任，客户可能不会选择购买该并购企业的产品，这将直接影响企业的销售获利情况和声誉，不利于企业长期发展。因此，采购方的信任程度对企业并购价值创造具有重要影响。并购公司客户对国有企业的信任，主要源于其对并购公司供应更优质的产品和服务、更符合需求的个性化产品的诉求。一般而言，买方客户会通过企业营业收入增长率、市场份额两个方面判断企业的经营情况、建立对并购企业的信任。

1. 营业收入增长率

Penrose（1959）认为，企业成长的根本动力在于具有使用自有资源提供服务或者产品的能力，对于企业而言内部知识的创造能力至关重要。马利斯（Marris）曾提出，内部资源的有限性是限制企业增长的主要因素之一，一个企业最优的成长速度是使企业效率最高的速度。在微观企业的研究中，学者一般采用营业收入的发展趋势来衡量企业的成长情况，主要原因有三点。第一个原因是营业收入是企业日常运营最重要的资金来源。在日常运营过程中，企业需要支付现金购买厂房和原材料、为员工发放工资等，只有当原材料被生产制造成产成品并被成功卖出实现营业收入后，企业才真正实现了现金的回流和一个完整的生产销售循环。第二个原因是营业收入可以反映企业的经营成果。营业收入是企业在所有者和债权人投入资本的基础上，通过企业的正常运营活动创造的价值，也是实现企业利润最重要的保障。第三个原因是营业收入可以侧面反映企业的生产管理水平。企业营业收入不断增长的事实情况可以侧面反映出企业较为了解市场和客户需求的变化、建立了良好的营业收入管理体系，管理层的经营决策较为合理。

一般而言，营业收入增长率=当期营业收入的增长额/上期营业收入。营业收入增长率真实地反映了企业收入相对于上年的变化情况，可用于判断企业成长和盈利能力、评估企业生产经营状况、预测企业未来的收入增长趋势，也是企业做出扩张战略决策的重要依据。营业收入增长率为正，表示企业当期收入较上期有所增加。营业收入增长率越大，表明企业发展越快、提供的产品和服务在市场上的认可度越高、具有良好的发展前景。反之，则表明企业的收入在不断减少，企业提供的产品或服务不满足市场和客户的需求、存在滞销的情况，企业需要深入调研市场和客户的需求，不断更新生产技术，以满足企业可持续发展的需要。

在国有企业进行混合所有制并购后，如果国有企业拥有开放创新的心态，借鉴民营企业的经营管理模式和生产技术，不断提高并购企业的知识创造能力、促进并购企业的生产投入函数的优化，并购企业提供的产品和服务将更加符合市场和客户的需求，并购企业的营业收入增长率也会不断提高，因此，客户会增加对并购企业的信任程度。如果国有企业在并购过程中并不能很好地实现资源的整合，反而失去了原来的竞争优势，造成营业收入的下降，客户将会减少对并购企业的信任程度。

2. 市场份额

市场份额代表一个企业销售量或销售收入与市场同类产品的占比，这里描述的销售量既可以是企业提供的产品或服务的价值，也可以是企业提供产品或服务的数量。市场份额可以直接地反映企业生产的产品或提供的服务在市场中占据的地位，市场份额越大，表明企业在市场中的话语权越大，提供的产品或服务受市场和客户的认可程度越高。因此，市场份额是企业控制权和市场地位的重要象征。在消费者的群体中，很大一部分消费者具有"从众心理"，即购买产品或服务时选择销量最高或者声誉最好的企业，企业的市场份额对企业价值创造具有较大的影响。

现有许多学者对市场份额与企业价值的关系进行了研究。例如，Szymanski等（1993）对美国《经济管理》期刊中关于市场份额和企业盈利能力关系的论文进行了总结和归纳，发现大多数研究者认为企业市场份额的大小可以促进或降低企业的盈利能力。梁云（2005）基于并购、品牌营销、广告促销投入的增加等价格和非价格策略对企业的市场份额和盈利能力进行研究，发现企业对各种价格和非价格策略的恰当选择，将有助于提升企业市场份额和盈利能力。

一般而言，市场份额的衡量方式有数量和额度两种。基于数量计算的市场份额可以反映企业提供的产品或服务的销售量占同类产品或服务销售量的比重；基于额度计算的市场份额考虑了产品或服务的价格因素，可以反映企业提供的产品或服务的销售收入在市场中的份额。具体而言，市场份额越大，表明市场或客户对该企业提供的产品或服务的满意度越高，来自买方的信任将对企业销售收入的增加起到促进作用，又将帮助企业扩大市场份额。在一个行业中，规模大的企业的经济实力和长期竞争的能力通常会更强，收入的可持续增长性更高。因此，很多行业会出现两极分化的情况，规模大的企业不断发展成为行业巨头，而规模小的企业面临经营管理绩效不佳甚至破产的窘境。

在国有企业参与混合所有制并购的过程中，如果企业合并可以为企业带来规模效应和协同效应，那么并购企业的市场份额会不断增加，从而增加了客户对公司产品的信任，而客户的信任会增加客户对于企业产品或服务的购买愿望，从而帮助并购公司创造更多的价值。

4.1.5　企业诚信文化评价指标

在企业的治理活动中，诚信的企业文化可以减少企业并购中的刚性趋势。在诚信的企业价值观的指导下，并购双方企业的信任文化将在新的组织环境中产生共鸣，诚信的企业文化有助于并购双方实现资源整合，提高企业核心竞争力和创新能力，并对并购企业的价值创造产生重要影响。一般而言，企业诚信文化的评价指标有处罚、诉讼、信息披露质量和高管被公开谴责的次数四种。

1. 处罚

随着资本市场的迅速发展，目前我国已经形成了主板、中小板等多元化和深层次的资本市场格局，公司上市的核查方式也在原来核准制的基础上，增加了注册制的试点，不断推动我国资本市场的发展及优质公司的上市。为了促进资本市场的发展，为企业上市、融资、资本运作等提供公平和开放的环境，我国颁布了系列规章政策[①]，企业的内部治理和信息披露行为日益规范。目前，我国资本市场发展并不完善，不少公司仍然存在财务信息造假、内幕交易、信息披露违规等不规范的行为，从而受到监管部门的监督和处罚。

根据契约经济学的理论，并购双方一旦签订了契约合同，双方便建立了契约关系，任何一方企业的违约行为都将对并购企业的形象产生巨大影响。如果收购

---

① 1993 年 12 月，第八届全国人大常委会通过了《公司法》，规范公司的组织和行为，保护公司、股东和债权人的合法权益；1998 年 12 月，我国颁布了《证券法》，规范证券市场的运营；2010 年 4 月，我国颁布了《企业内部控制应用指引》，促进企业实现发展战略，优化治理结构。

方（国有企业）在进行混合所有制并购事前并没有对被收购方（民营企业）进行充分的尽职调查和诚信文化度的审查，仍然与被收购方企业签订契约。在混合所有制并购活动后，如果被收购方（民营企业）由于企业诚信问题出现了财务造假、内幕交易等情况，并被中国证券监督管理委员会（简称"中国证监会"）或相关政府部门处罚，将对并购企业后企业的形象产生巨大影响。虽然财务造假、内幕交易等行为属于目标方公司自身的行为，但由于它是国有企业的控股子公司，投资者连带认为整个集团都存在不诚信的行为。例如，投资者将控股子公司的不诚信推广到整个集团的不诚信，就像当一个团体中有人做了错事而监管机构又缺乏充足的证据时，会对整个团队进行问责，相当于中国古代的"连坐制"①（张维迎，2001）。这种不诚信的连带影响，将对国有企业混合所有制并购的市场绩效和账面绩效产生负面影响。因此，本章预期，在并购双方尤其是被收购方缺乏诚信文化的环境中，混合所有制并购将很难帮助收购方企业实现战略并购目标、为并购企业创造价值。

2. 诉讼

美国契约法著名研究者 Macneil 认为，企业是将一系列的契约（合同）组合连接的关键。这些契约涉及的范围广泛、包含的种类繁多，如企业与员工、经理签订的契约（如劳动合同），企业与供应商、客户签订的契约（如采购合同），企业与债权人签订的契约（如贷款合同），企业进行资本运作签订的契约（如并购合同）。这些契约一旦签订，契约各方应当严格按照相应的法律法规②切实履行应尽的义务。

如果上述契约（合同）并未被合同各方完全、及时地履行，可能会引起合同纠纷甚至是法律诉讼。按照法律执行和判决的规定程序，有些合同纠纷可能会持续相当长的一段时间，合同当事人需要付出较大的精力和交易成本，甚至影响企业的正常经营。近年来，我国应收账款和应付账款相关的诉讼案件在民事诉讼案件中高达 20%，原本正常的贸易和交易行为由于合同当事人的不诚信、未能及时履行合约的义务而转变为民事诉讼案件。诉讼不仅给违约方造成直接的经济损失，还产生了信号传递效应，投资者对涉事企业产生了不信任感，从而引发违约公司股价的下跌。从长期的角度看，长时间的诉讼将花费合约当事人巨大的精力和交易成本，影响企业的正常经营。

因此，我们预期，如果在混合所有制并购前，国有企业并未对被收购方（民

---

① "连坐制"源于周春秋战国时期，在秦国被运用到了极致。商鞅变法通过建立严格的"连坐制"法规，让农民陷于土地耕作，既保证税收来源，又防止青壮年男子的团体暴动行为。

② 如《中华人民共和国劳动合同法》《中华人民共和国经济合同法》。

营企业）的合同履约情况和存在的未决诉讼进行充分的考察，并购后，目标公司发生了合同违约并被起诉，将对整个集团的诚信形象产生巨大影响，也对混合所有制并购的价值创造产生直接影响。

3. 信息披露质量

有效市场假说[①]认为，当资本证券市场中的股票价格充分反映了公司的所有信息时，股票市场为有效市场（Malkiel and Fama，1970）。因此，为了促进股票市场的发展和完善，作为拥有绝对信息优势的一方，公司应主动、及时地披露信息。我国《证券法》规定，上市公司应当按照规定及时、准确地披露信息[②]。从首次公开募股（initial public offering，IPO）时公布招股说明书，到上市后定期披露季度、年度报表，再到针对公司的重大交易事项发布公告，在相关法规的指导下，上市公司逐渐形成了一套完整的信息披露和公布的流程。投资者、债权人将根据公司披露的信息综合考虑后做出决策。

由于上市公司和投资者之间存在信息不对称的情况，出于利己主义和机会主义，上市公司可能会采取逆向选择的行为，即有选择地对信息进行披露，少披露或者故意伪造虚假的财务信息。这将导致公司披露的信息扭曲、失真，从而使外部投资者对资本市场失去信心，纷纷抛售股票，引发股票市场的大幅度下跌。例如，在1929～1933年西方资本市场的经济危机，1998年、2008年的金融危机[③]中，上市公司披露的扭曲、失真的信息均起到了推动的作用。因此，为了维护资本市场的稳定和促进资本市场的发展，各国监管者均十分重视上市公司的信息披露，制定了针对性的规章制度[④]，对虚假披露、财务舞弊等行为采取严厉的措施。

表面上，公司隐瞒真实的财务状况、选择性地向外界披露对于公司利好的信息可以帮助公司在短期获得一定的收益；但是从长期而言，一旦投资者发现公司具有隐瞒信息、财务舞弊等不诚信的行为，将会失去对该公司的信任，从而引发公司股票的大幅度下跌。随着资本市场的发展和完善，信息的披露和监督制度会

---

① 有效市场假说，由尤金·法玛（Eugene Fama）于1970年提出，有效资本市场分为弱式有效市场、半强式有效市场和强式有效市场。强式有效市场中，每个股票投资者得到的信息是完整的、及时的、准确的，买卖股票完全受信息的获得情况的影响，价格完全区别了信息的价值，技术分析无效。

②《证券法》一百九十三条规定，上市公司或者其他信息披露义务人未按照规定披露信息，或者所披露的信息有虚假记载、误导性陈述或者重大遗漏的，由证券监督管理机构责令改正，给予警告。

③ 1929年10月发生的纽约股灾，持续4年，影响波及英国、德国、法国、意大利、西班牙等国家，最终演变为西方资本主义经济大危机；1997年7月2日，亚洲金融风暴席卷泰国，不久，亚洲一些经济大国经济萧条，一些国家的政局也随之混乱；2008年，因房地产市场与金融市场这两个循环的交互影响，形成了金融体系的系统性风险，美国前四大投资银行的雷曼兄弟与美林证券，分别爆出变局，从而引发金融危机。

④ 例如，美国于1933年和1934年分别公布了《美国1933年证券法》和《美国1934年证券交易法》，中国在1998年颁布了《证券法》，对上市公司虚假记载、舞弊等行为做出规范。

越来越健全，高质量的信息披露可以帮助企业向资本市场传递经营良好、公司运作规范的信号，从而提升公司的声誉，帮助公司创造价值；低质量的信息披露会使公司树立不诚信的形象，将增加公司的交易成本（如召开新闻发布会）和降低公司的绩效。

因此，在国有企业混合所有制并购活动中，被并购方（民营企业）的信息披露质量将是一个重要的信任衡量指标；同样，被并购方也会考察收购方（国有企业）的信息披露质量。因此，本章预期，在国有企业的混合所有制并购活动中，如果参与并购的任意一方在并购活动发生后，由于信息披露低质量的问题引起投资者的关注，都将不利于并购企业价值的创造。

4. 高管被公开谴责的次数

在现代企业的公司治理中，股东是所有者，而管理层管理企业的日常经营事务。由于高管与股东的经济效用函数不同，股东期望通过以尽可能小的风险取得较高的收益、最大化公司财富和所有者利益，而管理层期望获得高额薪酬奖励，两者之间存在"委托—代理"问题。由于企业股东和管理层之间的信息不对称，部分企业高管可能出于利己主义和机会主义擅自挪用企业资金、进行虚假的财务信息披露、提供违规担保等，这将损害企业股东的利益。

为了约束管理层的利己行为和减少股东和管理层之间存在的"委托—代理"问题，经营状况良好、运营规范的公司通常会通过公司章程和内部行为规范建立一套规范、公开、透明的人才选拔机制，并严格遵循特定的流程机制选拔人才；运营相对不规范的公司，可能很难选拔和培养出德才兼备的管理层。管理层是企业的名片和灵魂，管理层的行为会代表和反映公司的行为，人们很难将高管与企业进行割裂。例如，在谈到微软公司时，人们就会想到比尔·盖茨；当谈到马云时，就会想起阿里巴巴。当企业的高管缺乏诚信、侵害中小股东或投资者权益时，投资者会进行有罪推定，进而认为高管代表的整个企业都是缺乏诚信的。

一般而言，对企业管理层行为的约束会来自监管部门、外部经理人市场、内部治理机制、内部声誉机制四个方面。一是监管部门，当企业高管存在虚假披露财务信息、违规提供担保等行为或损害了投资者的利益时，政府监管部门会对其进行公开的谴责和处罚，以引起其他企业管理层和投资者的注意。二是外部经理人市场，当一个企业的高管由于违规操作被监管部门公开谴责并被原公司辞退后，其在外部经理人市场的声誉会降低，将对其后续聘用和任职产生巨大影响。三是内部治理机制。经营状况良好、运营规范的企业往往会设立健全的公司治理制度、内部监督制度和风险控制制度，一旦发现企业管理层存在有损企业形象或声誉的行为，将对其进行处罚和监督。四是内部声誉机制。如果企业管理层因为违规操作被政府监管部门公开谴责，其在企业内部的声誉将大幅度下降。很多企业管理层的任免均采取考核的方式，管理层在企业内部声誉的下降将不利于管理层继续在本公司任职，更不利于其个人价值的评估。

在上述四种方式中，政府部门对进行违规操作的企业高管进行公开谴责是最严厉的处罚方式，将给予企业管理层巨大的警示作用，也是完善企业治理和内部控制的关键途径。由于人们很难将企业高管的行为与企业的行为进行分割，一旦企业的高管被公开谴责或处罚，投资者将减少对该公司的信任程度，从而导致股价的下跌和企业绩效的下降。因此，本章预期，在国有企业混合所有制并购活动中，如果被收购方（民营企业）的高管被政府监管部门公开谴责，将向社会传递出并购公司整体不诚信的信号，从短期而言，并购公司的市场绩效会下降，从长期来看，以董事会为核心的公司治理机制缺失会导致并购整合成本过高，进而降低并购公司的长期账面价值。

4.2　创新机制评价体系

创新是以新思维、新发明和新描述为特征的一种概念化过程，从本质而言，创新是创新思维物化的过程，也是理想转化为现实的过程。波特（Porter）在 1990 年出版的 *The Competitive Advantage of Nations* 一书中认为创新能力是企业能力至关重要的一部分，包括技术发展能力、对资源的利用和分配能力等。企业的创新需要为企业创造价值，最终会表现在对企业经济、经营效率、产出质量的改善方面。Hunady 和 Orviska（2014）认为，创新能力是促进企业经济增长和提升企业竞争力的重要因素。从上述研究中可以看出，学者认为创新不仅仅是技术和生产能力方面的创新，还包含核心竞争力的提升和可持续发展能力的增长。

关于企业创新能力和企业价值的关系，学者普遍认为企业的创新活动为企业生产经营活动创造了价值。企业持有的无形资产（如专利、技术）是企业创新能力的重要组成部分，可以反映企业的生产技术能力、竞争优势、企业未来的发展潜力和在市场中的竞争力（苑泽明等，2012）。2006 年我国财政部印发《企业会计准则第 6 号——无形资产》，将商誉从无形资产中移除，独立划分为一项资产[①]。与无形资产不同，商誉具有不可辨认性，可以帮助企业在未来期间实现超额收益，是一项具有特殊异质性的无形资源（杜兴强等，2011）。因此，本书将基于无形资产和商誉，建立企业创新机制的评价体系。

企业创新机制评价体系的具体指标如表 4-1 所示。

---

① 《企业会计准则第 6 号——无形资产》规定，无形资产是企业拥有或控制的没有实物形态的可辨认非货币性资产。

表 4-1　企业创新机制评价体系表

一级指标	二级指标	衡量方式
技术创新能力	研发投入水平	研发支出/营业收入
	技术型无形资产比重	技术型无形资产总额/无形资产总额
	研发人员密度	研发人员人数/企业全部职工人数
	商誉产出率	商誉总额/营业收入
市场竞争力	品牌优势	销售费用/营业收入
	市场份额	企业销售收入/同行业销售收入
	超额收益率	企业净利率–行业平均净利率
可持续发展能力	资产增长率	（当期资产总额–上期资产总额）/上期资产总额
	无形资产占有率	无形资产总额/资产总额
	商誉占有率	商誉总额/资产总额
	员工素质	本科及以上员工人数/在职员工人数
	每股无形资产	无形资产总额/普通股流通股数
	每股商誉	商誉总额/普通股流通股数

4.2.1　技术创新能力与创新机制评价

　　企业技术创新能力的主要影响因素有研发投入水平、技术型无形资产比重、研发人员密度、商誉产出率四个方面。一是研发投入水平，研发活动是企业创新价值链中最关键的一环，也是创新的根本来源，研发投入直接体现了企业对创新活动的重视和支持程度。二是技术型无形资产比重，根据来源的不同，技术型无形资产可以分为自创和外购两类。自创技术型无形资产可以直接反映企业的创新成果，而外购技术型无形资产可以促进企业的研发活动。技术型无形资产的比重将直接反映企业的核心技术的价值。三是研发人员密度，仅有核心技术，企业还不能真正地实现创新，还需要研发人员的配合。人才在企业创新活动中占据着关键地位，是创新活动的主体、核心技术的使用者、创新成果的缔造者。四是商誉产出率，商誉由企业并购活动产生，在并购之前，由于存在信息不对称的问题及管理层对合作企业诚信度的担忧，企业之间较少进行专业化投资（如创新技术），较注重技术等核心能力的保护。企业并购后，并购双方公司的信息不对称程度逐渐降低，被收购方公司成了收购公司的子公司，管理层将减少对核心技术泄露的担忧，双方公司专业化投资增加（Klein et al.，1978），企业创新能力不断增强，商誉为企业创造的价值不断增加。因此，基于商誉而产出的营业收入可以作为衡量企业创新能力的依据。

4.2.2　市场竞争力与创新机制评价

企业的市场竞争力主要取决于品牌优势、市场份额、超额收益率三种因素。一是品牌优势。企业的品牌优势对顾客的忠诚度和企业的声誉具有决定性的作用，一般而言，深受顾客喜欢的品牌具有较强的创新能力，可以向顾客提供异质性和优质的产品和服务；与此同时，企业为了保持甚至提高品牌优势，会更加注重创新的投入。考虑到品牌价值信息难以量化和顾客主要通过广告的方式熟识品牌，本书将以广告投入作为判断和衡量企业品牌价值的标准。二是市场份额。企业的市场份额是反映企业竞争力和经营绩效表现的关键指标，市场份额越大的企业竞争优势越强。三是企业的超额收益率，无形资源与有形资源最本质的区别在于无形资源可以帮助企业创造超额收益和市场价值，因此超额收益率可以反映无形资源的使用效率，从而可以反映企业的创新能力。此外，企业的超额收益率在数据上具有可获得性。

4.2.3　可持续发展能力与创新机制评价

企业可持续发展能力的影响因素主要有资产增长率、无形资产占有率、商誉占有率、员工素质、每股无形资产、每股商誉六个方面。一是资产增长率，资产增长率可以反映出企业的成长速度，虽然企业规模的扩张不一定能代表企业高质量发展，但规模增长是企业实现可持续发展的基础。二是无形资产占有率，无形资产是企业核心竞争力和产品异质性的来源，将直接影响企业的可持续发展能力。三是商誉占有率，与其他资源不同，商誉具有不可辨认性且可以通过并购整合帮助企业获得超额收益，有助于企业的价值创造。四是员工素质，人力资本是企业组织资本的重要组成部分，员工是企业实现创新和价值创造的主体，员工素质越高，企业的创新能力、资源配置和整合能力越强，学历是员工素质最直接的外在表现指标。五是每股无形资产，每股无形资产状况反映了企业股东平均拥有的无形资产的价值，符合上市公司的衡量标准，也体现了股东拥有的无形资产的创造能力。六是每股商誉，与每股无形资产相似，每股商誉状况也可以体现流通股股东拥有的异质性无形资源的创造能力。

4.3　并购价值评价体系

在评价体系中，国有企业参与并购为企业创造的价值是评价体系中最基础和重要的一环。只有建立了企业并购价值的评价指标，才能探究信任对国有企业混合所有制并购价值影响路径。并购价值评价指标的选取应该遵循以下原则。

（1）目标一致性原则。国有企业的混合所有制并购是本书的主要内容，国有企业进行混合所有制战略并购的目的是实现企业特定的战略、获得协同效应，从而帮助企业获得核心竞争力和实现长远发展。因此，并购价值评价体系中评价指标的选取应与国有企业进行混合所有制并购的战略目标紧密相连。

（2）可衡量性原则。选取的评价指标应该具有清晰明确的定义、公开的测量标准、操作上可行。

（3）可靠性原则。指标的误差与噪声小，与指标定义吻合。

（4）动态性原则。评价指标的选取应与国有企业混合所有制并购的战略相结合，当国有企业的并购策略发生变化时，评价指标也应该进行相应的调整。

（5）平衡性原则。评价指标的选取应充分、全面地考虑并购产生的经济后果，并将不同的经济后果相融合，如综合考虑混合所有制并购活动对国有企业市场绩效和财务绩效的影响，并购活动对企业现金流和利润的影响。

基于上述五点原则，本书选取托宾 Q 值、经营性现金流、总资产收益率、公司治理能力作为并购价值评价体系的衡量指标。

4.3.1　托宾 Q 值

Tobin（1969）提出了托宾 Q 值理论，认为如果企业持有的资本不发生折旧，其投资水平将取决于持有资本的市场价值和重置成本。具体计算公式为 $Q=$MV/RC，其中，MV 为市场价值，RC 为重置成本。托宾 Q 值是衡量资产价值是否被高估或低估的关键指标。

在完全流通的资本市场中，托宾 Q 值的具体计算步骤如下。

（1）第一步为计算资本回报率 r，具体模型设计为

$$r=\text{MPK}/\text{MV}+d\text{MV}/(\text{MV}-\delta)$$

其中，MPK 为资本边际产品；δ 为资产折旧率。

（2）第二步在市场均衡（资本预期回报率=投资者期望回报率）的条件下，计算投资者期望回报率（r_k），具体模型设计为

$$r_k=E(\text{MPK})/\text{MV}+d\text{MV}/(\text{MV}-\delta)$$

对上述公式进行积分，可得 $\text{MV}=\displaystyle\int_0^\infty \{E[\text{MPK}(t)]\}\, e^{-(\eta_k+\delta)t}dt$。

由于资产重置成本的净回报率中暗含着资本边际效率 R，因此得

$$\text{RC}=\int_0^\infty \{E[\text{MPK}(t)]\}\, e^{-(\eta_k+\delta)t}dt$$

在特定的情况中，MPK 为常数，此时 RC 可以表示为

$$RC=MPK/(R+\delta)$$

因此，托宾 Q 值可以由资本边际效率、贴现率组成的函数表示。

$$Q=(R+\delta)/(r_k+\delta)$$

一般而言，企业的托宾 Q 值会随着股票价格的变化而变化。当 $Q<1$ 时，MV<RC，说明市场价值小于重置成本，投资者将选择大量买入该公司的股票，从而实现资金向金融市场的聚集；当 $Q=1$ 时，说明企业在资本市场和实体产业市场中处于动态均衡，两个市场不存在套利空间；当 $Q>1$ 时，企业股价存在被高估的风险，资金将从金融市场流向产品市场，企业也将增加投资支出。

Tobin（1969）提出的托宾 Q 值理论充分考虑了企业的市场价值和账面价值，是本章评价企业并购价值的重要指标。但是，虽然我国已经完成了股权分置改革，但依然较难获得 Tobin 界定的托宾 Q 值的相关研究数据，在资本边际效率和贴现率的数据获得上存在一定的难度。鉴于此，Chung 和 Pruitt（1994）提出了近似计算公式，并已验证该公式计算 Q 值的准确率将近 97%，具体公式如下。

$$Q=(MVE+PS+DEBT)/TA$$

其中，MVE 为流通市值；PS 为优先股价值；DEBT 为负债净额；TA 为总资产账面价值。考虑到数据的可获得性，本书将采用托宾 Q 值的近似公式作为计算国有企业混合所有制并购创造价值的方式。

4.3.2　经营性现金流

在现代财务理论的研究中，大多数学者会基于企业未来经营活动产生的现金流入的净现值评估企业的价值。经营活动产生的现金流是企业的重要资金来源，可以被用来购买厂房和原材料、支付员工薪酬，与企业的价值创造息息相关。要实现稳定的可持续发展，企业一定要拥有充足的现金流满足其日常经营活动和资产扩张的需要。

在完全有效的资本市场中，企业内部和外部融资成本相似，将不会对企业的价值评估产生重要影响。但是在不完全有效的资本市场中，企业与外部融资者拥有的信息并不对称，企业是具有较多内部信息的一方，外部融资者处于信息弱势。为了减少企业的利己主义和代理行为，外部融资者将索取更高的资本回报率。根据优序融资理论，企业内部融资成本最小，最佳的融资顺序依次为内部、债券、股权融资。因此，在投资项目时，管理层将优先考虑内部融资的方式，而经营性现金流是内部资金的重要来源（Myers and Majluf，1984）。相较于外部融资，企业利用内部资源投资项目时，可以以较小的成本获得特定的收益，这可以为企业

创造价值，企业在资本市场的股价也会随之上升。随着企业扩张和投资机会的增多，资金需求也越来越大，投资者将更注重企业经营性现金流的评估。因此，本书以并购后企业经营性现金流作为衡量国有企业混合所有制并购价值创造的指标。如果并购活动后，国有企业的经营性现金流有所增加，那么企业将拥有更多的资金进行优质项目的投资，混合所有制并购为企业创造了价值。

4.3.3　总资产收益率

在实现可持续发展的过程中，企业不仅要考虑企业目标的实现和行业地位的提高，还要提高核心竞争力和增强对组织环境的适应性。在对企业可持续发展能力进行评价的过程中，许多学者选择总资产收益率（ROA）这一综合性指标作为衡量企业可持续发展能力的标准。ROA=当期净利润/平均资产，直接反映了企业全部资产的盈利能力，可以全面地反映企业资源利用效率和投入产出的具体情况。ROA 越高，企业资产运营效率越高，越能以较少的投入获得较多的产出，企业价值越大。因此，本书采用 ROA 作为衡量企业并购价值的指标，判断并购对企业价值创造和可持续发展能力的影响。如果并购活动后，国有企业的 ROA 有所提高，说明企业资产运营效率得到改善、能以较少的投入获得较多的产出，混合所有制并购为企业创造了价值。

4.3.4　公司治理能力

国有企业参与混合所有制并购，除了对企业的价值创造产生巨大影响外，还会对国有企业公司治理产生一定的影响。国有企业参与混合所有制并购可以引入民营企业的股东对企业进行管理，改善"一股独大"带来的内部管理和监督的失效，优化企业董事会和监事会的治理流程，从而提升企业的公司治理能力（杜运潮等，2016）。而公司治理能力的提升，将可以为企业创造价值。因此，本书将从股权结构、董事会、监事会、风险管控、信息披露、社会责任履行情况六个维度建立国有企业并购后公司治理能力的评价指标。

一是股权结构，企业股权的性质和股权集中度将对公司治理产生一定的影响。当企业股东均为国有股东时，企业可能缺乏技术创新和变革的动力，非国有股东的加入将帮助国有企业优化股权结构，促使企业创新和进步，提升企业的运营能力。当企业股权结构过于集中时，可能引发"一股独大"的情况，损害债权人和中小股东的利益；但当企业股权过于分散时，将不利于企业迅速做出决策，进而增加沟通成本。股权结构在公司治理方面具有十分重要的作用。

二是董事会，由于企业股东和管理层之间存在着"委托—代理"关系，管理层可能出于机会主义和利己主义做出侵害股东利益的行为，董事会是股东对企业进行监督的重要途径。董事会可以通过约束高管的行为，减少企业存在的"委托—代理"问题，维护股东利益，促进国有企业的公司治理，是公司治理指标的重要组成部分。

三是监事会，由于大部分董事会成员持有公司的股票，当企业出现丑闻信息时，董事可能会与企业的高管串通，损害债权人和中小股东的利益，因此，企业治理中仅有董事会是不足够的。监事会是由企业中小股东、债权人、员工等组合而成的，完善的监事会可以监督董事和高管的行为，减少"委托—代理"问题，从而提高公司的治理水平。

四是风险管控，风险管控在企业经营目标的实现和经营效率的提高方面起着重要作用。健全的风险管控系统可以有效地防范差错、对管理层和员工形成有效的监督机制、建立健全公司治理机制。

五是信息披露，一般而言，公司治理良好的企业会拥有完善的信息披露制度，准确、及时地披露财务和其他关键信息，促进投资者对企业的了解。

六是社会责任履行情况，积极履行社会责任有助于企业树立良好的形象、提高企业声誉和品牌知名度。公司治理良好的企业将更加注重企业的社会责任履行情况，从而帮助企业实现长远和可持续发展，因此，社会责任履行情况也是公司治理能力重要的衡量指标。

国有企业参与混合所有制并购既可以帮助企业获得规模效应和协同效应，又引入了非国有股东的竞争优势，可以帮助国有企业完善公司治理体系，从而帮助并购企业创造价值和实现长远与可持续发展。公司治理能力评价指标设计具体如表 4-2 所示。

表 4-2 公司治理能力评价指标表

一级指标	二级指标	衡量方式
股权结构	国有股东持股比例	国有股股数/企业总股数
	股权集中度	前五大股东持股比例的和
	股权制衡度	前二至五大股东持股比例的和/第一大股东持股比例
董事会	董事会人数	企业董事会人数
	独立董事比例	独立董事人数/董事会总人数
	董事会薪酬	董事会前三名薪酬总额的自然对数
	董事会会议次数	当期召开董事会会议次数
监事会	监事会人数	企业监事会人数
	外部监事比例	外部监事人数/监事会总人数

续表

一级指标	二级指标	衡量方式
监事会	监事会会议次数	当期召开监事会会议次数
风险管控	内部控制完善程度	迪博内部控制与风险管理数据库中企业内部控制指数
信息披露	审计意见	审计意见若是标准无保留意见为 1，否则为 0
	股东大会信息	企业是否披露股东大会召开具体情况，若披露为 1，否则为 0
社会责任履行情况	纳税情况	所得税费用/利润总额
	捐赠情况	捐赠支出/营业收入

4.4 实证研究模型

在建立了信任机制、创新机制、国有企业混合所有制并购价值创造的综合评价体系后，需要采用系列模型分析和探究信任、创新、混合所有制并购价值创造三者的关系。本书设计的信任、创新机制和国有企业混合所有制并购价值创造关系的实证研究模型主要有普通最小二乘法（ordinary least squares，OLS）线性回归模型、多元判别分析模型、Logistic 回归模型、Probit 回归模型、聚类分析模型、结构方程模型（structural equation modeling，SEM）。

4.4.1 OLS 线性回归模型

OLS 线性回归模型是评估企业并购绩效的重要方法，回归的基本原则是通过最小化误差的平方和寻找最佳匹配函数。根据这一基本原则，最优拟合直线表述为 $\hat{y}_t = \hat{\alpha} + \hat{\beta} x_t$，其中，$\hat{\alpha}$、$\hat{\beta}$ 为估计的 α 和 β 的值，$\hat{y}_t$ 为回归拟合值。最小化误差的平方和，实际上是使残差平方和（residual sum of squares，RSS）$\sum_{t=1}^{T} \hat{\mu}_t^2$ 最小，即最小化 $RSS = \sum_{t=1}^{T} (y_t - \hat{y}_t)^2 = \sum_{t=1}^{T} (y_t - \hat{\alpha} - \hat{\beta} x_t)^2$，其中，$\hat{\mu}_t$ 为拟合值和实际值的差值，即随机误差项 μ_t 的估计值。

对于回归方程 $y_t = \hat{\alpha} + \hat{\beta} x_i + \hat{\mu}_t$，因变量 y_t 被分解为两个部分，分别是模型的拟合值 $\hat{y}_t$ 和残差项拟合值 $\hat{\mu}_t$。

相较于其他实证回归模型，OLS 线性回归模型操作简单、方便，可以体现模型的回归拟合度，比较适用于解决经济问题；但该模型的缺点在于数据的解释会因人而异，回归的方程式并不精确、仅仅是一种推测，会受影响因素多样性和不确定性的限制。

具体而言，在国有企业混合所有制并购绩效的评价中，本书将以混合所有制并购的绩效考核指标作为被解释变量，以创新、信任等评价指标作为解释变量，通过 OLS 线性回归模型的拟合，探究信任机制与创新机制对国有企业混合所有制并购绩效的影响。

4.4.2　多元判别分析模型

判别分析法是从样本企业的各类变量中，筛选出符合研究目标的特征变量，通过建立判别函数的方式，对研究样本进行分类预测。Altman（1968）基于判别分析法分析了企业的财务危机，并选取总资产、销售收入、营运资本、未分配利润、负债五个指标计算 Z-score，建立了企业财务危机概率模型。根据 Z-score 的大小，企业可以被归类于高风险区、低风险区和灰色区。根据经验值，Z-score 模型将 Z 指数小于 1.81 的企业划分为高风险区，表示企业位于破产的边缘；Z 指数大于 2.99 的企业划分为低风险区，表明企业经营情况良好，破产的可能性较小；Z 指数位于 1.81 和 2.99 之间（含 1.81 与 2.99）的企业划分为灰色区，表示企业破产的风险并不能确定。基于 Z-score 模型的优缺点，Altman 等（1977）完善了 Z-score 模型，从而建立了 ZETA 评分模型。

相较于其他研究模型，多元判别分析模型的优势在于采用多种衡量指标，可以对企业的运行状况和破产情况进行清晰的判断；但缺点在于各个指标的选取缺乏明确的经济学依据、不同指标的权重比例需要经常调整、对市场变化不够灵敏。

在国内的研究中，Z-score 和 ZETA 模型被广泛地应用于企业财务风险评估、信用评价、ST 公司退市风险评估等相关领域的研究中。在国有企业并购活动中，首先基于 Z-score 和 ZETA 模型构建企业的信任程度，研究企业信任与国有企业并购绩效的关系；其次再进一步加入创新变量，分析信任与企业并购绩效关系的变化，是对判别分析法研究的延伸（宋清华和曲良波，2011；张蔚虹和朱海霞，2012）。

4.4.3　Logistic 模型

Press 和 Wilson（1978）最早提出了 Logistic 模型。该模型通过样本一系列的特征变量预测样本公司发生某一经济后果的概率，接着通过制定政策，促使特征变量向好的方向改变；或者设定企业的风险警戒线，采用风险识别的方式对研究对象进行定位，节约企业生产经营管理成本和时间、提高资源的利用和配置效率、促进企业稳定和可持续发展。Logistic 模型基本设定如下。

$$P = 1/(1 + e^{-y})$$

其中，y 为企业经济后果评价过程中的特征变量，具体计算公式为 $y = C_0 + \sum_{i=1}^{n} C_i X_i$；$P$ 为某类经济后果发生的概率，取值范围在 0 和 1 之间。

在实务工作中，Logistic 模型在商业银行信用风险评价领域得到了广泛的应用，商业银行可以通过获取贷款申请人相关的信用、财务、违约情况等信息建立 Logistic 模型，预期贷款申请人违约的概率（Ohlson，1980）。在我国的学术研究中，Logistic 模型被广泛地应用于银行信用风险评价（方洪全和曾勇，2004；李志辉和李萌，2005）、企业财务困境的研究中（朱永忠等，2012；梁琪，2005）。

相较于其他模型，Logistic 模型的优点在于不受统计假设的限制，该模型既没有对变量分布的条件提出要求，也不需要假定变量呈多元正态分布的关系，因此适用范围更加广泛。

在评价国有企业混合所有制并购价值创造中，既可以根据国有企业的并购、整合是否成功将企业并购活动设为虚拟变量，通过 Logistic 模型，探究创新或信任机制对国有企业混合所有制并购的影响；也可以根据国有企业的创新程度或信任程度评价指标的高低将样本企业分为两组，通过 Logistic 模型，对比对照组和实验组企业并购绩效的差异，从而探究信任或创新机制对国有企业的价值创造的影响。

4.4.4　Probit 模型

Barth 等（1989）最早提出了 Probit 模型。Probit 模型是一种广义的线性回归模型，假设企业服从正态分布和发生某种经济后果的概率为 P，则概率函数的 P 分位数可以用经济后果的影响因素线性解释。

Probit 模型和 Logistic 模型的计算思路十分相似，两者均利用最大似然法进行回归，而且两种模型均属于离散变量的回归模型。但是两种模型在具体的计算过程和使用假设方面又不尽相同。第一，Probit 模型和 Logistic 模型的计算假设条件不同，Probit 模型假设样本服从正态分布，但是 Logistic 模型对企业样本的分布并未做出严格要求。第二，Probit 模型和 Logistic 模型的参数求解方法不同，Probit 模型主要利用最大似然法的计算原理，而 Logistic 模型根据线性回归的方法进行求解。第三，Probit 模型和 Logistic 模型求取经济后果发生概率的方式不同，Probit 模型使用积分的方式进行求解，而 Logistic 模型使用取对数的方式进行求解。总而言之，Probit 模型和 Logistic 模型在计算思路方面较为相似，但也存在一定的差异，相较于 Probit 模型，Logistic 模型的应用范围更为广泛。

在评价国有企业混合所有制并购价值创造的研究中，如果因变量是序次变量（如对国有企业并购绩效从 1～10 分进行打分），那么回归时只能采用 Probit 模型而不是 Logistic 模型；如果变量特征值没有完全显现，如企业将研发支出作为企业机密进行保密，不愿过早公开披露，则可以用 Probit 模型求取估计变量值，使信任或创新对国有企业混合所有制并购价值创造的影响的研究更详细和深入。

4.4.5　聚类分析模型

聚类分析法的计算方式主要分为三步，第一，聚类分析法根据相似度将样本或变量进行排序，使同类样本或变量的相似性最强；第二，采用重心法等计算出研究样本的初始分类和聚点；第三，在变量聚类的过程中选取特定的尺度变量作为"距离"，依据具体情况选用 Euclidean、Minkovski 等距离公式进行聚类分析。聚类分析的目的在于使同组变量的相似性最强，使不同组变量的异质性最强，主要应用于评价指标不服从特定的分布特性的情况中。

聚类分析法被广泛地应用于商业银行客户信用评价和公司治理等研究中。1993 年，Lundy 在 *Cluster Analysis in Credit Scoring*，*Credit Scoring and Credit Control* 一书中基于聚类分析法评价商业银行贷款申请者的信用情况，认为通过对申请者的性别、职业、居住环境等情况进行聚类，可以判断不同类型消费者的信用程度，有助于银行对拥有相似背景的贷款申请者进行分类和针对不同人群采取合适的商业策略和贷款方式。鲁桐和党印（2014）根据企业的特性，采用聚类分析法将上市公司分类为技术密集型、劳动密集型和资本密集型企业，并探究三类企业公司治理情况对技术创新的影响。

相较于其他模型，聚类分析模型的优势在于其不要求变量符合某种分布、回归结果直观、明确和利于理解；但缺点在于当企业样本量较大时，采用聚类分析模型难以获得明确的结论或结论存在偏差。本书研究认为，可以根据国有企业的信任度和创新度对样本进行聚类和分组，从而探究信任或创新对国有企业混合所有制并购价值创造的影响。

4.4.6　结构方程模型

结构方程模型主要用于验证某种理论，会先提出一种预先假设的理论结构，通过收集整理数据的方式，验证预先假设的理论结构是否成立。具体的计算思路为，先选取一部分不能直接观察但期望探究的变量作为潜变量；然后，选取能够直接观察和测量的变量作为潜变量的衡量方式，从而建立起直接变量和潜变量的关系，即结构。由此可见，要确保研究结论的准确性和可靠性，需要选取和建立具有良好信度的测量指标。

结构方程模型的特点主要有以下五点。

第一，可以同时处理和分析多个因变量，这也是结构方程模型最为重要的特点。在结构方程模型的回归分析中，尽管统计结果的图表同时呈现了多个因变量的回归结果，但是在具体的回归过程中，结构方程模型会对每个被解释变量的系数进行单独计算而不是同时计算。因此，在结构方程模型的回归结果中，每一个被解释变量的计算过程和系数都没有考虑其他被解释变量的影响。

第二，自变量和因变量可以存在测量误差。行为、态度等研究变量，属于人类的主观判断，往往具有很强的主观性和判断误差，因此不能使用简单的指标对其进行测量。结构方程模型允许自变量和因变量具有一定的测量误差，可以增加研究的准确性和可靠性。如果采用传统的模型对潜变量的系数进行探究，由于存在一定的测量误差，其结果可能会与结构方程模型的回归结果产生较大的差异。

第三，可以同时估算因子结构和关系。为了探究潜在变量之间的相关性，一个常用的方法是首先利用因子分析法计算出因子得分，然后计算因子关系和潜变量的相关系数。因子结构和关系的估算可以同时进行。

第四，允许使用复杂的测量模型。传统的因子分析模型一个指标只能代表一个因子，但是结构方程模型允许使用者使用复杂和更加多样的测量模型。例如，对于相同的变量，可以采取多个不同维度的指标进行衡量。因此，结构方程模型解决了传统因子分析模型一个指标只能代表一个因子的问题，使研究结果更可靠和准确。

第五，可以评价模型整体的拟合程度。传统的路径分析方法只能判断变量关系相关性的强弱，但是，在结构方程分析中，除了评估变量关系相关性的强弱外，研究者还可以评估不同模型对于相同样本数据的总体拟合程度，从而帮助研究者选择更准确的回归模型。

结构方程模型由测量模型和结构模型组成。

（1）测量模型，用于探究观察变量和潜在变量存在的关系。具体模型设定如下。

$$x = \Lambda_x \xi + \delta$$

$$y = \Lambda_y \eta + \varepsilon$$

其中，x 为外生观察变量矩阵；Λ_x 为外生观察变量的载荷矩阵；ξ 为外生潜在变量；y 为内生观察变量矩阵；η 为内生潜在变量；Λ_y 为内生观察变量的载荷矩阵；δ 和 ε 为模型残差。

（2）结构模型，通常用来分析潜在变量互相之间存在的关系，具体模型设定如下。

$$\eta = \lambda \eta + \Gamma \xi + \zeta$$

其中，λ 为内生潜在变量之间的影响效应系数；Γ 为外生潜在变量对内生潜在变量的影响效应系数；ζ 为残差矩阵。

结构方程模型可以被应用于企业并购绩效的多维度评价和分析中（林德钦，2011；赵息和张西栓，2013）。对于企业并购绩效而言，其衡量指标不是唯一的，多维度和多种类的评价指标才可以反映企业并购前后真实的经营业绩的变化。因此，采用结构方程模型可以更准确地反映信任或创新对国有企业混合所有制并购绩效的影响。

具体而言，在国有企业混合所有制并购绩效的评价中，本书将从多个维度选取变量作为创新机制、信任机制、混合所有制并购的价值创造的衡量指标，通过建立结构方程模型，分析和探究信任机制、创新机制对混合所有制并购价值创造的影响。

4.5　基于平衡计分卡的案例研究模型

平衡计分卡最早由 Kaplan 和 Norton（1992）提出，经过几年的发展和创新，平衡计分卡逐渐成为一套评价企业绩效和战略管理绩效的综合体系。平衡计分卡主要被应用于特定公司的案例研究中，可以有效地克服传统的财务评价方法只评价过去事件产生的影响、过于注重企业短期利益和内部利益、忽略无形资产为企业创造的利益等缺陷。在基于平衡计分卡的案例研究中，首先，研究者需要先选定一个研究的公司，在本书中，案例公司是参与混合所有制并购的国有企业；其次，研究者需要根据平衡计分卡的要求和具体企业的特点，设置相应的考核评价体系和指标；最后，根据设置的考核评价体系和指标对公司进行评价，本书主要利用平衡计分卡体系对国有企业混合所有制并购创造的价值进行研究。

平衡计分卡的设计流程可以简要分为三步。

第一步，确定企业的愿景和目标，根据企业的结构和特点，将企业目标从财务、客户、内部运营、学习与成长四个层面转化为各部门的具体目标，对应建立四张计分卡。

第二步，根据第一步设置的各部门的具体目标建立恰当的绩效评价体系，评价体系的设置需综合考虑财务和非财务指标、内部利益评价和外部利益评价指标等，以确保从各个方面对企业的绩效和战略实施情况进行评估。

第三步，管理层与各部门共同制定绩效评价体系的具体评分规则和方式。一般而言，管理层会预先设定绩效的目标值，在实际执行企业策略时，将绩效的实际值与目标值进行对比，若实际值与目标值差距过大，则考虑是企业各部门经营管理中存在问题还是目标值设定过高，从而对各部门的具体战略进行修订，促进企业的发展。

平衡计分卡涉及财务、客户、内部运营、学习与成长四个维度。本书根据国有企业参与混合所有制并购的特点，从四个维度设置了不同的指标评价体系，评价体系的总结如表4-3所示。

表4-3 平衡计分卡评价体系表

维度	评价指标	衡量方式	指标符号
财务维度	净资产收益率	当期净利润/所有者权益	正向
	产权比率	负债/所有者权益	负向
	国有资本增值保值率	（期末所有者权益−因客观因素增加的资本公积）/期初所有者权益×100%	正向
	每股社会贡献值	每股收益+（纳税总额+员工费用支出+利息支出+公益支出−社会成本）/期初股数和期末股数的平均值	正向
客户维度	市场占有率	企业产品和服务销售收入/同类产品和服务行业平均销售收入	正向
	投诉解决率	当期投诉解决数/总投诉数	正向
	客户保持率	上期成交客户在本期依旧成交的客户数/上期成交客户数×100%	正向
内部运营维度	企业创新能力	企业创新研发投入/申请专利数	正向
	产品合格率	合格产品数/生产产品总数	正向
学习与成长维度	员工离职率	当期离职员工人数/期初员工人数和期末员工人数的平均值	负向
	员工职业培训次数	当期员工受到职业培训次数	正向

一是财务维度，财务指标可以直接反映企业战略的实施和执行能否为企业创造效益、提升企业的盈利能力和资产管理水平。针对国有企业混合所有制并购的具体特点，本书选择净资产收益率（ROE）、产权比率、国有资本增值保值率、每股社会贡献值作为评价国有企业混合所有制并购实施效果的财务评价指标。①净资产收益率=当期净利润/所有者权益，可以直接反映股东资本投入的利用效率和获取利润的能力，ROE越高，说明企业盈利能力越强，资产的配置和利用效率越高。②产权比率=负债/所有者权益，可以直接反映偿债能力和企业的资金结构，该指标值越低，说明企业使用自有资金偿付债务的能力越强，债权人的风险保障程度越高。③国有资本增值保值率是衡量国有企业混合所有制改革效果的一个重要指标，具体计算公式为（期末所有者权益−因客观因素增加的资本公积）/期初所有者权益×100%。国有资本增值保值率可以充分反映国有资本的运营效率和安全性。该指标值若大于100%，说明国有资本产生增值，国有企业混合所有制并购有助于国有资本的增值，指标值越大，表明国有资本的增值程度越高。④相较于民营企业，国有企业还需要承担一部分政策性负担，如维护社会的稳定、促进社

会经济增长。因此，国有企业参与混合所有制并购的目的不仅仅是提升企业绩效，还包括为社会创造价值、提高利益相关者的满意度。用每股社会贡献值评估并购绩效，公式为每股社会贡献值=每股收益+（纳税总额+员工费用支出+利息支出+公益支出−社会成本）/期初股数和期末股数的平均值，每股社会贡献值越大，说明国有企业的社会贡献度越大。

二是客户维度，企业最根本的目标是为客户提供优质的产品和服务，从而帮助企业创造价值。本书选取了市场占有率、投诉解决率和客户保持率作为国有企业混合所有制并购实施效果的客户维度评价指标。①市场占有率可以侧面反映企业产品和服务受客户认可和欢迎的程度，是企业竞争优势的一部分。如果国有企业参与混合所有制并购后，市场占有率大幅提升，说明混合所有制并购为国有企业创造了价值。②投诉解决率是反映客户的诉求是否得到及时满足的一个重要指标，具体计算公式为当期投诉解决数/总投诉数，该指标值越大，说明客户投诉解决效率越高，客户的诉求及时、有效地得到了满足。③客户保持率可以直接反映客户对于企业的忠诚度，一个好的企业可以紧紧留住原来的顾客，并不断吸引新的顾客。它是企业保持或提高市场占有率的重要因素，根据上期成交客户在本期依旧成交的客户数/上期成交客户数×100% 计算，该数值越大，说明客户的保持率越高，客户对企业的忠诚度和满意度越高。

三是内部运营维度，根据平衡计分卡的建立要求，企业需要在财务维度和客户维度的考核评价目标和指标建立完成的基础上建立企业内部运营维度的评价目标和指标，这可以帮助企业专注于与股东和客户相关的内部流程的控制。具体而言，内部运营维度的评价指标会涉及产品的改革和创新、企业生产经营和售后服务等各个方面。根据数据的可获得性和企业特点，本书选取企业创新能力、产品合格率来衡量企业内部运营情况。①企业创新能力，企业内部运营流程的创新主要是指企业进行创新的意愿而非创新的结果，因此，本书采用企业创新研发投入/申请专利数作为内部运营流程创新的衡量指标，该指标数值越大，表明企业研发效率越高。②产品合格率可以反映企业生产经营活动的管理效率，具体计算公式为合格产品数/生产产品总数，该指标数值越大，表明企业内部生产管理流程越规范。由于不同企业具有不同的特点，在进行国有企业混合所有制并购内部运营维度的评价中，可以根据企业的具体情况增加内部运营维度的评价指标，如石油化工企业可以增加产能利用率、污染治理率等指标作为评价标准。

四是学习与成长维度，学习与成长维度的目标是推动前三个目标取得卓越成效的内在动力。在激烈的市场竞争环境中，原有的技术和能力已经无法满足企业发展的需要，要想实现长期的可持续发展的目标，企业必须设定学习与成长维度的评价指标。本书选取员工离职率、员工职业培训次数作为学习与成长维度的评价指标。①员工离职率直接反映了员工对企业的忠诚度和集体归属感，具体计算公式为当期离职员工人数/期初员工人数和期末员工人数的平均值,该指标数值越大,说明员工对企业不满意程度越高,越不愿意学习和成长为企业做出贡献。②员工职业培训是提高员工素质和能力的重要途径,职业培训可以帮助员工更了解相关岗位的工作内容,从而推动企业的发展,员工职业培训次数越多,表明企业内在的创新和成长能力越强。

基于平衡计分卡的案例研究模型通过选取特定公司、建立对应的评价体系和评价指标,对企业的绩效和战略实施情况进行研究。该模型的优势在于克服了传统的财务评价方法只评价过去事件产生的影响、过于注重企业短期利益和内部利益、忽略无形资产为企业创造的利益等缺陷,更全面、清晰地评价了企业的绩效和战略实施情况;但劣势在于评价目标和指标的建立和修订的难度大、仅选取一家或少数几家企业作为研究对象代表性不够强,不一定能推理出研究的结论。

在国有企业混合所有制并购的价值评价中,本书将选取具有代表性的参与混合所有制并购的国有企业为案例,针对国有企业混合所有制并购的愿景和目标,从财务、客户、内部运营、学习与成长等四个维度建立一系列的评价目标和指标,对国有企业的混合所有制并购绩效进行探究。本书也将根据企业的信任度和创新度对企业进行具体分析,探究信任和创新对国有企业混合所有制并购价值的影响。

4.6　本章小结

本章从指标体系和模型两个维度,建立了信任、创新、国有企业混合所有制并购价值创造的评价体系和相关检验模型。基于国有企业的信任、创新和混合所有制并购价值创造的评价指标体系研究框架如图 4-1 所示。

根据信任的来源,企业信任机制可以分为内层和外层两种。外层信任机制是在利益相关者利益诉求实现度的基础上构建的,可以在国有企业并购交易和资源整合中影响国有企业并购价值的创造。在外层信任机制中,本书采用混合所有制并购短期和长期市场绩效、财务绩效衡量股东对企业的信任程度;采用资本结构、债务期限结构、短期偿债能力、债务利息率衡量债权人对企业的信任程度;采用应收账款周转率、存货周转率衡量供应商对企业的信任程度;采用营业收入增长率、市场份额衡量买方对企业的信任程度。企业内部信任机制是在并购双方企业诚信文化的基础上构建的,可以通过影响企业的创新能力对国有企业并购价值创造产生影响。在内部信任机制中,本书采用处罚、诉讼、信息披露质量、高管被公开谴责的次数衡量企业内部的诚信文化。

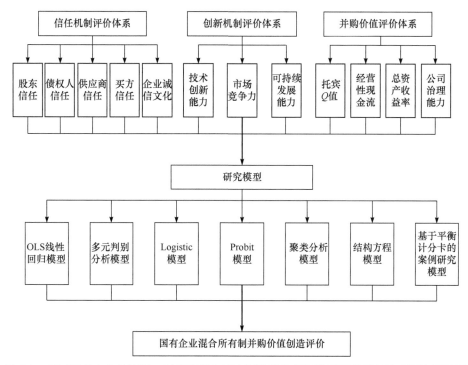

图 4-1　基于国有企业的信任、创新和混合所有制并购价值创造的评价指标体系研究框架图

创新是以新思维、新发明和新描述为特征的一种概念化过程，不仅仅包含技术和生产能力方面的创新，还包含企业核心竞争力的增加和可持续发展能力的增长。在创新机制评价体系中，本书从技术创新能力、市场竞争力、可持续发展能力三个方面评估企业创新机制。具体而言，本书采用研发投入水平、技术型无形资产比重、研发人员密度、商誉产出率衡量并购企业的技术创新能力；采用品牌优势、市场份额、超额收益率评估并购企业的市场竞争力；采用资产增长率、无形资产占有率、商誉占有率、员工素质、每股无形资产、每股商誉评估并购企业的可持续发展能力。

在评价体系中，国有企业参与并购为企业创造的价值是评价体系中最基础和重要的一环。只有建立了并购价值评价指标，才能探究信任或创新机制对国有企业混合所有制并购价值的具体影响路径。本书从托宾 Q 值、经营性现金流、总资产收益率、公司治理能力四个维度设计和建立了国有企业混合所有制并购价值创造的评价体系。

在研究模型的建立方面，根据研究的类型，本书将研究模型分为实证研究模型和案例研究模型两类。具体而言，本书设计和建立了 OLS 线性回归模型、多元判别分析模型、Logistic 回归模型、Probit 回归模型、聚类分析模型、结构方程模型等实证研究模型探究信任或创新机制对国有企业混合所有制并购价值创造的影响；设计和建立了基于平衡计分卡的案例研究模型和一系列国有企业混合所有制并购的评价目标和指标，通过对比实际值和目标值的差异，分析信任或创新机制对国有企业混合所有制并购战略的实现程度。

第5章　基于国有企业混合所有制并购的博弈分析

本章基于收购方（国有企业）视角开展混合所有制并购双方不完全信息博弈研究，构建了并购交易定价与预期市场超额报酬的混合所有制并购博弈模型，并用中国 A 股国有上市公司的混合所有制并购经验数据对博弈模型进行实证检验。博弈模型表明，交易定价是混合所有制并购博弈的焦点，就收购方而言交易定价是基于对股票市场预期超额报酬做出的策略，由于企业资源的稀缺性，在交易定价策略中需考虑资本成本，预期市场超额报酬是交易定价与资本成本的函数。实证研究结果支持本章构建的博弈模型，混合所有制并购溢价越高，并购短期市场绩效越好。本章从博弈角度对为何混合所有制并购事件能带来较好的市场反应这一问题提供了新的理论解释，对研究并购溢价与并购价值创造关系的文献形成了一定的补充，用博弈模型构建与实证研究相结合的方法开展研究，在一定程度上避免了模型选择的主观性及变量选择中的内生性等问题，丰富了并购研究方法。

5.1　引　　言

企业并购是产权自由交易及资本自由流动的重要途径，已有研究发现虽然企业在并购重组前后的市场反应较好，但由于交易定价偏高多数并购并不能提高收购方的公司价值（Sharma and Ho，2002；Bhaumik and Selarka，2012；张新，2003），现有文献中关注交易定价对并购创造价值影响的研究主要集中于通过经验数据考察并购溢价对并购绩效的影响（Hunter and Jagtiani，2003；陈仕华和卢昌崇，2013），以及交易定价与并购协同收益关系的研究（Gregory，2005；李善民和刘永新，2010）。这些研究的局限在于：交易定价是在并购双方交易谈判过程中形成的，而并购交易谈判是一种博弈行为，尤其就混合所有制并购相对于一般企业并购的特殊性而言，通过经验数据从静态视角解释交易定价对并购创造价值的影响，不能揭示交易定价在混合所有制并购博弈中的形成机理。鉴于此，本章在信息不对称环境下，通过构建混合所有制并购双方不完全信息博弈与动态博弈模型，尝试从并购博弈的视角解释混合所有制并购交易行为的价值创造问题。

在微观经济中，企业是契约的签署主体，企业与交易对方签订的一系列契约使之处于契约网络之中。在民法制度下，契约是完全契约，具有法律强制力，但在契约经济学范畴中，需要法律契约与心理契约的共同作用（Jensen and Meckling，1976；Joseph et al.，2014）。因此，在非对称信息环境中，信息经济学开始受到研究者的关注，通过信息的信号传递功能，研究契约经济学领域的法律契约与心理契约的共同作用机制，博弈论研究者 Harsanyi 在委托代理理论研究中，设计激励与约束机制以解决契约签订后代理人的道德风险问题，构建贝叶斯纳什均衡模型，通过最优契约安排，制造"囚徒困境"情境，使代理人交代实情，抑制契约签订后可能发生的道德风险。并购交易定价是并购双方谈判的焦点，但是在非对称信息环境下，理性经济人的选择决策与行为后果并非一一对应的，他们按照利益最大化原则行事，但不能实现帕累托最优，完全理性就转为了有限理性，完全契约也转为了不完全契约（Thijssen，2008）。曹玉贵和杨忠直（2005）认为在信息不对称条件下，企业并购交易定价的谈判过程具有不完全信息博弈与动态博弈特征，并购双方会根据自身利益不断调整并购策略，最终达到动态博弈均衡状态（李善民和郑南磊，2007）。

回顾已有文献的研究，并购交易定价博弈主要围绕利益相关者预期收益目标展开，Cramton（1984）基于不完全信息条件，在传统动态博弈模型基础上建立了并购双方轮流讨价还价模型，Huang 和 Lin（2008）将并购谈判中的讨价还价博弈过程视为一个马尔可夫决策过程，收购方和目标公司可以通过选择最优策略实现自身利益最大化。Feri 和 Gantner（2011）认为当收购方具有外部期权时，通常会选择签订议价合同而不是直接谈判交易定价。周媛媛和李帮义（2010）构建了一个存在并购破裂风险的无限期企业并购定价模型，收购方可以采用先试探后改变出价的谈判方式，探测目标公司真实价值，以维护自身利益。李国平等（2015）运用演化博弈模型对有限理性的并购双方在信息不对称条件下的定价谈判优化策略进行分析，并求出了双方的预期收益矩阵。

从上述文献回顾中，可以看到并购交易定价博弈围绕预期收益目标展开。就收购方而言，其预期收益分为长期收益和短期收益，可以量化为并购长期账面绩效和短期市场绩效（Healy et al.，1992；王艳和阚铄，2014），其中短期市场绩效反映的是由于并购事件产生的市场对收购方未来账面绩效变化的预期，通过事件窗口期的累积超额收益率衡量（Healy et al.，1992；Ghosh，2001；Powell and Stark，2005；翟进步等，2010；王艳和李善民，2017）。基于收购方根据并购长期账面绩效与短期市场绩效预期确定交易定价策略，而短期市场绩效具有预测长期账面绩效和在并购事件宣告窗口期率先体现的特点，本章认为混合所有制并购双方在收购方预期市场超额报酬与目标公司并购交易报价的交叉点上可能达到博弈均衡状态，从而确定并购交易定价。因此本章以收购方预期收益最大化目标为切入点，通过混合所有制并购双方博弈构建交易定价与预期市场超额报酬的关系模型,并用中国 A 股国有上市公司的混合所有制并购经验数据对博弈模型进行实证检验,探究收购方预期市场超额报酬的实现机制。

在实证研究中,用混合所有制并购溢价作为交易定价(解释变量)的代理变量,并将资本成本作为控制变量,对混合所有制并购溢价(解释变量)与并购短期市场绩效(被解释变量)进行 OLS 回归分析,发现混合所有制并购溢价高能显著地促进并购短期市场绩效的提升。本章认为混合所有制并购溢价对并购短期市场绩效产生正面影响的一个重要影响机制在于:在混合所有制并购的利益相关者中,目标公司股东往往是最大的受益者,长期而言,收购方股东难以从并购长期绩效中受益。基于现有文献基本都支持并购事件前后的市场反应较好的结论(Sharma and Ho,2002;Bhaumik and Selarka,2012;张新,2003),并且短期市场绩效具有预测长期账面绩效和在并购事件宣告窗口期率先体现的特点(Healy et al.,1992;翟进步等,2010),同时受到并购协同效益模型(并购协同效益可以构建为并购溢价与并购短期市场绩效的组合)的启发(Bradley et al.,1988;Wang and Xie,2009;吕长江和韩慧博,2014),本章认为,在混合所有制并购交易的博弈中,如果将收购方股东收益和目标公司股东收益合并起来考虑,可以预测出混合所有制并购的协同效益,这不仅会促使混合所有制并购交易顺利完成,还会传递出基于短期市场绩效好可以预期长期账面绩效好的好消息,混合所有制并购整合效率会更高、整合中并购冲突也会减少,这将有利于混合所有制并购长期绩效提升并最终激发混合所有制并购创造企业价值。因此,本章认为混合所有制并购溢价的高低是解释混合所有制并购绩效好坏的一个重要因素。

本章可能的研究贡献在于:第一,本章从博弈角度研究了混合所有制交易定价与并购价值创造之间的关系,发现在混合所有制并购博弈中,收购方以收益最大化原则为定价策略出发点,但由于环境的复杂性和长期收益的不确定性使其行为具有有限理性(Givoly and Hayn,2000),最终根据混合所有制并购事件窗口期的预期市场超额报酬开展交易定价博弈(王艳和李善民,2017)。本章的研究结果从博弈角度对为何混合所有制并购事件能带来较好的市场反应这一问题提供了新的理论解释(翟进步等,2010)。第二,大量研究交易定价与并购价值创造的文献指出较高的交易定价溢价不能为企业创造价值(Hunter and Jagtiani,2003;辛宇等,2015),并从企业层面的协同效应假说、高管层面的委托代理假说和过度自信假说等方面给出了相应解释,因此本章将混合所有制并购交易中的并购溢价与并购消息宣告带来的短期市场绩效置于并购协同效益机制中开展研究。受并购协同效益模型构建的启发(Bradley et al.,1988;Wang and Xie,2009;吕长江和韩慧博,2014),本章的研究为混合所有制并购溢价的高低为何可以解释并购绩效好坏提供了理论支持并给予了经验数据的检验证明,这对研究混合所有制并购溢价与并购价值创造关系的文献形成了一定的补充。第三，本章用博弈模型构建与实证研究相结合的方法开展研究，在一定程度上避免了模型选择的主观性及变量选择中的内生性等问题，丰富了并购研究方法。

5.2　混合所有制并购博弈模型构建

混合所有制并购前，目标公司（民营企业）完全拥有并购交易涉及的信息，而收购方（国有企业）对目标公司相关信息掌握较少，因此混合所有制并购前国有企业和民营企业的博弈是不完全信息博弈。混合所有制并购中，国有企业和民营企业经历"收购方报价—目标公司还价—成交后的公告和股权交割"这一过程，对并购交易标的掌握着不同的信息，这时的双方博弈是一种动态博弈。混合所有制并购后，市场投资者是否支持收购方的并购决策，收购方对目标公司的并购整合是否完成，并购协同效应是否有效发挥，将通过并购绩效体现出来，这时反映的是多方合作博弈和非合作博弈。

5.2.1　基本假设

本章是以收购方（国有企业）的视角来研究混合所有制并购，并购的主要参与人是收购方、收购方控股股东、目标公司和目标公司控股股东，收购方和目标公司是混合所有制并购交易的直接博弈人。本章根据上述参与人来构建博弈模型，并做出如下假设：①参与并购交易的博弈者都以收益最大化理性目标为决策出发点；②契约经济学理论与信息经济学理论是构建混合所有制并购博弈模型的两架车轮，主导混合所有制并购双方作为直接博弈人开展并购博弈；③国有企业和民营企业不存在合谋，并购博弈是零和博弈；④国有企业和民营企业控股股东对公司控制好，不存在第一类代理问题，并购双方的治理层和管理层即为控股股东代表，国有企业和民营企业完全参与并主导并购博弈；⑤国有企业的混合所有制并购是善意并购。

5.2.2　博弈过程

1. 事前阶段：混合所有制并购双方博弈

第一步，甄别收购方（国有企业）的好坏。在这一阶段，收购方和目标公司存在信息不对称，各自掌握自己的完整信息，而对于交易对方，掌握的信息仅为表象信息。但目标公司（民营企业）在混合所有制并购的前期审查过程中，能分出国有企业的类型为"好"或"差"。如果国有企业类型集以 $T=/g,b/$ 表示，其中，

g 代表好企业，好企业的财务指标和经营发展能力均较好；b 代表差企业，差企业不仅财务指标情况较差，而且经营发展能力也较差。假设目标公司根据上述收购方的情况，知道好企业和差企业存在的概率。本章用 $P(g)$ 和 $P(b)$ 分别表示收购方知道好企业和差企业的概率，二者之间满足 $P(g)+P(b)=1$。民营企业希望被好的国有企业并购，但为了实现其他目的，也可能同意被差的国有企业并购，如借壳上市①。

第二步，甄别目标公司（民营企业）的好坏。同理，在混合所有制并购审查的过程中，国有企业可以根据民营企业的财务状况，判断出好企业和差企业，基于经济理性人的假设，收购公司只会选择并购好企业，不会选择并购差企业，目标公司被并购的类型只有一类，好企业 a。

2. 事中阶段：混合所有制并购双方博弈

第一步，国有企业向民营企业提出并购。根据事前阶段的甄别和理性判断，假设"好收购方"并购"好目标公司"的概率为 $P(a|g)$，"差收购方"并购"好目标公司"的概率为 $P(a|b)$。

第二步，国有企业经过股东会的批准，向民营企业提出并购方案。收购方根据中介机构出具的目标公司价值评估报告，向股东会提交并购交易定价议案。股东在衡量并购事件产生的长期收益和短期收益后，批准管理层的并购价格议案。

第三步，民营企业选择是否接受并购，并达成并购协议。目标公司鉴别出好收购方和差收购方后，可以测量出自己被不同类型收购方并购的概率，并计算出期望值。假设目标公司被好收购方并购概率为 $P(a|g)$，目标公司被差收购方并购概率为 $P(a|b)$。在比较不同状态下的综合利益后，选择是否达成并购协议。目标公司的行动集以 $A=\{a_1,a_2\}$ 表示，其中，a_1 表示接受被并购，a_2 表示不接受被并购。

3. 事后阶段：混合所有制并购多方博弈

假设目标公司的企业价值为 V，如果不被并购其企业价值增长率为 ρ，而被好收购方并购后，其价值增长率为 r_g，被差收购方并购后，其价值增长率为 r_b，则 $r_b<\rho<r_g$。就混合所有制并购后的长期收益而言，好收购方并购后长期收益为 $V_g=V\times r_g$，差收购方并购后长期收益为 $V_b=V\times r_b$。对于混合所有制并购事件的短期收益而言，资本市场对好企业实施的并购反应较好，市场超额报酬 CAR>0，资

---

① 本章研究的收购方为上市公司，在 IPO 核准制制度背景下，上市公司的上市资格已成为一种"稀有资源"，"壳"说的是上市公司的上市资格。由于有些上市公司经营不善，在资本市场丧失了进一步融资能力，必须对其进行资产重组，借壳上市是资产重组的重要形式，非上市公司通过获得上市公司的实际控制权，将自身的优质资产注入上市公司，实现非上市资产和业务间接上市。

本市场对差企业实施的并购反应可能较好（CAR>0）[①]，也可能较差（CAR<0）。因此混合所有制并购后，就收购方而言，长期收益好且短期收益好的概率为 $P(V_g|$CAR>0），长期收益不好但市场收益好的概率为 $P(V_b|$CAR>0），长期收益不好且市场收益差的概率为 $P(V_b|$CAR<0）。

混合所有制并购博弈过程如图 5-1 所示。

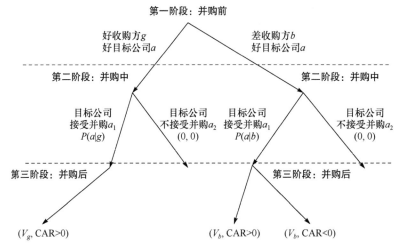

图 5-1　混合所有制并购博弈过程：基于收购方的视角

5.2.3　博弈模型构建

收购方的并购决策目标是实现收益最大化，即长期收益 V 最大化与短期收益 CAR 最大化，基本博弈模型如式（5-1）所示。混合所有制并购博弈模型的主要变量定义见表 5-1。

$$\pi = V + CAR \tag{5-1}$$

表 5-1　混合所有制并购博弈模型的主要变量定义及说明

变量名称	变量代码	变量定义
并购收益	π	并购长期收益 V 与短期收益 CAR 的合计数
并购长期收益	V	并购账面收入 Sale 与并购相关成本 Cost 的差值
并购短期收益	CAR	并购事件带来的市场超额报酬，通常锁定在并购首次公告前后一个月内
并购账面收入	Sale	并购所带来的各类账面收入
并购定价	B	根据公允的第三方对目标公司净资产评估和需收购的股份比例而确定

[①] 当 ST 公司发布公告将通过资产重组摘帽时，市场反应可能较好。

续表

变量名称	变量代码	变量定义
资本成本	WACC	交易定价的直接成本，或收购方在面临多种投资决策方案时，选择一种方案而放弃其他方案的机会成本
目标公司总资产	A_1	目标公司账面总资产
目标公司资产负债率	Lev_1	目标公司账面总负债/目标公司账面总资产
收购方总资产	A_2	收购方账面总资产
交易特征综合效应指数	t	基于市场超额报酬是并购定价 B、股权比例 S 与并购双方规模比率 D 等特征的函数拟合的综合指数
目标公司净资产溢价评估指数	r	测算目标公司评估值 M_1 时使用：$M_1=A_1 \times (1-Lev_1) \times r$
中介费用率	β	收购方支付给并购相关的券商、银行投资机构和外部第三方会计师、评估师、律师及并购顾问的费用，按目标公司总资产的一定比例计提，中介费用 $=A_1 \times \beta$
整合费用率	α	在并购整合的过程中，会产生相应的成本和费用，即整合费用，并购整合由收购方组织实施，与收购方总资产规模相关，整合费用$=\ln(A_2 \times \alpha)$

混合所有制并购长期收益 V 是并购账面收入 Sale 与并购相关成本 Cost 的差值。借鉴已有文献的研究（Grossman and Perry，1986；Schijven and Hitt，2012），Sale 是基于混合所有制并购产生的各类账面收入，与混合所有制并购相关成本 Cost 包括并购定价 B，资本成本 WACC，整合费用 $\ln(A_2 \times \alpha)$，中介费用 $A_1 \times \beta$。其他相关变量定义见表 5-1。混合所有制并购长期收益模型如式（5-2）所示。

$$V=\text{Sale}-[B+B \times \text{WACC}+A_1 \times \beta+\ln(A_2 \times \alpha)] \qquad (5-2)$$

混合所有制并购短期收益 CAR：借鉴已有文献（Healy et al.，1992；周小春和李善民，2008；陈仕华等，2013），CAR 是交易特征交易定价 B、收购方获得控制权的股权比例 S、收购方和目标公司规模比率 D 的函数。收购方获得控制权的股权比例 S 为并购定价 B 与目标公司净资产评估值 M_1 的比率，$S=B/M_1=B/[A_1 \times (1-Lev_1) \times r]$，即 S 为 B 的函数。收购方和目标公司规模比率 D 为收购方账面总资产 A_2 与目标公司净资产评估值 M_1 的比率，$D=A_2/M_1=A_2/(B/S)$，即 D 为 B 的函数。因此，CAR 既是上述三大交易特征值的函数 $\text{CAR}=f(B,S,D)$，也是并购定价的函数 $\text{CAR}=f(B)$，将交易特征综合效应指数 t 嵌入混合所有制并购短期收益模型中，可以构建 CAR 与 B 之间的函数，如式（5-3）所示。

$$\text{CAR}=f(B)=B \times t \qquad (5-3)$$

将模型式（5-2）与式（5-3）代入模型式（5-1），得到混合所有制并购博弈模型的收益最大化函数式（5-4）。

$$\pi=(Sale+B\times t)-[B+B\times WACC+A_1\times\beta+\ln(A_2\times\alpha)] \tag{5-4}$$

对模型式（5-4）中的 B 求一阶导数，得到 π 对 B 的一阶导数模型式（5-5）。

$$\mathrm{d}\pi/\mathrm{d}B=t-(1+WACC) \tag{5-5}$$

当收益最大化时，此点为模型式（5-4）的极值点，其一阶导数为 0，模型式（5-5）可演化为 $t=1+WACC$，同时，由模型式（5-3）可知 $t=CAR/B$。至此，推导出混合所有制并购博弈模型式（5-6）。

$$CAR=B\times(1+WACC) \tag{5-6}$$

根据混合所有制并购博弈模型式（5-6），本章提出混合所有制并购博弈论假说：交易定价是混合所有制并购博弈的焦点，基于收购方的视角，交易定价是根据其预期市场超额报酬而做出的，并且由于企业资源的稀缺性，交易定价存在资本成本。因此，预期市场超额报酬是混合所有制并购交易定价与资本成本的函数。

5.3　实　证　研　究

5.3.1　可验证的假设

并购交易定价是影响企业并购成功的关键因素。根据有效市场理论，交易定价应当是能够准确全面反映目标公司资产与未来收益的市场价值，但过去 30 多年并购实践的经验数据表明，收购方支付的交易定价往往远高于目标公司的股票市场价值或公允价值，并购溢价率较高。因此，在交易定价与并购绩效的关系研究中，有研究者将并购溢价作为交易定价的代理变量，并且从市场竞争假说、协同效应假说、委托代理假说等研究维度论证了并购溢价产生的原因（Slusky and Caves，1991）。Bradley 等（1988）认为目标公司股东往往是并购交易最大的受益者，长期而言，收购方股东的收益较低甚至面临损失，如果将收购方和目标公司的股东收益合并起来考虑，可以计算出更综合的协同效益（Wang and Xie，2009；吕长江和韩慧博，2014）。在我国股权分置改革后，股份支付、股份和现金的混合支付已成为交易定价的最主要支付方式[①]，"收购方-目标公司-收购方控股股

---

① 根据深圳证券交易所公司管理部副总监段亚林博士的《上市公司重大资产重组规则及审核要点》报告显示，以定向增发为代表的新增股份支付是重大资产重组中最常见的支付方式。

东 – 目标公司原股东"四方关系存续于并购后公司中，交易定价并没有立即形成企业的实质性现金成本支出，而转化为战略投资者的投资，继续留存于企业中支持企业发展，这使并购溢价与并购绩效从对立面逐渐走向融合。Bradley 等（1988）、Wang 和 Xie（2009）用并购溢价与并购绩效共同构建了并购协同效益的计量模型，具体而言，对目标公司股东获得的并购溢价与收购方股东获得的并购事件宣告窗口期的短期市场绩效分别赋予权重，通过构建投资组合模型，测算并购的协同效益。本章认为，混合所有制并购溢价与并购绩效的关系更可能是一个有机体而非对立面，基于现有文献基本都支持并购事件前后的市场反应较好的结论（Sharma and Ho，2002；Bhaumik and Selarka，2012；张新，2003；王艳和李善民，2017），并且短期市场绩效具有预测长期账面绩效和在并购事件宣告窗口期率先体现的特点（Healy et al.，1992；翟进步等，2010），同时受到上述并购协同效益模型（Bradley et al.，1988；Wang and Xie，2009；吕长江和韩慧博，2014）的启发，本章扩展了模型式（5-6）的研究假说，认为收购方可获得的混合所有制并购短期市场绩效是并购溢价的函数，并得到如下可验证的 H。

H：控制其他因素影响后，并购溢价率越高，混合所有制并购短期市场绩效越大。

5.3.2　实证研究设计

1. 样本选择

选取在上海证券交易所、深圳证券交易所上市的我国 A 股国有上市公司在 2007～2017 年的所有混合所有制并购事件作为初始样本[①]，国有上市公司相关数据来源于国泰安（China stock market & accounting research，CSMAR）数据库。根据研究需要，参考已有文献的研究（吴超鹏等，2008；王化成等，2011），对样本进行如下筛选：①剔除金融类样本；②剔除并购交易金额低于 100 万元的样本；③剔除并购后收购方股权比例不足 30% 的样本；④剔除相关数据缺失样本。最终得到 3520 个样本值。为消除异常值对实证结果的影响，本章对所有连续变量进行了上下 1% 的 winsorize 处理。

2. 模型设定与变量说明

为了对研究假设进行检验，本章沿用模型式（5-6）中的两个变量作为实证研究的被解释变量（混合所有制并购短期收益）和解释变量（混合所有制并购交易定价），而资本成本仅作为控制变量。解释变量中用混合所有制并购溢价作为交

---

① 由于我国于 2006 年底基本完成了股权分置改革，因此，本章研究选取的研究样本期间起点为 2007 年。

易定价的代替变量；控制变量中，除了用公司资本成本作为交易定价资本成本的代替变量，还根据相关研究文献（Malmendier and Tate，2008；李善民和刘永新，2010；李善民等，2019）筛选了影响混合所有制并购短期收益的主要控制变量，使用收购方并购溢价与收购方并购短期市场绩效变化进行如下方程的回归。

$$CAR_{i,t}=\beta_0+\beta_1 Outprice_{i,t}+\beta_2 WACC_{i,t}+\beta_3 TobinQ_{i,t-1}+\beta_4 CFO_{i,t-1}+\beta_5 MB_{i,t-1}+\beta_6 Growth_{i,t-1}$$
$$+\beta_7 Size_{i,t-1}+\beta_8 Lev_{i,t-1}+\sum INDUSTRY+\sum YEAR+\varepsilon_{i,t} \tag{5-7}$$

其中，被解释变量为短期并购绩效，使用累积超额收益率（CAR）计算得到。把并购首次公告日确定为第 0 天，采用市场模型法计算。本章选取[-240,-11]作为市场模型估计的清洁期，事件期窗口确定为混合所有制并购前后十天[-10,10][1]。借鉴 Ittner 和 Larcker（1998）的方法，根据资本资产定价（CAPM）理论模型 $CAR_{it}=\sum_{t=-10}^{10} AR_{it}(\widehat{\alpha}_i+\widehat{\beta}_i R_{mt})$ 计算得到。其中，R_{mt} 为市场指数收益率，$\widehat{\alpha}_i$ 和 $\widehat{\beta}_i$ 为清洁期内公司股票收益率与市场指数收益率通过 OLS 回归得到的回归系数，$\widehat{R}_{it}=\widehat{\alpha}_i+\widehat{\beta}_i R_{mt}$，$\widehat{R}_{it}$ 表示公司同期如果不发生并购的预期收益率；AR_{it} 是事件期内每日样本股票的实际收益率 R_{it} 与预计收益率 $\widehat{R}_{it}$ 之间的差值，$AR_{it}=R_{it}-\widehat{R}_{it}$；$CAR_{it}$ 为事件期内各天异常收益率 AR_{it} 的加总，$CAR_{it}=\sum_{t=-10}^{10} AR_{it}$。

主要解释变量为收购方的混合所有制并购溢价（Outprice）。我国的并购交易以目标公司的净资产评估值为基准，通过协议转让的方式进行，沿用唐宗明和蒋位（2002）的测量方法，用如下公式计算：混合所有制并购溢价=[（并购交易定价/收购股权比例）-目标公司账面净资产]/目标公司账面净资产，并对其取自然对数。控制变量中，资本成本的计算参考了林钟高等（2015）的方法，债务成本是首先从总负债中剔除不需要计息的经营性流动负债，得到总有息负债，再将总有息负债分为长期负债与短期金融负债[2]；权益成本借鉴 Francis 等（2005）的测量方法，用公司市盈率（P/E）的倒数计算。资本成本的计算公式为 $WACC=K_{dl}(1-t)\dfrac{B_l}{B_l+B_s+E}+L_{ds}(1-t)\dfrac{B_s}{B_l+B_s+E}+K_e\dfrac{E}{B_l+B_s+E}$，$B_l$ 和 B_s 分别为长期负债和短期金融负债，E 为所有者权益，K_{dl} 为长期负债成本，L_{ds} 为短期金融负债成本，K_e 为权益成本，t 为公司所得税税率。其余控制变量均借鉴已有文献研究（Moeller et al.，2004；

---

① Servaes（1991）选取了-210 天到-11 天；事件期的选取借鉴了刘笑萍等（2009）、翟进步等（2010）的文献。

② 短期金融负债成本和长期负债成本的计算借鉴了姜付秀和陆正飞（2006）的研究，前者按照当年人民银行公布的一年期贷款基准利率进行计算，后者按照当年人民银行公布的三年至五年中长期贷款基准利率进行计算。

Malmendier and Tate，2008；李善民和刘永新，2010；李善民等，2019），主要变量定义及说明如表 5-2 所示。

表 5-2　主要变量定义及说明

变量类型	变量代码	变量定义	计算公式及相关说明
被解释变量	CAR	并购短期收益	混合所有制并购首次公告日前后[-10,10]窗口期计算的累积超额收益率
解释变量	Outprice	并购溢价	首先通过公式：混合所有制并购溢价=[（并购交易定价/收购股权比例）−目标公司账面净资产]/目标公司账面净资产计算得到并购溢价，再取其自然对数
控制变量	WACC	资本成本	债务资本成本与权益资本成本的加权平均值
	TobinQ	托宾 Q 值	收购方总市值与除无形资产和商誉外的总资产之比
	CFO	现金流	收购方经营性现金流与总资产之比
	MB	市账比	收购方市值与账面股东权益之比
	Growth	营业收入增长率	收购方当年营业收入增长额与上年营业收入额之比
	Size	公司规模	收购方总资产的自然对数
	Lev	公司财务杠杆	收购方总负债与总资产之比
	INDUSTRY	行业	行业虚拟变量
	YEAR	年份	年度虚拟变量

3. 描述性统计及相关性分析

表 5-3 为主要变量的描述性统计。结果显示，国有企业进行混合所有制并购的样本具有正面市场反应，$CAR_{[-10,10]}$ 的均值为 0.212，表明混合所有制并购具有较好的短期市场绩效表现。Outprice 的均值为 5.941，最小值为 2.788，最大值为 10.123，这是对混合所有制并购溢价取自然对数的结果，结果表明不同混合所有制并购事件的并购价格差异较大。WACC 的均值为 0.028，低于 5 年期借款利率（0.0755）4.75 个百分点，这在一定程度上也显示了混合所有制并购交易使并购企业获得了超额报酬，市场估值提升，权益成本下降，加权资本成本保持较低水平。

表 5-4 为相关性分析，上三角为 spearman 相关系数，下三角为皮尔逊相关系数，结果显示主要变量间的相关系数均小于 0.8。表 5-5 为方差膨胀因子分析，结果显示市账比 $MB_{i,t-1}$ 的方差膨胀系数（variance inflation factor，VIF）值最大，为 5.43，远低于临界值 10。表 5-4 和表 5-5 的检验结果表明主要变量间不存在多重共线性问题。

表 5-3　描述性统计

变量	样本量	均值	标准差	最小值	中值	最大值
$CAR_{[-10,10]}$	3520	0.212	0.280	−0.315	0.187	0.768
$Outprice_{i,t}$	3520	5.941	1.081	2.788	5.733	10.123
$WACC_{i,t}$	3520	0.028	0.017	0.004	0.026	0.120
$CFO_{i,t}$	3520	0.042	0.081	−0.240	0.041	0.235
$Size_{i,t-1}$	3520	21.094	0.938	19.661	20.959	25.735
$Growth_{i,t-1}$	3520	0.518	1.745	−0.657	0.155	15.440
$TobinQ_{i,t-1}$	3520	2.326	1.367	0.972	1.858	6.668
$MB_{i,t-1}$	3520	0.578	0.228	0.166	0.588	1.077
$Lev_{i,t-1}$	3520	0.383	0.218	0.042	0.351	0.848

表 5-4　相关性分析

变量	$CAR_{[-10,10]}$	$Outprice_{i,t}$	$WACC_{i,t}$	$CFO_{i,t}$	$Size_{i,t-1}$	$Growth_{i,t-1}$	$TobinQ_{i,t-1}$	$MB_{i,t-1}$	$Lev_{i,t-1}$
$CAR_{[-10,10]}$	1.000	0.125***	−0.092***	−0.014***	−0.009*	0.008	−0.147***	0.088***	0.082***
$Outprice_{i,t}$	0.125***	1.000	−0.159***	−0.028***	−0.035***	−0.049***	0.077***	−0.066***	−0.086***
$WACC_{i,t}$	−0.092***	−0.159***	1.000	0.179***	0.670***	0.125***	−0.439***	0.596***	0.521***
$CFO_{i,t}$	−0.014***	−0.028***	0.179***	1.000	0.140***	−0.093***	−0.089***	0.044***	0.093***
$Size_{i,t-1}$	−0.009*	−0.035***	0.670***	0.140***	1.000	0.019***	−0.470***	0.620***	0.564***
$Growth_{i,t-1}$	0.008	−0.049***	0.125***	−0.093***	0.019***	1.000	0.017***	0.017***	0.093***
$TobinQ_{i,t-1}$	−0.147***	0.077***	−0.439***	−0.089***	−0.470***	0.017***	1.000	−0.856***	−0.293***
$MB_{i,t-1}$	0.088***	−0.066***	0.596***	0.044***	0.620***	0.017***	−0.856***	1.000	0.372***
$Lev_{i,t-1}$	0.082***	−0.086***	0.521***	0.093***	0.564***	0.093***	−0.293***	0.372***	1.000

*表示 $p<0.1$，***表示 $p<0.01$

表 5-5　VIF 检验

变量	VIF	VIF 平方根	容忍度	R^2
$Outprice_{i,t}$	1.04	1.02	0.960	0.040
$WACC_{i,t}$	2.32	1.52	0.430	0.570
$CFO_{i,t}$	1.08	1.04	0.926	0.074
$Size_{i,t-1}$	2.43	1.56	0.412	0.588
$Growth_{i,t-1}$	1.05	1.02	0.955	0.045
$TobinQ_{i,t-1}$	3.99	2.00	0.251	0.749
$MB_{i,t-1}$	5.43	2.33	0.184	0.816
$Lev_{i,t-1}$	1.57	1.25	0.638	0.362

4. OLS 回归分析

本章通过模型式(5-7)检验混合所有制并购溢价与并购短期市场绩效的关系，以此来验证本章所提出的混合所有制并购博弈模型。表 5-6 列示了混合所有制并购溢价与并购短期市场绩效的回归分析结果，第（1）列报告了不加入任何控制变量的情形下混合所有制并购溢价与并购短期市场绩效的回归结果，第（2）列报告了加入资本成本后混合所有制并购溢价与并购短期市场绩效的回归结果，第（3）列报告了加入资本成本及收购方公司层面控制变量后混合所有制并购溢价与并购短期市场绩效的回归结果，第（4）列报告了加入所有控制变量及年度和行业虚拟变量后混合所有制并购溢价与并购短期市场绩效的回归结果。结果显示无论是否加入控制变量，混合所有制并购溢价与并购短期市场绩效均在 1%的显著性水平上正相关，验证了 H，混合所有制并购溢价越高，混合所有制并购短期市场绩效越高。公司资本成本与混合所有制并购短期市场绩效均呈显著负相关，说明近年来投资者趋于理性，在支持混合所有制并购溢价高的基础上，对资本成本更低的并购事件更为支持。同时，这一实证结果也验证了本章提出的混合所有制并购博弈模型，混合所有制并购博弈是围绕交易定价展开的，混合所有制并购带来的市场超额报酬是交易定价与资本成本的函数。此外，第（4）列回归结果显示，Lev 回归系数显著为正，Growth 回归系数显著为负，说明市场更青睐规模较大而成长较慢的国有企业的并购活动，混合所有制并购短期市场绩效较高。现金流与混合所有制并购短期市场绩效呈显著负相关，可能是对于现金流为负的公司，投资者预期混合所有制并购整合可能更好，更有可能通过混合所有制并购产生协同效应，因此市场对并购事件的反应较好。综合上述分析，实证结果支持了 H，也支持了本章提出的混合所有制并购博弈模型。

表 5-6　混合所有制并购溢价与并购短期市场绩效的回归分析结果

变量	（1）	（2）	（3）	（4）
	$CAR_{[-10,10]}$	$CAR_{[-10,10]}$	$CAR_{[-10,10]}$	$CAR_{[-10,10]}$
$Outprice_{i,t}$	0.032*** （24.79）	0.029*** （22.24）	0.031*** （24.32）	0.022*** （17.01）
$WACC_{i,t}$		−1.196*** （−14.43）	−3.831*** （−31.77）	−3.900*** （−32.74）
$CFO_{i,t}$			−0.045*** （−22.35）	−0.025*** （−12.98）
$Size_{i,t-1}$			0.030** （2.19）	0.131*** （9.06）
$Growth_{i,t-1}$			0.025 （1.42）	−0.169*** （−9.58）

续表

变量	（1）	（2）	（3）	（4）
	CAR$_{[-10,10]}$	CAR$_{[-10,10]}$	CAR$_{[-10,10]}$	CAR$_{[-10,10]}$
TobinQ$_{i,t-1}$			0.005*** （6.57）	0.001 （1.29）
MB$_{i,t-1}$			−0.019*** （−8.59）	−0.032*** （−13.36）
Lev$_{i,t-1}$			0.226*** （28.77）	0.254*** （31.78）
Intercept	0.019** （2.40）	0.071*** （8.17）	0.540*** （12.22）	0.872*** （17.93）
YEAR$_t$	No	No	No	Yes
INDUSTRY$_i$	No	No	No	Yes
样本量	3520	3520	3520	3520
调整 R^2	0.016	0.021	0.086	0.226
F	614.42***	412.91***	453.05***	416.94***

注：括号内为回归 t 值

表示 p<0.05，*表示 p<0.01

5. 稳健性检验

本章研究尝试通过改变混合所有制并购宣告的时间窗口衡量主并公司的股票累积非正常回报，检验实证结果是否稳健。以往研究表明并购事件宣告前后30 天[−30，30]是最长的并购短期市场绩效的窗口期（李善民等，2019），因此，本章研究选取混合所有制并购事件首次宣告前后 30 天作为窗口期计算 CAR$_{[-30,30]}$，重复模型式（5-7）的回归分析，回归结果如表 5-7 所示，并购溢价回归系数依然显著为正，表明实证结果具有一定的稳健性。

表 5-7　稳健性检验结果

变量	（1）	（2）	（3）	（4）
	CAR$_{[-30,30]}$	CAR$_{[-30,30]}$	CAR$_{[-30,30]}$	CAR$_{[-30,30]}$
Outprice$_{i,t}$	0.042*** （25.50）	0.040*** （24.00）	0.043*** （26.32）	0.026*** （15.60）
WACC$_{i,t}$		−0.788*** （−7.53）	−3.725*** （−24.64）	−2.911*** （−19.07）
CFO$_{i,t}$			−0.095*** （−37.99）	−0.075*** （−30.24）
Size$_{i,t-1}$			−0.241*** （−13.79）	−0.137*** （−7.37）

续表

变量	（1） CAR$_{[-30,30]}$	（2） CAR$_{[-30,30]}$	（3） CAR$_{[-30,30]}$	（4） CAR$_{[-30,30]}$
Growth$_{i,t-1}$			0.063*** （2.86）	－0.062*** （－2.77）
TobinQ$_{i,t-1}$			－0.005*** （－5.06）	－0.010*** （－9.54）
MB$_{i,t-1}$			－0.001 （－0.20）	－0.013*** （－4.33）
Lev$_{i,t-1}$			0.242*** （24.61）	0.239*** （23.27）
Intercept	－0.005 （－0.50）	0.029*** （2.67）	0.377*** （6.80）	0.757*** （12.15）
YEAR$_t$	No	No	No	Yes
INDUSTRY$_i$	No	No	No	Yes
样本量	3520	3520	3520	3520
调整 R^2	0.017	0.018	0.097	0.201
F	650.34***	353.96***	516.01***	359.03***

注：括号内为回归 t 值

***表示 $p<0.01$

5.4　研 究 结 论

　　本章研究运用契约经济学和信息经济学理论，基于收购方的视角构建混合所有制并购双方博弈模型，研究结论认为，交易定价是混合所有制并购博弈的焦点，就收购方而言，交易定价是基于对股票市场预期超额报酬做出的策略，由于企业资源的稀缺性，在交易定价策略中需考虑资本成本，预期市场超额报酬是交易定价与资本成本的函数。在构建数学模型的基础上，用中国 A 股国有上市公司的混合所有制并购经验数据进行实证分析，并探究混合所有制并购博弈中交易定价策略的预期市场收益实现情况。实证结果支持了本章研究的理论与数学模型。研究结果表明，混合所有制并购溢价率越高，并购短期市场绩效越好。在信息不对称和参与人有限理性的情况下，收购方以总收益最大化理性目标开展并购博弈，在短期市场超额报酬预期与交易定价的交叉点达到博弈均衡状态，在预期市场超额报酬实现过程中，对于混合所有制并购溢价高的并购事件，短期市场超额报酬会越高。本章的研究结果说明混合所有制并购交易定价是能够解释混合所有制并购可以为国有企业创造收益的重要影响因素，为国有企业混合所有制并购价值创造研究提供了新的经验证据。

同时，也应该认识到，混合所有制并购交易定价过高，将会引发一系列的风险。Fu 等（2013）发现，市场时机下企业的股票价格偏高，收购方会接受并购溢价偏高的交易，这会滋生并购方管理层的第一类代理问题，在市场时机下管理层极有可能与卖方合谋，用高溢价并购目标公司以实现自己的私利，并购交易完成后，并购难以实现长期绩效提升并创造并购价值。并购溢价过高还会带来商誉高估的问题（杨威等，2018；刘超等，2019），2018 年我国资本市场发生的大规模商誉减值和商誉"爆雷"事件，也说明了理性并购的重要性和稳健性。未来，该研究应当研究这类混合所有制并购溢价下的风险问题，为混合所有制并购重组的可持续发展提供更多的决策支持。

第6章 信任机制、创新能力与并购价值：基于国有企业混合所有制并购的实证研究

本章使用 1998～2011 年中国国有上市公司以混合所有制并购完成重大资产重组的数据，分析了信任机制、创新能力与并购价值之间的关系。信任机制与创新能力影响着国有企业混合所有制并购价值的创造，本书检验了国有企业创新能力与混合所有制并购价值之间的关系，发现混合所有制并购后国有企业创新能力提升对创造并购价值有重要作用，而且这种作用与信任机制密切相关。按照两阶段最小二乘法（two stage least square，2SLS）模型进行两阶段回归，发现以国有企业诚信文化为核心的内部信任机制通过促进组织内外知识被不断利用提高企业创新能力，国有企业越诚信，创新能力提升对企业混合所有制并购价值创造的促进作用越突出。在稳健性检验中，使用结构方程验证了创新能力在诚信文化影响企业混合所有制并购价值过程中的中介效应。本书的研究表明，虽然中国制度环境不完善，但国有企业仍可以通过诚信文化建设与创新能力提升在混合所有制并购中创造企业并购价值。

6.1 引　　言

中国并购浪潮已经历了五个阶段，其中第五阶段自 2005 年 4 月开始，此时的股权分置改革标志着中国资本市场的成熟化发展趋势。根据 CSMAR 数据库与 Wind 数据库统计，以收购兼并为主的扩张式并购成为资产重组的主要类型①，可见越来越多的上市公司希望通过并购优化资源配置，实现企业成长战略。然而，在并购实践中，却存在"并购损益之谜"，并购交易事件能够带来好的短期市场绩效，但是如果将事件窗口期延续到并购后，就会发觉并购带来的超额市场报酬率难以维持，甚至引起并购长期市场绩效下降及并购失败（Malmendier and Tate，2008）。由此产生疑问，既然并购难以为企业创造价值，为什么国家政府一直以

---

① Wind 数据库对上市公司资产重组分为四类——收购兼并、股权转让、资产剥离、资产置换。收购兼并的定义为上市公司对目标资产和产权的整体或者对部分实物资产、部分经营权、部分股权的收购，即上市公司为收购方，本章研究收购兼并类资产重组，简称并购。

来都大力推崇国有企业以混合所有制并购的形式进行混合所有制改革呢？从企业理论资源观与能力观的视角而言,企业并购价值与利益相关者利益实现程度相关,并且是利益相关者信任和企业创新能力的增函数（Jefferson et al.，2006；Moatti et al.，2015）。利益相关者中收购方股东的利益通过市场绩效和账面绩效实现,目标公司股东利益主要通过并购溢价实现,其他利益相关者利益通过账面绩效实现。本章根据利益相关者的共容利益①设计信任机制,但面临并购溢价与利益相关者共容利益内涵不一致的问题,基于此,本书将以股份支付为主要支付方式,并将形成重大资产重组的国有企业混合所有制并购事件从收购兼并类事件中区分出来,以并购市场绩效与账面绩效为并购溢价的代理变量,研究股东作为最大利益共容者,通过短期市场绩效首先嵌入股东信任,其他利益相关者基于股东信任的示范效应建立信任机制,并研究根据利益相关者利益实现程度建立的信任机制与国有企业混合所有制并购价值创造之间的关系。

企业核心能力是企业将分散的技术和技能协调并有机结合而形成的独特创新能力,核心能力转移与融合、创新能力提升是企业创造并购价值的最主要因素。相对于企业内生成长,创新能力在组织边界扩展的环境中形成,并购整合中的信任机制将影响创新能力提升度（Colla et al.，2013）。为此,本书考察信任机制在创新能力提升与国有企业混合所有制并购价值创造中的作用方式和路径。进一步,在内生性分析与稳健性检验中,通过辨析得出企业诚信文化是利益相关者信任之外的一种信任机制,并且创新能力在诚信文化影响国有企业混合所有制并购价值创造的过程中发挥中介效应,为研究关于信任机制、创新能力与国有企业混合所有制并购价值创造之间的关系提供了直接证据。

相比已有的研究,本书贡献体现在以下几个方面。第一,本书将信任机制分为外层机制与内层机制,外层信任机制通过利益相关者共容利益体现,内层信任机制通过企业诚信文化反映,这深化了已有研究对新制度经济学理论中的正式制度与非正式制度的认识,拓展了信任机制对企业并购价值创造影响的过程与路径研究（Hutton et al.，2015）。同时,通过股份支付方式完成的并购会将目标公司股东纳入共容利益体,并购溢价不再作为成本要素考虑,排除管理者自大假说和财富转移理论的干扰,使并购动机聚焦企业价值创造,延展了已有文献对股份支付主要运用于并购支付方式的研究范畴（谢纪刚和张秋生,2013）。第二,已有文献对国有企业混合所有制并购中的企业文化研究较少,多数研究将企业文化作为固定效应,通过面板数据的固定效应模型将其排除而不是解析,但混合所有制并购带来了组织边界的扩展,在组织环境变化的过程中企业文化形成了外生冲击,

---

① 曼瑟·奥尔森在《权利与繁荣》中提出共容利益一词,在企业并购中,如果并购成功,股东获利将占并购创造企业价值的大部分,但如果并购失败,股东损失将最惨重,是最重要的共容利益者。

已注意到这一点的学者的研究主要集中在并购组织间的差异度与融合度方面（周小春和李善民，2008），这些研究将并购双方的组织融合程度与公司价值、公司风险等进行回归，未能分析企业文化作用的途径与机制。本书通过收集并购当事人并购前后三年企业违法违规事件，测量企业诚信文化，通过 2SLS 回归模型进行企业创新能力的内生性分析，识别出影响国有企业混合所有制并购价值的遗漏变量——诚信文化，并在稳健性检验中论证创新能力在诚信文化影响国有企业混合所有制并购价值中的中介效应，这有助于更好地认识企业文化在国有企业混合所有制并购中的作用方式与路径。第三，在现有关于企业并购价值的影响因素研究中，信任机制与创新能力为独立研究范畴，尚无文献研究信任机制与创新能力对企业并购价值的共同作用机制，尤其是在国有企业混合所有制并购研究领域中。本书发现，信任机制使并购创新能力提升对国有企业混合所有制并购价值创造的促进作用更显著，这种信任机制来自企业内层的诚信文化而非外层的利益相关者共容利益，这有助于解开国有企业混合所有制并购实践中的"并购损益之谜"。

6.2　文　献　回　顾

6.2.1　信任与企业价值

20 世纪 90 年代以来，企业的快速发展使研究者着眼于微观经济个体内的信任与企业价值间的关系研究，Barney 和 Hansen（1994）发现无论是法人组织内部还是网络组织内部，信任度高对企业竞争力均有促进作用。信任机制还会转换为组织行为，影响个人的行为模式，即便这个个体是管理者（Lioukas and Reuer，2015）。实证研究者 Guiso 等（2008）发现信任影响股票市场投资人的参与度，信任度较高地区的投资者比信任度较低地区的投资者更愿意对股票等高风险资产进行投资（Ahern et al.，2015）。

总体而言，现有文献主要以微观经济个体内的信任和关系资本测量企业信任度，进而考察信任与企业价值之间的关系，关于在伴随并购带来的组织边界扩展过程中，企业外部利益相关者信任与内部信任文化对并购价值的影响，缺乏深入探讨。

6.2.2　创新与企业核心能力

菲力浦・哈斯普斯劳格（Philippe Haspeslagh）和大卫・杰米逊（David Jemison）最先研究企业核心能力与并购，在他们 1993 年合著出版的 *Managing Acquisition: Creating Value Through Corporate Renewal* 一书中，他们认为核心能力建设是战略管理的最核心命题，生产要素之间的关系形成了资源，资源与资源的内在联系促成了能力形成，而核心能力转移是并购成功，即并购创造企业价值的最主要因素。Ahuja 和 Katila（2001）发现并购双方的知识相关性与并购后企业创新产出呈非线性关系，当目标公司知识积累大于主并公司或与主并公司原知识积累形成互补时，主并公司有能力对来自目标公司的创新进行整合，使外部创新机制内化为以开发新产品为表征的自主创新能力，主并公司与目标公司的知识与核心能力将得到有效整合，并购将为企业创造价值（于开乐和王铁民，2008）。Hall（2002）指出企业创新活动产出具有高度不确定性，这使创新投入产出过程蕴含着信息不对称特征，研发活动作为商业机密一般不对外披露，而创新产出又多表现在无形资产、商誉或无法纳入财务会计报表的企业文化等多形态资产中，并且与组织资本的形成与积累有关，难以完全度量，这使投资者难以有效监督企业的创新能力投入产出水平（鞠晓生等，2013）。

总而言之，现有研究对创新能力与企业并购价值进行了相关研究，但是尚缺乏从信任的视角研究创新能力与企业并购价值的关系。本书立足于混合所有制改革的大背景，通过企业诚信文化测度国有企业内层信任机制，考察企业创新能力与信任的关系及影响国有企业混合所有制并购价值创造的方式，补充了这一研究领域的文献。

6.3　研究假设

6.3.1　混合所有制并购与企业价值创造

赛罗沃（Sirower）在其 1997 年出版的 *The Synergy Trap: How Companies Lose the Acquisition Game* 一书中指出并购中的协同效应一旦被收购方预期，那么预期的并购价值创造将以并购溢价的形式反映出来，并购创造的企业价值为协同效应创造的企业价值与并购溢价之差。资本逐利的本质动机使并购当事人热衷于协同效应并购，但并购溢价过高的同时会致使主并公司最终陷于并购协同效应的陷阱，经验数据表明并购难以创造企业价值就是证据之一（Schijven and Hitt，2012）。本书认为，如果国有企业混合所有制并购价值包含并购溢价，利益相关者[①]的利益实现时间与利益分配基础趋于一致，那么就可以通过协同效应考察国有企业混合所有制并购动机与企业价值之间的关系。

---

① Jensen 和 Meckling（1976）认为契约关系是企业的本质，基于本章站在企业并购的视角研究利益相关者关系，将并购当事人收购方和目标公司定义为并购企业，将股东、债权人、供应商与客户定义为企业利益相关者，其中股东为所有权利益相关者，与企业经济往来的其他群体，如债权人、供应商与客户为经济依赖性利益相关者（Hannan and Freeman，1984）。

在以重大资产重组为并购类型、股份支付为对价主要支付方式的并购中，利益相关者利益实现的时间将趋于一致[①]。在重大资产重组类并购中，目标公司是收购方的重要子公司，并购协同效应主要体现在财务、经营与管理协同中，使并购创造的企业价值易于测量。股份支付使并购企业具有交叉持股的股权结构，定向增发股份持有期三年的规定将促使股东致力于公司治理和企业价值创造（章卫东，2010）。

同时，在以重大资产重组为并购类型、股份支付为对价主要支付方式的国有企业混合所有制并购中，利益相关者利益分配基础将趋于一致。协同效应通过提高资源配置效率创造企业价值，利益相关者在企业价值实现的基础上进行利益分配。现代公司财务理论中，企业价值评估通常以预期经营活动现金流入净现值为基础，经营性现金流是公司盈余的重要组成部分，与企业价值密切相关。一个企业要长足发展，需要有充足的资金满足投资和扩张的需要，在完全有效的资本市场中，内源融资与外源融资应该不会影响公司的价值评估，但是在信息不对称的不完全有效资本市场中，为防止代理行为和机会主义行为倾向，外源资本提供者将索取更高的投资回报率作为补偿（Fan et al., 2012）。

总之，在股份支付类并购重组中，利益相关者利益实现时间与利益分配基础趋于一致，国有企业混合所有制并购通过提升企业经营性现金流水平，可以创造企业价值。本章提出 H1。

H1：国有企业混合所有制并购通过提升经营性现金流水平创造企业价值。

6.3.2　利益相关者信任、创新能力与国有企业混合所有制并购价值

国有企业混合所有制并购使两个不同的组织——国有企业和民营企业扩展与融合为另一个新的组织，新的契约使企业利益相关者形成了新的利益网络，在共容利益体中，作为最大利益共容者的股东的信任是最主要的，而且具有示范效应（Graebner，2009）。如果在国有企业混合所有制并购交易中股东表示出对并购的信任与支持态度，其他利益相关者也会基于利益预期表现出对并购交易的信任并开展合并，在并购后，股东基于所有权利益和作为共容利益体代表，会运用自身的权利使正式制度发挥完全效力，不完全契约得到公正履行，利益相关者在企业并购价值创造的基础上实现与分配共容利益（Moatti et al., 2015）。因此，在以

[①]《上市公司重大资产重组管理办法》规定了重大资产重组的范围：购买、出售的资产总额占上市公司最近一个会计年度经审计的合并财务会计报告期末资产总额的比例达到 50% 以上；购买、出售的资产在最近一个会计年度所产生的营业收入占上市公司同期经审计的合并财务会计报告营业收入的比例达到 50% 以上；购买、出售的资产净额占上市公司最近一个会计年度经审计的合并财务会计报告期末净资产额的比例达到 50% 以上，并且超过5 000 万元。《上市公司证券发行管理办法》规定：上市公司非公开发行股票时，董事会拟引入的境内外战略投资者，其认购的股份自发行结束之日起三十六个月内不得转让。

股东利益为代表的共容利益实现过程中，利益相关者嵌入信任机制，将促进国有企业混合所有制创造企业价值。

并购是实现企业快速成长和多元化发展战略目标的主要途径，并购中的开放式创新也被认为是获取新技术和提高产能的有效途径。Eisfeldt 和 Papanikolaou（2013）认为并购带来的创新虽然不是自主式创新，但并购双方的原有创新能力通过并购，成了企业的内部要素，这为企业实现自主创新创造了条件和动力，为技术与研发的投入产出带来了新的生产函数，企业创新能力的提高促使并购创造企业价值（鲁桐和党印，2014）。

Colla 等（2013）认为，在信息不对称的环境中，并购从动机形成到整合完成时间较长，正式制度的不完全性使利益相关者可能对自己的权益受保护程度变得信心不足，利益相关者的有限理性可能破坏共容利益的有效均衡状态，使利益相关者信任度与合作程度下降，并购难以创造企业价值。同理，Hall（2002）认为在企业创新投入与产出过程中，外部人面临更严重的信息不对称，创新投入作为商业秘密一般不会被披露，并且创新能力产出作为无形资产依附于人力资本和组织资本中，难以度量。创新"知识"主要蕴含在研发人员上，一旦研发人员流失，知识的所有权将不再属于企业，成为企业的沉没成本，并且创新能力商业化的时间较长，收益不能在短期内准确衡量，这使并购中创新能力对企业价值的作用难以测量（鞠晓生等，2013）。既然企业价值创造型并购与财富转移型并购是两种异质性并购，共容利益在企业价值创造的基础上可以实现有效均衡，如果在并购整合中企业创新能力提升，那么在信息不对称的环境中，可以增强利益相关者对共容利益实现的信心，促进并购创造企业价值。同理，在信息不对称的环境中，利益相关者的信任成为创新活动的一项监督机制，促进并购活动中的创新能力创造企业价值。

基于上述分析，本章提出 H2a 与 H2b。

H2a：在利益相关者信任的企业环境中，企业创新能力提升，促进国有企业混合所有制并购创造企业价值。

H2b：在企业创新能力强的企业环境中，利益相关者信任度提升，促进国有企业混合所有制并购创造企业价值。

6.4　研　究　设　计

6.4.1　研究样本与数据来源

本书选取在上海证券交易所、深圳证券交易所上市的我国 A 股国有上市公司1998～2011 年的混合所有制并购事件作为初始样本，主要数据来源于 CSMAR 和中国经济研究中心（China center for economic research，CCER）数据库，进一步讨论中的诚信文化根据 Wind 数据库进行完善。根据研究需要，参考吴超鹏等（2008）的研究，本章对样本进行如下筛选：①剔除金融类收购方企业；②选择并购类型为重大资产重组；③支付对价的支付方式为股份支付、股份支付与现金支付构成的混合支付；④剔除收购方上市时间距并购事件首次公告日不足三年的样本；⑤剔除收购方并购事件首次公告日后不满三年已退市的样本，保证并购前后三年数据完整；⑥剔除暂停上市的 ST 公司并购成功，扭亏复牌首日不设涨跌幅限制的样本，保证上市公司市场超额收益率具有可比性。最后得到 186 个研究样本。为消除异常值对实证结果的影响，本章对主要连续变量进行上下 1%的 winsorize 处理。数据处理主要用 SAS 9.4 编程完成。

6.4.2　研究模型与变量定义

1. 混合所有制并购与企业价值创造

本书采用现金收益这一指标评价国有企业混合所有制并购价值创造，选取该指标的原因如下。第一，企业现金流量折现评估价比较接近理论界认为的企业价值（Copeland et al.，1991）；第二，收购方以股份支付的方式获得了目标公司的控制权，并购溢价成为目标公司原股东对收购方的战略投资，并购溢价需要通过并购价值创造实现，而现金收益是体现企业价值变化的最核心要素；第三，用现金收益来衡量企业价值可以避免会计操纵问题（Gregory，2005），减少会计制度与企业会计政策变更的不一致，指标更合理（李善民等，2004）。在计量模型方面，本章采用 Healy 等（1992）的模型分析混合所有制并购对国有企业价值创造的影响，检验 H1。

$$\text{Cashreturn}^{\text{adjust}}_{i,1\to3} = \alpha + \beta\text{Cashreturn}^{\text{adjust}}_{i,-1\to-3} + \varepsilon_{i,t} \qquad (6\text{-}1)$$

$\text{Cashreturn}_{i,t}$ 所蕴含的信息很多，为了减少噪声，剔除如宏观经济形势、行业特征、年度等其他因素影响，本书对其进行了分行业[①]与分年度的调整，使 $\text{Cashreturn}^{\text{adjust}}_{i,t}$ 这一指标尽可能反映公司并购事件的影响。$\text{Cashreturn}^{\text{adjust}}_{i,1\to3}$ 代表并购后 i 公司 3 个年度内的现金收益均值，$\text{Cashreturn}^{\text{adjust}}_{i,-1\to-3}$ 代表并购前 i 公司 3 个年度内的现金收益均值，斜率 β 代表现金收益的长期变化，α 表示并购引起的现金收益异常变化。Healy 等提出的模型考虑了引起变化可能存在的长期因素，并且控制了这一因素对收购后公司现金收益的影响，优于描述性统计中仅仅比较并购前后现金收益数值大小的方法。之所以选取并购后 3 年的现金收益数据，除了借鉴 Healy 等（1992）的思想，主要基于以下考虑：一是股份支付方式于 2005 年股权

---

① 行业分类遵循中国证监会的分类标准，对于制造业具体到二级分类，其他行业只分至一级。

分置改革后才主要使用,选取更长的时间来测度企业并购价值会减少样本数据,降低结论的有效性和普适性;二是已有研究表明若时间跨度太长,分红、增资等重大事件会影响并购对现金收益变化影响结果的说服力,最多不超过 5 年(Givoly and Hayn,2000)。

2. 利益相关者信任、创新能力与并购价值

1)并购短期市场绩效与股东信任测度

在并购交易中,股东利益诉求通过事件窗口期获得股票超额报酬实现,用并购短期市场绩效评价,把并购首次公告日确定为第 0 天,采用市场模型法计算。本书选取[-240,-3]作为市场模型估计的清洁期[1],事件窗口期确定为并购前后两天[-2,2]。借鉴 Ittner 和 Larcker(1998)的方法,根据资本资产定价理论模型计算。

$CAR_{it} = \sum_{t=-2}^{2} AR_{it} - (\widehat{\alpha_i} + \widehat{\beta_i} R_{mt})$,其中,$R_{mt}$ 为市场指数收益率,$\widehat{\alpha_i}$ 和 $\widehat{\beta_i}$ 为清洁期内公司股票收益率与市场指数收益率通过 OLS 回归得到的回归系数,$\widehat{R_{it}} = \widehat{\alpha_i} + \widehat{\beta_i} R_{mt}$,$\widehat{R_{it}}$ 表示公司同期如果不发生并购的预期收益率;AR_{it} 是事件期内每日样本股票的实际收益率 R_{it} 与预期收益率 $\widehat{R_{it}}$ 之间的差值,即 $AR_{it} = R_{it} - \widehat{R_{it}}$;$CAR_{it}$ 为事件期内各天异常收益率 AR_{it} 的加总,即 $CAR_{it} = \sum_{t=-2}^{2} AR_{it}$。

2)并购长期绩效与利益相关者信任测度

在并购成功后,股东利益表现为企业长期市场绩效与账面绩效,其他利益相关者利益表现为账面绩效,股东作为共容利益代表者用涵盖股票市场与账面数据的并购长期绩效 TobinQ 衡量利益相关者信任度。根据 Tobin(1969)的 TobinQ 理论,若资本是完全耐用的(即折旧率为 0),企业投资水平取决于新增资本市场价值 MV 与重置成本 RC 的比例,$Q=MV/RC$。令 MPK=资本边际成本,δ=折旧率,则资本回报率 $r = \dfrac{MPK}{MV} + \dfrac{dMV}{MV} - \delta$,当资本预期回报 $E(r)$ 与投资者期望回报率 r_k 相符时,资本市场均衡,则 $r_k = \dfrac{E(MPK)}{MV} + \dfrac{dMV}{MV} - \delta$,积分可得 $MV = \int_0^{\infty} \{E[MPK(t)]\} e^{-(\eta_k + \delta)t} dt$,由于特定情况下 MPK 为常数,则 $RC=MPK/(r+\delta)$。由此,TobinQ 可由资本边际效率、贴现率的函数表示为 $Q=(r+\delta)/(r_k+\delta)$。

TobinQ 理论将企业市场价值与账面价值有机衔接,成为本书的以利益实现度

---

[1] Servaes(1991)选取了-210 到-11 天;Travlos 和 Papaioannou(1987)选取了-136 天到-16 天作为清洁期;事件期的选择借鉴了刘笑萍等(2009)、翟进步等(2010)的文献。

为基础的利益相关者信任评价指标。尽管我国已完成股权分置改革，但计算 TobinQ 所需的资本边际效率和贴现率难以取得。Chung 和 Pruitt（1994）提出替代公式 $Q=$（MVE+PS+DEBT）/TA，其中，MVE=上市公司流通市值，PS=优先股价值，DEBT=公司负债净值，TA=公司总资产账面价值。本书采用这一方法计算 TobinQ，并进行了分行业与分年度的调整，使 $\Delta TobinQ\_diff_{i,t}^{adjust}$ 这一指标尽可能反映公司并购事件带来的利益相关者信任度变化。

3）创新能力测度

$\Delta Innov\_diff_{i,t}^{adjust}$ 表示企业的创新能力，本章使用剔除土地使用权摊销后的无形资产与商誉期末较期初值的增量测度，理由如下。第一，无形资产增加是企业创新投入的产出，可视为创新能力的综合反映（Smith，2005）。第二，并购中确认的商誉是没有实物形态、不能单独辨认与交易、能够给企业带来未来经济利益的经济资源。Holderness（2017）认为这种经济资源就是企业在过去持续经营中逐渐积累形成的核心竞争力，实质是创新能力。第三，企业的创新能力并非仅指研究与开发（research and development，R&D）支出，R&D 支出仅反映创新活动的一部分，企业创新文化、人力资本开发、开放式创新向自主创新转化的过程均没有反映在 R&D 上，无形资产和商誉比 R&D 包含更多创新能力信息（向显湖和刘天，2014）。第四，中国大部分非上市公司没有公布 R&D 数据，即使上市公司，披露信息也较少，R&D 的数据难以完整取得，由于披露信息少也难以用 Probit 模型进行合理估计。因此，本书认为剔除土地使用权的无形资产与商誉的增量是反映企业并购创新能力的较合理指标。由于不同行业和年度中无形资产与商誉可能有较大差异，本章还控制了行业与时间效应，用行业与年度调整后的数值来反映企业并购创新能力。

在主要解释变量确定的基础上，本章借鉴 Beaver 等（1980）和 Healy 等（1992）的思想，用基本模型式（6-2）来分析创新能力、利益相关者信任与国有企业混合所有制并购价值创造之间的关系，以检验 H2a 与 H2b。

$$\Delta Cashreturn\_diff_{i,1\rightarrow3}^{adjust} = \alpha + \beta_1 CAR + \beta_2 \Delta TobinQ\_diff_{i,1\rightarrow3}^{adjust} + \beta_3 \Delta Innov\_diff_{i,1\rightarrow3}^{adjust}$$
$$+ \beta_4 \Delta EPS\_diff_{i,1\rightarrow3}^{adjust} + \beta_5 RestructuringType_i \qquad (6-2)$$
$$+ \beta_6 UnderlyingType_i + \varepsilon_{i,t}$$

模型左边的被解释变量 $\Delta Cashreturn\_diff_{i,1\rightarrow3}^{adjust}$ 表示 i 公司并购后 3 年经行业年度调整后的现金收益均值的增量。

在模型中，还考虑了如下控制变量：EPS 表示每股收益，股东的利益一方面体现在股票市值中，此外账面绩效中的净利润代表了股东的剩余权益，EPS 代表每年股东持有的每股股份享有的剩余权益。因此，用并购前后 EPS 表示股东通过企业账面绩效实现的剩余权益变化（Leuz et al.，2003），同理，本章用行业与年度调整后的 EPS 在并购前后三年的均值变化 $\Delta EPS\_diff^{adjust}_{i,1\to3}$ 表示股东剩余权益的变化。以往的研究表明，收购方所有权性质、并购重组类型和目标公司的标的类型都会影响企业并购价值创造（张新，2003；陈仕华等，2013）。借鉴上述文献，本章选取了控制变量，主要变量定义如表 6-1 所示。

表 6-1　主要变量定义

变量名称	变量代码	变量定义
企业并购价值	$\Delta Cashreturn\_diff^{adjust}_{i,1\to3}$	并购后公司经行业与年度调整后经营性现金流与资产总额比值三年均值和并购前三年的变化，即 $Mean(Cashreturn^{adjust}_{i,1\to3}) - Mean(Cashreturn^{adjust}_{i,-1\to-3})$
并购短期市场绩效	CAR	并购首次宣告日前后[−2, 2]窗口期计算
并购长期绩效	$\Delta TobinQ\_diff^{adjust}_{i,t}$	并购后三年公司经行业与年度调整后 TobinQ 均值与并购前三年的变化，即 $Mean(TobinQ^{adjust}_{i,1\to3}) - Mean(TobinQ^{adjust}_{i,-1\to-3})$
创新能力	$\Delta Innov\_diff^{adjust}_{i,t}$	首先计算每年创新能力产出： $\dfrac{\Delta 无形资产 - \Lambda 土地使用权 + \Delta 商誉}{总资产_{期初}}$ 再计算并购后三年公司经行业与年度调整后创新能力均值与并购前三年变化，即 $Mean(Innov^{adjust}_{i,1\to3}) - Mean(Innov^{adjust}_{i,-1\to-3})$
股东剩余权益	$\Delta EPS\_diff^{adjust}_{i,1\to3}$	并购后三年公司经行业与年度调整后每股收益均值与并购前三年的变化，即 $Mean(EPS^{adjust}_{i,1\to3}) - Mean(EPS^{adjust}_{i,-1\to-3})$
并购重组类型	RestructuringType	资产收购取 0，资产置换取 1，吸收合并取 2，其他类型取 3
并购标的类型	UnderlyingType	资产标的取 0，股权标的取 1，资产与股权标的取 2

6.5　描述性统计与主要结果分析

6.5.1　描述性统计

1. 混合所有制并购短期绩效

按照 Ittner 和 Larcker（1998）的思想，计算并购事件带来的异常收益率 CAR

来评价国有企业混合所有制并购短期绩效。借鉴已有文献中对并购事件窗口期的选择，本书将并购事件的窗口期设定为多窗口期考察，最大的窗口期为并购前后30 天[-30,30]，最小窗口期为并购前后 1 天[-1,1]，采用市场模型法计算，多窗口CAR 值的计算结果见表 6-2，分布趋势见图 6-1。进行 T test（异于 0 的均值检验）和 Sign Test（符号秩和检验），发现 CAR 在 1%的显著性水平上大于零，表明并购事件取得了正的超额收益，赢得了股东信任。同时，图 6-1 中还显示 CAR 在窗口期[-10,0]内呈现递增趋势，并在事件公告日及前两天达到最大（CAR 为 34%），而后出现递减趋势，这表明上市公司并购事件信息被投资者提前获知。基于上述分析，本书在回归分析中用股价波动最大的并购事件公告前后两天 CAR_2 作为多窗口CAR 代表值，参与回归分析。

表 6-2　多窗口期 CAR 的描述性统计

变量	标签	样本量	均值	标准差	最小值	最大值	T test	Sign Test
CAR_1	正负 1 天 CAR	186	0.105	0.112	−0.176	0.295	21.680***	55 905.5***
CAR_2	正负 2 天 CAR	186	0.144	0.156	−0.202	0.442	21.208***	55 370.5***
CAR_3	正负 5 天 CAR	186	0.180	0.233	−0.267	0.714	17.862***	50 747.5***
CAR_4	正 10 天负 15 天 CAR	186	0.184	0.314	−0.433	1.055	13.519***	40 809.5***
CAR_5	正负 30 天 CAR	186	0.170	0.407	−0.713	1.434	9.611***	30 241.5***
CAR_6	正 1 天至正 30 天 CAR	186	0.022	0.186	−0.535	0.533	2.724***	9 551.5***
CAR_7	负 15 天至负 1 天 CAR	186	0.102	0.276	−0.398	1.020	8.489***	23 106.5***

***表示 $p<0.01$

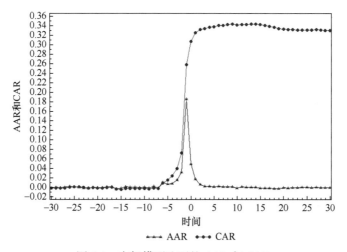

图 6-1　市场模型法下的 AAR 与 CAR

2. 主要变量的描述性统计

表 6-3 为描述性统计结果。结果显示，经行业与年度调整后的现金收益并购前后三年差值的均值与中值均大于 0，一定程度上也显示了并购对企业价值提升的作用。而并购前后三年经行业与年度调整后的 TobinQ 差值（并购长期绩效）的均值与中值均小于 0，与表 6-2 中 CAR（并购短期市场绩效）的结果截然相反，恰好反映了国有企业混合所有制并购实践中短期绩效好，长期绩效差的"并购损益之谜"。经行业与年度调整后的企业创新能力并购前后三年均值的差值为 2.294，并且不同企业创新能力差别较大（标准差为 5.015）。其他信息反映出股东通过账面实现的剩余权益较平稳，每股收益 EPS 并购前后差异不大，均值为 0.154，并购重组类型均值为 0.258，以资产收购为主，目标公司标的类型均值为 0.801，以资产标的为主。

表 6-3　描述性统计

变量	均值	标准差	最小值	中值	最大值
$\Delta Cashreturn\_diff_{i,1\to3}^{adjust}$	0.764	8.203	-24.989	0.498	26.427
$\Delta TobinQ\_diff_{i,t}^{adjust}$	-0.093	1.243	-5.044	-0.156	4.775
$\Delta Innov\_diff_{i,t}^{adjust}$	2.294	5.015	-11.381	1.090	13.081
$\Delta EPS\_diff_{i,1\to3}^{adjust}$	0.154	0.458	-1.241	0.085	1.770
RestructuringType	0.258	0.596	0.000	0.000	2.000
UnderlyingType	0.801	0.538	0.000	1.000	2.000

6.5.2　回归结果

1. 混合所有制并购与企业价值

表 6-4 的回归结果显示，截距项为正值 1.121，并且在 5% 的水平上显著，这表明，在控制了并购前公司的现金收益后，并购使公司的现金收益出现了显著性上升，并购创造了企业价值，H1 获得支持。图 6-2 为并购对企业价值影响的拟合图。

表 6-4　混合所有制并购对国有企业现金收益影响回归分析

解释变量	参考系数	p 值
cons	1.121** （2.07）	0.024

续表

解释变量	参考系数	p 值
Cashreturn $_{i,-1 \to -3}^{adjust}$	0.264*** （3.44）	0.001
样本量	186	
调整 R^2	0.055	

注：括号内为回归 t 值

表示 $p<0.05$，*表示 $p<0.01$

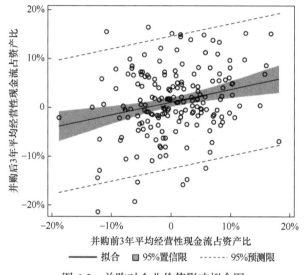

图 6-2 并购对企业价值影响拟合图

观测数为 186 个，参数个数为 2 个，误差自由度为 184，MSE=45.114，R^2=0.0603，调整 R^2=0.0552

2. 利益相关者信任、创新能力对国有企业混合所有制并购价值创造的影响

在表 6-5 的回归分析中，本章主要分析代表股东信任的国有企业混合所有制并购短期市场绩效 CAR、代表利益相关者信任的国有企业混合所有制并购长期绩效ΔTobinQ_diff、国有企业混合所有制并购创新能力ΔInnov_diff 对国有企业混合所有制并购价值创造ΔCashreturn_diff 的影响。由模型 1 可知，CAR 的相关系数为 0.106，但与国有企业混合所有制并购价值创造没有显著性关系，表明仅仅靠股东信任并不能促进国有企业混合所有制创造企业价值。由模型 2 可知，ΔTobinQ_diff 的相关系数为 0.835，在 10%的显著性水平上与国有企业混合所有制并购价值创造

呈正相关关系，表明利益相关者信任将促进国有企业混合所有制创造企业价值，但结果并不稳健，这也与描述性统计中$\Delta TobinQ\_diff$均值为负，并购长期绩效并没有显著性提高有关。利益相关者的利益没有完全实现，在信息不对称的环境中，其有限理性可能减少信任度，呈现出国有企业混合所有制并购虽然创造了企业价值，但与利益相关者信任度关系不强的趋势。在模型3中，$\Delta Innov\_diff$的相关系数为0.232，10%显著性水平上与国有企业混合所有制并购价值创造呈正相关关系，表明企业创新能力的提高将促进国有企业混合所有制创造企业价值，但结果并不稳健。这可能是创新能力形成的"资源"难以"存储"，并且转化为营业收入或利润等商业化过程时间较长（Hall，2002），并购带来的创新能力与企业并购价值创造之间的相关关系不显著；也可能是在创新能力形成过程中，50%以上的投资用于支付研发人员工资，他们创造出的"新知识"为人力资本或组织资本，无法计入无形资产或商誉中，而一旦研发人员流失，"新知识"可能脱离企业，成为一项投资损失（Acemoglu and Cao，2015）；还有可能是利益相关者等外部人难以监督创新人员的努力水平而对并购创新能力提升缺乏信心（Smith，2005），没有在创新能力商业化过程中给予信任和进行深度合作等原因。模型4中，本章在回归模型中同时放入CAR与$\Delta Innov\_diff$，与模型1和模型3的结果基本一致，表明股东信任不能改变创新能力与国有企业混合所有制并购价值创造之间的关系。模型5中，本章在回归模型中同时放入$\Delta TobinQ\_diff$与$\Delta Innov\_diff$，发现$\Delta TobinQ\_diff$与国有企业混合所有制并购价值创造的关系基本不变，但并购带来的创新能力$\Delta Innov\_diff$对国有企业混合所有制并购价值的回归系数提高至0.245，在5%显著性水平上与国有企业混合所有制并购价值创造呈正相关关系。这表明在控制了利益相关者信任这一要素后，并购带来的创新能力将促进国有企业混合所有制并购价值显著提高。从模型的拟合情况来看，调整R^2从模型3的4.9%上升至6.2%，本章认为增加的1.3%的模型解释力是由于控制了利益相关者信任这一影响因素后，由并购创新能力这一要素带来的。本章可以认为，在信息不对称的环境中，利益相关者信任将提振外部人对并购创新能力提升可以带来未来经济利益的信心，利益相关者的合作也将加快企业创新能力的商业化过程及转化为营业收入和净利润的进程，并且利益相关者信任与股东信任是不同的，经济依赖性利益相关者的信任将为企业赢得创新能力商业化合作机会，这将促进以经营性现金流为核心元素的企业价值提升。H2b获得支持。模型6中，本章在回归模型中同时放入股东信任CAR、利益相关者信任$\Delta TobinQ\_diff$和并购创新能力$\Delta Innov\_diff$，发现CAR对国有企业混合所有制并购价值的回归系数为−0.012，但不显著，其他结果与模型5的结果基本一致。

表 6-5　利益相关者信任、创新能力与并购价值

变量	模型 1	模型 2	模型 3	模型 4	模型 5	模型 6
CAR	0.106 （0.03）			0.130 （0.04）		−0.012 （−0.00）
$\Delta TobinQ\_diff$		0.835* （1.74）			0.891* （1.87）	0.891* （1.86）
$\Delta Innov\_diff$			0.232* （1.94）	0.232* （1.94）	0.245** （2.06）	0.245** （2.05）
ΔEPS_diff	3.697*** （2.83）	3.846*** （2.96）	3.185** （2.41）	3.187** （2.41）	3.318** （2.53）	3.318** （2.52）
RestructuringType	−0.665 （−0.59）	−0.580 （−0.52）	−0.657 （−0.59）	−0.658 （−0.59）	−0.568 （−0.51）	−0.568 （−0.51）
UnderlyingType	−2.311* （−1.84）	−2.101* （−1.68）	−2.237* （−1.80）	−2.235* （−1.79）	−2.007 （−1.61）	−2.007 （−1.61）
cons	2.086 （1.43）	2.058 （1.53）	1.562 （1.14）	1.541 （1.05）	1.485 （1.09）	1.487 （1.02）
样本量	186	186	186	186	186	186
调整 R^2	0.029	0.045	0.049	0.044	0.062	0.057

注：括号内为回归 t 值

*表示 $p<0.1$，**表示 $p<0.05$，***表示 $p<0.01$

6.6　进一步讨论：遗漏变量与内生性问题

本书模型 5 中有两个主要解释变量，利益相关者信任与创新能力，表 6-5 的回归分析（模型 5）使 H2b 获得支持，在利益相关者信任的企业环境中，并购创新能力的提高将更促进并购创造企业价值。但在创新能力高的企业环境中，并没有显著地发现利益相关者信任将更促进国有企业混合所有制并购创造企业价值。因此，本章可能出现遗漏变量造成内生性的问题，如除了利益相关者信任之外，还存在一种不可观测的信任机制，可能会影响企业的创新活动，使创新活动产出的创新能力差异不被外界观察但与企业并购价值创造相关。

Amir 和 Lev（1996）认为企业诚信文化既是一种重要的无形资源，又是企业的核心能力。诚信文化以组织资本方式影响企业价值创造，首先诚信文化以组织行为的方式存在于组织中，简化信息处理，其次诚信文化作为一种非正式制度，

减少了正式制度执行的监督成本与控制成本（Eisfeldt and Papanikolaou，2013），最后诚信文化促进信任和合作，通过提高工作效率提高企业绩效（Deng et al.，2013）。

创新能力提升在并购整合和组织边界扩展过程中完成，但由于创新产出为无形资产或商誉，难以测量，加上产出不确定及企业对研发产出等创新能力披露的谨慎性，在信息不对称的环境中，诚信文化构成企业内层信任机制，成为创新能力提升的贝叶斯条件，并购双方核心价值观趋同，相互信任，形成非制度性约束，为弥补正式制度和内部契约的不足提供了一种代替机制（Erel et al.，2012）。在诚信文化引导下，企业创新能力是知识学习和组织创新共同作用的结果，外部知识在并购企业适应外部环境过程中被引入，内部知识在诚信文化价值观导向下得到融合和互相学习，形成外部知识内部化、内部知识扩散至整个组织的知识累积途径，知识被不断利用从而提高企业创新能力（Acemoglu and Cao，2015），并促进并购创造企业价值。

随着资本市场快速发展，国家颁布了一系列法律法规[①]，引导企业诚信经营，但目前仍存在公司治理失衡、信息披露违规等不规范现象，引发监管部门的处罚。本章认为，企业文化作为非正式制度影响正式制度的效力发挥，国有企业混合所有制并购前如果作为上市公司的收购方或目标公司遭受处罚，将释放企业缺乏诚信文化的信号，并购后如果企业遭受处罚，将释放企业缺乏诚信价值观核心文化的信号，这些信号均会影响国有企业混合所有制并购整合过程中的并购双方信任机制，信任缺失将有碍于企业内组织间的融合与互相学习，创新活动难以转化为创新能力，企业难以创造并购价值。本书中，企业信任文化以诚信文化 Sincerity 来表示，通过上市公司并购前后三年因违反法规被公开处罚的总次数来测度，如果公司未被处罚，Sincerity=0；被处罚 1 次，Sincerity=-1。Sincerity 数值越大代表企业越诚信，Sincerity 数值越小代表企业越不诚信，数据来源于 CCER 和 Wind 数据库。

本书采用 2SLS 模型，以 ΔInnov_diff 为内生变量，Sincerity 为工具变量，在第一阶段回归中，用诚信文化 Sincerity 与并购创新能力 ΔInnov_diff 进行线性回归，用诚信文化与国有企业混合所有制并购价值 ΔCashreturn_diff 进行线性回归。然后，用第一阶段回归模型中并购创新能力的预测期 ΔInnov_diff̂ ，与国有企业混合所有制并购价值 ΔCashreturn_diff 进行二阶段线性回归，并与 OLS 的回归模型进行比较。第一阶段回归模型式（6-3）与模型式（6-4）如下，2SLS 中第二阶段回归模型为模型式（6-5）。根据理论分析可知，在模型式（6-3）中，β_1 为检验系数，预期其显著为负，表示诚信文化 Sincerity 与并购创新能力 ΔInnov_diff 呈正相

---

① 包括《公司法》《证券法》《上海证券交易所交易规则》《企业内部控制应用指引》等。

关关系，进一步，在 2SLS 的第二阶段回归模型（模型式（6-5））中，预期检验系数 β_1 较 OLS 回归中的回归系数提高，p 值下降，并购创新能力 $\Delta\text{Innov\_diff}$ 存在内生性，诚信文化 Sincerity 是遗漏变量。

$$\Delta\text{Innov\_diff}_{i,1\to3}^{\text{adjust}} = \alpha + \beta_1\text{Sincerity} + \beta_2\Delta\text{TobinQ\_diff}_{i,1\to3}^{\text{adjust}} + \beta_3\Delta\text{EPS\_diff}_{i,1\to3}^{\text{adjust}} \\ + \beta_4\text{RestructuringType}_i + \beta_5\text{UnderlyingType}_i + v_{i,t} \tag{6-3}$$

$$\Delta\text{Cashreturn\_diff}_{i,1\to3}^{\text{adjust}} = \alpha + \beta_1\Delta\text{Sincerity} + \beta_2\Delta\text{TobinQ\_diff}_{i,1\to3}^{\text{adjust}} + \beta_3\Delta\text{EPS\_diff}_{i,1\to3}^{\text{adjust}} \\ + \beta_4\text{RestructuringType}_i + \beta_5\text{UnderlyingType}_i + v_{i,t} \tag{6-4}$$

$$\Delta\text{Cashreturn\_diff}_{i,1\to3}^{\text{adjust}} = \alpha + \beta_1\Delta\text{Innov\_diff}_{i,1\to3}^{\text{adjust}} + \beta_2\Delta\text{TobinQ\_diff}_{i,1\to3}^{\text{adjust}} \\ + \beta_3\Delta\text{EPS\_diff}_{i,1\to3}^{\text{adjust}} + \beta_4\text{RestructuringType}_i \\ + \beta_5\text{UnderlyingType}_i + \varepsilon_{i,t} \tag{6-5}$$

企业诚信文化的描述性统计见表 6-6。Sincerity 的均值为 −0.597，表明近年来上市公司由于存在违法违规事件而被公开处罚与公开谴责的事件较普遍；标准差为 1.102，表明上市公司的诚信度差异较大；最小值为 −6，表明存在并购前后三年均被处罚与公开谴责的公司；最大值为 0，表明在并购前后三年均未被处罚与公开谴责，企业诚信度好。

表 6-6　企业诚信文化描述性统计

变量	均值	标准差	最小值	中值	最大值
Sincerity	−0.597	1.102	−6	0	0

表 6-7 列示了 2SLS 回归结果。其中，第（1）列与第（2）列是 2SLS 模型第一阶段回归结果，第（3）列是 2SLS 模型第二阶段回归结果，第（4）列是 OLS 回归结果。第（1）列回归结果显示，企业诚信文化 Sincerity 与企业创新能力 $\Delta\text{Innov\_diff}$ 在 1%的显著性水平上呈正相关，调整 R^2 达到 0.366，表明诚信文化与创新能力有很强的正相关关系，而利益相关者信任 $\Delta\text{TobinQ\_diff}$ 与创新能力 $\Delta\text{Innov\_diff}$ 之间的关系不显著。第（3）列根据第一阶段的回归结果估计企业创新能力 $\Delta\widehat{\text{Innov\_diff}}$，将其带入第二阶段回归模型，发现企业创新能力 $\Delta\text{Innov\_diff}$ 的回归系数（$\beta_1=0.469$）较第（4）列（OLS 回归）系数（$\beta_1=0.245$）提高了 0.224，p 值为 0.020，较 OLS 回归的 p 值（0.041）进一步下降，表明并购中存在企业诚信文化影响并购创新能力这一内生性问题。

表 6-7　2SLS 回归与 OLS 回归模型结果

被解释变量	2SLS			OLS
	第一阶段		第二阶段	
	ΔInnov_diff	ΔCashreturn_diff	ΔCashreturn_diff	ΔCashreturn_diff
	（1）	（2）	（3）	（4）
cons	3.488***	2.598*	0.960	1.485
	（5.14）	（1.93）	（0.67）	（1.09）
ΔInnov_diff			0.469**	0.245**
			（2.34）	（2.06）
ΔTobinQ_diff	−0.181	0.856*	0.941*	0.891*
	（−0.76）	（1.81）	（1.95）	（1.87）
ΔEPS_diff	2.303***	3.915***	2.833**	3.318**
	（3.56）	（3.05）	（2.07）	（2.53）
RestructuringType	−0.070	−0.589	−0.556	−0.568
	（−0.13）	（−0.53）	（−0.50）	（−0.51）
UnderlyingType	0.039	−1.902	−1.921	−2.007
	（0.06）	（−1.53）	（−1.53）	（−1.61）
Sincerity	2.679***	1.258**		
	（10.01）	（2.37）		
样本量	186	186	186	186
调整 R^2	0.366	0.069	0.067	0.062

注：括号内为回归 t 值

*表示 $p<0.1$，**表示 $p<0.05$，***表示 $p<0.01$

6.7　稳健性检验

内生性讨论中，通过 2SLS 回归分析，发现企业诚信文化通过影响创新能力进而影响并购价值，因此，本书接下来通过检验创新能力在诚信文化与并购价值中的中介作用，进行稳健性检验。根据 Baron 和 Kenny（1986）的思想，用结构方程模型进行中介效应三步检验程序，模型如下。

$$\Delta\text{Cashreturn\_diff}_{i,1\to3}^{adjust} = \alpha + c\text{Sincerity}_{i,-3\to3} + \varepsilon_{i,t} \qquad （6\text{-}6）$$

$$\Delta\text{Innov\_diff}_{i,1\to3}^{adjust} = \alpha + a\text{Sincerity}_{i,-3\to3} + \varepsilon_{i,t} \qquad （6\text{-}7）$$

$$\Delta Cashreturn\_diff_{i,1\to3}^{adjust} = \alpha + c'Sincerity_{i,-3\to3} + b\,\Delta Innov\_diff_{i,1\to3}^{adjust} + \varepsilon_{i,t} \qquad (6\text{-}8)$$

表 6-8 中，第一步，解释变量（企业诚信文化 Sincerity）与被解释变量（企业并购价值$\Delta Cashreturn\_diff$）之间显著相关（$c=1.255$，$p<0.05$）；第二步，解释变量（企业诚信文化 Sincerity）与中介变量（创新能力$\Delta Innov\_diff$）之间显著相关（$a=2.648$，$p<0.01$）；第三步，被解释变量（企业并购价值$\Delta Cashreturn\_diff$）与解释变量（企业诚信文化 Sincerity）和中介变量（创新能力$\Delta Innov\_diff$）同时做回归，中介变量（创新能力$\Delta Innov\_diff$）与被解释变量（企业并购价值$\Delta Cashreturn\_diff$）之间关系不显著（$b=0.198$，$p>0.1$）。根据 MacKinnon 等（1995）及温忠麟等（2004）的思想，a 较大而 b 较小，依次检验判定中介效应不显著，但此时 $ab\neq0$，三步检验法易犯第二类错误。因此，本书用 Sobel 检验，检验 ab 的系数是否显著，检验统计量为 $Z=ab/S_{ab}$，$S_{ab}=\sqrt{a^2S_b^2+b^2S_a^2}$，$S_a$ 与 S_b 分别是 a 和 b 的标准误。经检验，$Z=1.207$，大于临界值[$Z_{\alpha/2}>0.97$（$p<0.05$）]，中介效应显著。表 6-8 中，第三步解释变量（企业诚信文化 Sincerity）的回归系数减小（$c'=0.730$，$p>0.1$），表明创新能力具有完全中介效应，中介效应占总效应的比例为 $2.648\times0.198/1.255\approx41.78\%$。在诚信文化影响国有企业混合所有制并购价值过程中，并购创新能力产生完全中介效应，中介效应占总效应的比例约为 41.78%。

表 6-8　国有企业混合所有制并购创新能力的中介效应检验

变量	被解释变量		
	第一步	第二步	第三步
	$\Delta Cashreturn\_diff$	$\Delta Innov\_diff$	$\Delta Cashreturn\_diff$
Sincerity	1.255** （2.33）	2.648*** （4.17）	0.730 （1.02）
$\Delta Innov\_diff$			0.198 （1.26）

注：括号内为回归 t 值

表示 $p<0.05$，*表示 $p<0.01$

6.8　研究结论

本书使用 1998～2011 年中国国有上市公司以混合所有制并购形式完成的重大资产重组数据共计 186 个样本，分析了信任机制、创新能力对国有企业混合所有制并购价值的影响。结果表明：并购双方企业越诚信，并购带来的创新能力对国有企业混合所有制并购价值创造的促进作用越强。在稳健性检验中，本章使用

　　结构方程验证了创新能力在诚信文化影响国有企业混合所有制并购价值过程中的中介效应，得到了与前面一致的结论。由此，本章认为，以"诚信"为企业核心文化的信任机制，通过影响企业并购创新能力，对国有企业混合所有制并购价值创造产生促进作用。

　　菲力浦·哈斯普斯劳格和大卫·杰米逊认为核心能力转移是并购成功，即并购创造企业价值的最主要因素，Eisfeldt 和 Papanikolaou（2013）提出并购带来的创新虽然不是自主式创新，但并购双方的创新能力通过并购，形成企业的内部要素，为技术与研发的投入产出带来了新的生产函数，这与本书提出的并购创新能力是促进国有企业混合所有制并购创造企业价值的驱动力，含义相同，可以说本书为"企业创新与并购增值理论"提供了微观支持。另外，在创新能力获得、转移与融合的过程中，信任机制不可缺少，企业诚信文化作为一种重要的非正式制度，对企业创新与并购增值的影响，也会比作为正式制度的利益相关者信任更加显著，为解释在目前不完善的制度环境下，如何实现企业创新与国有企业混合所有制并购增值提供了新的视角。

　　本章的研究结论不仅丰富了并购研究文献，而且从非正式制度的角度分析了国有企业混合所有制并购中企业创新能力异化现象及经济后果，不仅为正式制度的有效执行提供了新的对策参考，而且为推崇混合所有制经济发展的大背景下，国有企业如何在混合所有制并购中融入信任和创新机制以更好地实行混合所有制改革提供了参考。

第7章　信任机制与并购绩效：兼论国有企业混合所有制并购中的信任机制

本章以企业并购事件为研究对象，从交易成本的视角，检验了我国上市公司所在地区非正式制度社会信任对并购交易主体价值创造能力的影响。实证研究发现：收购方所在地信任度的提高会最终促进产生并购合作行为和提高并购价值创造能力。在对并购绩效的影响方面，法律制度和社会信任之间存在替代关系。进一步研究发现，地区社会信任程度会减少主并企业选聘市场中介机构的行为，降低交易成本。本章揭示了非正式制度帮助主并企业通过地区信任水平降低信息不对称和交易成本，创造并购价值的可行性和重要性，研究结论不仅对理解转轨经济阶段我国资本市场并购行为提供了一种新的视角，而且丰富了非正式制度的研究领域。

7.1　引　　言

资产重组（并购）被认为是企业寻求发展的重要方式，企业通过并购竞争对手实现扩张是现代经济史上的一个突出现象（Stigler，1950），其中重大资产重组交易成为上市公司进行行业整合及产业升级的发展途径。围绕并购是否创造价值，已有研究发现资产重组事件宣告时的股东财富效应、并购整合后的市场反应及财务业绩表现并不一致，并从代理理论、高管过度自信假说和自由现金流假说等方面解释了并购绩效表现异同的原因（Jensen and Ruback，1983；Billett and Qian，2008）。作为经济转型时期的发展中国家，为促进资本市场的健康发展，对推动企业并购行为的正式制度安排逐渐完善。例如，2014年10月24日，中国证监会发布《上市公司重大资产重组管理办法》和《关于修改〈上市公司收购管理办法〉的规定》，取消除"借壳上市"外的资产重组行政审批。中国政府以简政放权和提高效率为导向，进一步促进上市公司开展并购，实现行业整合和产业升级战略。然而从立法情况及执法效果来看，转型或新兴经济体国家的法律制度还不完备，各地区的市场化进程差异较大，政府对经济的干预广泛存在，非正式制度在正式制度相对不完善的国家和地区更能促进经济增长。

　　新制度经济学的代表学者 Williamson（1981）认为制度涉及企业组织与市场组织，强调企业等组织在经营过程中必须考虑规范、传统、产权与法律等因素环境。樊纲等（2003）认为制度环境是指我国从计划经济向市场经济过渡的体制改革，不是简单的一项规章制度的变化。近年来，企业市场化进程等制度环境与投资者的关系引起了研究者的兴趣。Peng（2003）认为，当市场机制运行的基础条件得到完善和发展或者市场化程度提高时，投资者受保护程度会随之上升。在正式制度相对不完善的国家和地区，非正式制度更能促进经济增长。目前学界存在两种假说：第一种认为关系和声誉等非正式制度可以发挥法律保护等正式制度的替代作用（Allen et al.，2005）；另一种认为社会资本也是法律保护等正式制度的一种替代机制（潘越等，2009）。然而，也有一些学者对 Allen 等（2005）的结论提出反对意见，如 Ayyagari 等（2010）批评 Allen 等（2005）夸大了声誉和关系机制在中国企业融资中的作用。他们批评说，中国法律保护水平比发达国家差，而经济增长却快于发达国家，不是因为法律制度不起作用，而是因为中国的起点比较低。那么，在中国这么一个法律保护相对发达国家较为薄弱的国家中，非正式制度因素是否能真正起到支持经济强劲增长的作用？针对这一问题，本章尝试从资本市场的企业并购价值创造视角，通过从微观层面探讨社会信任等非正式制度因素对中国公司并购行为的影响机制，进一步探索"中国之谜"的答案，为这场国际学术界的争论提供新的证据支持。

　　根据信息不对称理论，信息在交易双方的不对称分布或在某方的不完全性会阻碍市场交易行为，降低市场运行效率。事实上，并购过程的每个环节均存在较严重的信息不对称，信息不对称甚至造成一些极具吸引力的并购交易没有完成，一些极可能创造的并购价值未能实现，引致社会福利损失（Aliberti and Green，2005）。在整个社会经济体系中，交易双方越不信任，交易越需要更多保障，成本越高。Allen 等（2005）认为建立在信任和私人关系基础上的非正式制度是促使中国企业快速发展的重要原因之一。Deutsch（1958）将信任定义为"对未来的期望"，并指出这种预期将对信任者的行为决策产生影响。Stahl 等（2011）认为信任作为一种纽带在并购整合中发挥着重要作用，如组织内部的人际信任与组织认同可以减少主并公司与目标公司之间的冲突并促进彼此融合（Weber and Drori，2011），并购企业与外部利益相关者相互信任，可以降低市场摩擦和交易成本（Rossi and Volpin，2004）。Schul 等（2004）发现在信息不对称情况下，信任者处于被动的地位，对预期行为将承担一定的风险，而信息的有效传递可以降低信息不对称程度并减少信任风险。并购是重新划定企业边界的机制（Rhodes-Kropf and Robinson，2008），伴随企业组织环境的变化，信任者的预期风险增加，随着并购整合中出现的不确定因素增多，信任者承担的风险也将上升，这可能会使并购企业获取的信任度下降，导致并购难以创造价值（Milgrom and Stokey，1982）。

并购信息是连接并购企业与利益相关者之间的桥梁，信息的有效传递可以帮助并购企业获取信任，信任信息的反馈可以促进并购双方融合，并围绕信任者的预期开展并购整合。菲力浦·哈斯普斯劳格和大卫·杰米逊认为并购整合是并购价值创造的全部来源，而并购信息的信任传递效应伴随着并购整合过程的每一步，并购产生的信任机制将通过提升并购后的企业绩效实现利益相关者的预期利益。因此，通过并购信息传递产生的信任机制，可能成为解释并购的创造价值问题的一个新的维度。然而，作为经济转型时期的发展中国家，信任作为经济社会的基础性非正式制度，是否会影响并购交易方之间的定价和并购业绩？本章在非正式制度的研究框架下，探讨信任是否及如何影响企业的并购绩效。

针对上述研究现状，本章以在上海证券交易所、深圳证券交易所上市的我国A 股上市公司 1998~2014 年的企业并购重组事件为样本，分析主并公司所在地的社会信任程度是否会影响并购企业之间的交易行为。首先，考察主并公司所处地区的社会信任度是否会提高企业并购业绩。其次，研究这种作用是否受公司所在地区正式的法律制度环境及企业的控制权特征的影响。最后，从并购主体聘请中介机构的视角，考察地区社会信任对企业并购业绩的作用机理。

本章发现，主并公司所在地区社会信任程度越高，越有助于合作，使经济主体之间的交易更容易开展，降低交易成本，提高其他资本如金融资本的效率。地区社会信任水平越高，越能够通过信任与互惠降低机会主义和免费搭车行为，督促交易双方彼此的诚实守信合作行为，减少不确定性，最终促进并购合作行为的产生，提高并购价值创造能力。这种作用在民营企业和地区法律水平较低的地区更为显著。

本章的发现对于我国企业并购重组实践及利益相关者对企业并购事件的评估也具有一定的参考价值。虽然并购交易中的短期利益效应可以使企业得到认可，但从长期看，并购重组企业获取信任并创造企业价值主要依靠并购交易和整合中的正式制度培育，同时实现正式制度与制度环境的融合，这对我国企业并购重组可持续发展有着重要的意义。

本章的研究意义在于不仅从理论上提出了非正式制度社会信任对转轨经济阶段并购市场效率的影响，而且有助于全面地了解转轨经济阶段非正式制度对我国资本市场并购重组的作用。首先本章实证检验了非正式制度因素对中国企业并购绩效的影响，弥补了传统财务理论因忽视企业行为的社会"嵌入性"因素导致的社会视角缺失，为国内学术界在非正式制度与公司并购重组领域交叉学科的研究积累新的知识；其次从理论和实证上全面研究非正式制度与公司并购行为的关系，有助于系统认识非正式制度因素的影响机理，为企业建立更全面的并购决策分析框架提供实证证据和新的理论指导，并在此基础上为政府部门培育地区社会信任、引导各种关系网络发挥积极作用、促进企业乃至金融市场发展提供决策依据。

本章余下部分的结构安排如下。第二部分是制度背景、理论分析和研究假设；

第三部分描述研究设计；第四部分报告和分析实证检验的结果；第五部分总结研究结论；第六部分是拓展性研究。

7.2 制度背景、理论分析和研究假设

7.2.1 制度背景

企业并购重组以优化资源配置和促进产业升级为首要目标。从 20 世纪末以来，中国证监会、中华人民共和国商务部、国务院国有资产监督管理委员会等职能部门颁布了一系列规范性文件，引导企业并购重组健康规范发展。为了推进企业并购重组的市场化进程，促进并购效率提高，2014 年 3 月国务院还发布了《关于进一步优化企业兼并重组市场环境的意见》，对"借壳上市"重组以外的并购重组取消行政审核，通过这样的"松绑"简化行政审批程序、缩小审批范围，给企业并购重组在支付手段、定价方面更大的灵活选择权。

然而，经历了 30 余年的市场化改革，虽然中国经济已经基本从计划经济的轨道转上了市场经济轨道，但各地区在市场化进程上还存在很大的差距（樊纲等，2003）。我国证券市场发展的历程不长，一些上市公司的并购行为偏离了制度目标。例如，主并公司草率地发布并购重组信息，事后却宣布终止重组；一些上市公司完成并购重组后，目标公司的业绩却明显低于评估时的盈利预测，导致上市公司企业价值受损；还有部分利益相关者利用企业并购重组进行内幕交易，阻碍了并购重组发挥优化资源配置的作用。随着 2014 年取消企业并购重组行政审核的正式制度的颁布，理论界与实务界都在积极探索与正式制度相融合的非正式制度，在企业并购重组的市场化进程中，督促交易双方彼此的诚实守信合作行为，提高并购效率，从而创造并购价值。

在上述制度背景下，本章将重点考察作为非正式制度的社会信任，在企业并购重组的市场化进程中，能否弥补企业并购交易制度的不完善，帮助并购企业通过获得信任创造企业价值。

7.2.2 理论分析与研究假设

社会信任作为社会资本的一种，构成了经济交易的基础，通过信息共享的行动和决策机制影响经济行为，进而影响经济交易主体之间合约的签订与执行。已有研究发现社会资本对经济发展都有重要作用，如社会网络在家庭（Narayan and Pritchett，1999）和社区（张爽等，2007）层面显著影响经济发展和福利水平，社会信任显著促进了经济增长（Knack and Keefer，1997；Zak and Knack，2001）。

Knight 和 Yueh（2008）基于中国劳动力市场数据，发现社会资本在私有部门的回报率高于国有部门，并且与市场化程度呈正相关。但是，社会资本作为一种非市场力量的作用真的会被市场化加强吗？他们并没有提供相应的证据。张爽等（2007）研究发现社会网络和公共信任能显著地减少贫困，这种降低作用与市场化程度呈正相关。Guiso 等（2004）研究了意大利不同地区社会资本程度和当地金融发展的关系，结果表明，在社会资本程度高的地区，家庭很少用现金投资，而是选择股票，更可能利用支票、机构的信用，而不是非正式的信用。这是因为当法律实施有限和当地居民受教育水平相对较低时，个体对合约机制的理解同样有限，这将迫使他们更多地依赖相互之间的信任融资。本章进一步强调了社会资本在促进金融发展，特别是发展中国家的金融发展上将发挥重要作用。

约瑟夫·斯蒂格利茨（Joseph E. Stiglitz）在其 2000 年发表的 *Formal and informal institutions* 一文中认为社会信任作为一种非正式制度的作用体现在它与以市场为基础的交换和分配体系的相互补充或者相互替代上。社会资本作用与市场化发展水平呈倒"U"形关系，经济刚开始发展时，由于市场不完备且政府职能不健全，社会网络能够发挥资源分配的作用，随着市场不断发展，社会网络最终会被某种"社会共识"取代。而赵剑治和陆铭（2010）却发现由于地区市场化程度的差异，东部地区社会网络对收入的提高作用明显高于中西部，随着市场化进程的不断推进，社会网络的不平等对收入差距的影响将逐渐加大。

关于中国非正式制度安排对公司治理和财务影响的一篇重要文献是 Allen 等（2005）撰写的，他们认为基于声誉和关系的非正式融资途径和公司治理机制可以替代正式途径和机制。这项研究启示我们，在探究何种因素影响中国金融发展水平时，应该重视非正式制度对正式制度的补充甚至替代作用（郑志刚，2007）。Allen 等（2005）还指出法律和金融体系并非一个国家唯一的发展路径，并且儒家文化下的东方价值观显著不同于西方，由此对中国是否接受西方模式来进行正式制度改革表示怀疑。

张维迎和柯荣住（2002）基于中国跨省的信任调查数据发现一个地区能否被信任与地域文化相关性很小，与交易被重复的可能性、交易的发达程度、教育水平等密切相关。值得注意的是，该文将地域文化按南、北方地区进行了定义。在上述关于"信任"数据的基础之上，潘越等（2009）首次从微观视角实证研究了我国各省社会资本水平差异对上市公司的对外投资决策、股权投资类型选择及多元化投资决策的影响，并进而深入探讨了社会资本与公司的政治关系在影响公司投资决策方面的相互替代作用。更进一步，潘越等（2010）实证研究了我国各省社会资本水平差异对上市公司 IPO 盈余管理行为的影响，并进而深入探讨了社会资本与法律保护这两种外部约束机制在影响公司盈余管理决策方面的相互替代作用。社会资本与公司治理行为研究者 Xin 和 Pearce（1996）指出，在缺乏正式制度性支持的情况下，管理者通常会通过其社会连带（或称关系）寻求非正式的制度性支持，降低其企业的运行风险和交易成本。管理者的一种重要的网络社会资本就是政治联系或政治关联。

并购交易双方之间的信息不对称是阻碍并购交易进行，以及影响并购绩效的主要因素（Faccio and Masulis，2005）。较高的社会信任度有助于企业投资及合并收益增加（Bottazzi et al.，2016）。社会信任程度越高的地区，该地区主并企业之间的信息不对称程度会越低。交易双方会朝着更有价值的目标进行。对企业而言，并购方和被并购方之间的信息不对称程度在很大程度上决定了是否并购及并购能否创造价值。信任作为一种社会资本，能够减少并购交易主体之间的交易成本，双方能够达成更有效率的并购交易行为。并购成本包括并购前的调研成本、并购过程中的谈判成本和并购后的整合成本。企业之间完成并购会产生大量的交易成本。并购方与被并购方之间的信息传递能够有利于并购交易之间做出合理的科学的并购决策，在并购交易中主并方所处区域的社会信任度越高，越愿意相信目标方提供的信息，并能够做出合理的公司价值评估，减少并购成本，提高并购绩效。并购整合在主并公司的主导之下开展，主并公司的信誉与文化等非正式制度对并购整合中投资者受保护程度及并购效率产生着重要影响（王艳和阚铄，2014）。社会信任程度越高，预期不确定性会减少，并购双方的谈判会更加友好，谈判时间大大减少，并购双方的认同度会增强，并购整合中的冲突会减少，从而降低交易成本。基于上述理论分析，本章提出 H1。

H1：主并方所处地区的社会信任度越高，并购创造的价值越高。

新制度经济学泰斗诺斯将制度区分为正式制度和非正式制度，他指出，制度是一个社会的游戏规则，更规范地说，它们是为决定人们的相互关系而人为设定的一些制约，包括正式制度（如规章和法律）和非正式制度（如价值观、道德规范、社会伦理等），以及制度实施。20 世纪 90 年代末兴起的以 LLSV 组合[①]为代表的《法与金融学》为研究正式制度对公司财务行为的影响提供了一个崭新的理论视角，他们主要探讨法律制度如何保护投资者利益，促进企业的投融资活动，带动企业和金融市场的繁荣发展。非正式制度与正式制度是否及如何影响微观市场的投资决策成为两条研究主线。在并购市场中，法律制度与非正式制度社会信任对企业并购绩效的影响是存在替代关系还是存在互补关系，仍然需要进行探讨。Megginson 和 Netter（2001）发现，在市场化程度更高的地区，要素市场与产品市场的激烈竞争不仅可以激励管理层更努力地为股东利益服务，还可以通过信息传递的作用，令外部股东更清楚地了解企业状况，通过外部监督保护投资者利益。

---

① LLSV 组合为法与金融学研究领域内的"四剑客"。主要成员有拉波尔塔（Laporta）、洛配兹·西拉内斯（Lopez-de-Silanes）、安德烈·施莱弗（Andrei Shleifer）和罗伯特·维什尼（Robert W. Vishny）。

如果正式制度所提供的产权保护水平和法律制度不能够保护投资者利益，交易行为将更多地依赖信任（Knack and Keefer，1997）。Guiso 等（2004）在对意大利各省的研究中发现，非正式制度在司法效率低的省份对金融发展的作用比正式制度更强烈。因此，信任在一定程度上弥补了正式制度的薄弱性。潘越等（2009，2010）认为社会资本与法律保护在公司 IPO 盈余管理决策中所起的作用是可替代的。王凤荣和苗妙（2015）的研究发现目标公司市场化程度是促进异地并购的主要动因，并且主并公司可以获得并购收益（唐建新和陈冬，2010）。在信息不对称情况下，并购整合中的企业信誉与文化等非正式制度难以直接观察，作为制度环境的企业所在区域市场化进程成为评价并购整合中投资者保护程度的重要指标，区域市场化程度越高，主并公司的制度规则意识越强，并购整合中投资者受保护程度越大。因此，当区域市场化程度较高时，主并公司可以借助企业外部环境的公开信息获取信任，这将促使并购双方在并购整合中强化规则意识，促进并购效率的提高，以及并购绩效的提升。如果主并公司所在地方的法律保护水平较低，上市公司机会主义行为和侵占动机约束较少，投资者利益不能得到有效保障，交易行为将依赖交易双方的信任程度，此时，地区社会信任水平在规范交易行为、降低交易成本、促成交易等方面发挥重要作用。

我国经济结构呈现出典型的"二元性"特征，国有企业与民营企业面临着不同的经营环境，国有企业与政府之间具有天然的密切联系，更易获得政府提供的资源，部分领域和行业在政府部门垄断中，只允许国有企业涉足，限制民营资本进入。在中国转型经济发展过程中，民营企业面临资源禀赋不足的困境，在经济利益导向下，其组织环境具有柔性、灵活性和可变性的特征，相应地，组织结构中的制度约束力不强。Goyal 和 Park（2002）发现，在公司治理结构中，民营企业的大股东和内部人更可能担任公司首席执行官（chief executive officer，CEO），董事长和 CEO 两职合一情况更为普遍，第一类代理问题也会增强，这让投资者等利益相关者难以完全依靠正式制度信息与民营企业签订和履行契约（姜付秀等，2014）。国有企业不仅在政策资源获取、资本配置等方面可以获得政府的支持，还具有正式的科层组织结构和完善规章，一些国有企业负责人还拥有公职人员的身份，行为受到市场机制和法律的双重制约，其正式制度环境优于民营企业。如前文所述，在非正式制度与正式制度的关系研究中，学者普遍认为在监管较弱的环境中非正式制度更能发挥作用（McGuire et al.，2012）。按照这一逻辑，我国国有企业的正式制度环境优于民营企业，非正式制度在民营企业中将更能发挥作用。王碧珺等（2015）发现，在民营企业融资难的背景下，对于拥有较高社会信任的民营企业，债权人（银行）更加倾向于与之合作，借贷期限会更长、借贷成本也相对较低。辛宇等（2016）的研究发现，民营企业的社会信任投资减少了管理者与利益相关者之间的信息不对称问题，并因此极大程度地化解了他们之间可能发生的代理问题。李善民等（2015）发现在主并公司为民营企业的并购中，当企业所在地区的社会信任度高时，并购溢价下降。因此，相比国有企业而言，在并购交易中，投资者及利益相关者难于完全依赖民营企业的正式制度信息做出交易决策，而民营企业可以通过获取社会信任，减少并购谈判中的信息不对称，降低并购整合成本。

基于上述理论分析，本章提出一对研究假设。

H2a：社会信任对并购价值创造的促进作用在法律保护程度较低的地区更为明显。

H2b：相比国有企业，社会信任对并购价值创造的促进作用在民营企业更为明显。

7.3　研 究 设 计

7.3.1　样本选择和数据来源

本章以 1998~2014 年开展并完成的并购事件为研究的初始样本。并购事件的基本信息源于 CSMAR 并购数据库和 Wind 上市公司并购重组数据库。参考已有的文献（Guest et al.，2004；吴超鹏等，2008），对样本按以下顺序进行筛选。①剔除按照中国证监会发布的《上市公司行业分类指引》分类为金融类的企业，以保证财务数据的可比性；②要求上市公司的交易地位为"买方"，以上市公司为主并公司的视角开展研究；③并购交易金额应大于 100 万元；④对于同一公司在同一年完成多起并购重组，保留公司在当年所完成的第一起并购，降低不同并购事件间的影响；⑤剔除数据缺失样本。最后，本章得到 11 656 个样本值，其年度及行业分布如表 7-1 所示。

表 7-1　样本年度及行业分布

行业	1998年	1999年	2000年	2001年	2002年	2003年	2004年	2005年	2006年	2007年	2008年	2009年	2010年	2011年	2012年	2013年	2014年	合计
农、林、牧、渔业	1	0	6	7	6	13	12	16	8	21	24	9	13	19	23	21	22	221
采掘业	0	0	3	2	0	3	5	5	9	12	34	45	31	36	52	19	35	289
制造业	13	36	89	124	196	231	268	207	279	451	649	484	574	630	729	772	880	6 612
电力、热力、燃气及水生产和供应业	0	2	5	12	3	16	31	16	25	44	50	69	50	48	40	47	47	515

续表

行业	1998年	1999年	2000年	2001年	2002年	2003年	2004年	2005年	2006年	2007年	2008年	2009年	2010年	2011年	2012年	2013年	2014年	合计
建筑业	1	0	1	3	10	7	1	5	17	24	33	30	41	28	23	24	28	276
批发和零售业	2	2	16	12	23	32	41	22	30	71	73	70	65	85	87	84	73	788
交通运输、仓储和邮政业	0	3	8	12	13	27	14	26	14	41	40	41	39	31	46	23	31	409
住宿和餐饮业	0	0	0	3	0	0	0	1	1	4	8	3	10	5	4	7	8	54
信息传输、软件和信息技术服务业	0	14	9	15	17	24	12	3	14	31	32	37	37	59	61	75	106	546
房地产业	1	1	19	8	18	22	27	23	31	132	89	117	144	120	105	150	127	1 134
租赁和服务业	0	3	1	5	6	3	10	8	7	12	5	8	7	6	12	17	16	126
科学研究和技术服务业	0	0	0	0	0	0	0	0	0	0	0	0	2	4	7	10	19	42
水利、环境和公共设施管理业	0	0	2	1	1	0	7	9	2	12	14	7	6	5	13	11	19	109
居民服务、修理和其他服务业	2	0	1	3	2	1	5	1	3	3	4	1	5	4	1	0	0	36
教育	0	0	0	0	0	0	0	0	0	0	0	0	0	0	0	1	0	1
卫生和社会工作	0	0	0	0	0	0	0	0	0	1	0	0	3	4	3	0	0	11
文化、体育和娱乐业	1	0	0	1	1	2	1	2	0	5	4	3	7	8	7	18	18	78
综合	5	13	17	20	28	24	23	24	31	42	52	32	34	28	13	14	9	409
合计	26	74	177	228	334	405	457	366	471	906	1 111	956	1 068	1 120	1 226	1 293	1 438	11 656

非正式制度社会信任（Trust）的衡量参考 WVS[①]调查的中国综合社会调查

---

① WVS（Web Vulnerability Scanner）是一个自动化的 Web 应用程序安全测试工具。

（Chinese General Social Survey，CGSS）数据[①]。公司的财务数据来源于 Wind 和 CSMAR 金融研究数据库，企业性质数据来源于 CSMAR 上市公司治理结构研究数据库。公司所处的行业参照中国证监会发布的《上市公司行业分类指引》（2012年修订）进行确定。对于部分可疑的数据，本章翻阅了上市公司发布的临时公告进行核对。为了避免极端值的影响，本章对所有的连续变量进行了 1% 的 winsorize 处理。本章的数据处理全部采用 SAS 9.4 计量分析软件进行。

7.3.2　模型设定和主要变量的定义

在参考 Healy 等（1992）模型的基础上，本章建立了模型式（7-1）～模型式（7-3）并使用 OLS 回归方法考察了社会信任对并购绩效的影响，并检验了本章提出的 H1。

$$CAR = \alpha_0 + \alpha_1 Trust + \alpha_i' Control + \alpha_j \Sigma YEAR + \alpha_k \Sigma INDUSTRY + \xi \quad （7\text{-}1）$$

$$BHAR = \beta_0 + \beta_1 Trust + \beta_i' Control + \beta_j \Sigma YEAR + \beta_k \Sigma INDUSTRY + \varepsilon \quad （7\text{-}2）$$

$$\Delta ROE = \eta_0 + \eta_1 Trust + \eta_i' Control + \eta_j \Sigma YEAR + \eta_k \Sigma INDUSTRY + \theta \quad （7\text{-}3）$$

模型式（7-1）～模型式（7-3）中，被解释变量为主并公司的并购绩效，分别为并购短期市场绩效 CAR、并购长期市场绩效 BHAR 和并购长期财务绩效 ΔROE。

模型式（7-1）中，短期并购绩效 CAR 用并购事件首次宣告日前后短窗口期内的股票累积超额报酬率衡量，$CAR_{i,t} = \sum R_{i,t} - (\hat{\alpha}_i + \hat{\beta}_i R_{mt})$。股票超额回报率按照市场模型法测量，其中 $\hat{R}_{i,t}$ 是样本公司同期如果不发生并购的预计收益率，$\hat{R}_{i,t} = \hat{\alpha}_i + \hat{\beta}_i R_{m,t}$，根据资本资产定价理论模型计算，$\hat{\alpha}_i$ 和 $\hat{\beta}_i$ 为清洁期内样本公司股票收益率与市场指数收益率用 OLS 回归得到的回归系数，研究样本属于上海和深圳两个证券交易所，所以在计算相应市场指数收益率时上海证券交易所采用上证综合指数，深圳证券交易所采用深圳成分指数；$AR_{i,t}$ 是股票超额回报率，为事件期内每日样本股票的实际收益率 $R_{i,t}$ 与预计收益率 $\hat{R}_{i,t}$ 之间的差值，$AR_{i,t} = R_{i,t} - \hat{R}_{i,t}$。CAR 为并购事件短期窗口期内各天股票超额回报率 $AR_{i,t}$ 的累计总和，$CAR_{i,t} = \sum AR_{i,t}$。参考事件研究文献的常用方法（唐建新和陈冬，

---

① 具体来说，本章采用的社会信任指标 Trust，是针对问题"在不直接涉及金钱利益的一般社会交往/接触中，您觉得陌生人中可以信任的人多不多呢？"，被调查者可以选择"绝大多数不可信""多数不可信""可信者与不可信者各半""多数可信"和"绝大多数可信"这 5 项中的一项。本章分别给这 5 个选项赋值 1、2、3、4 和 5，然后对每个省市的所有居民计算平均值作为这个省市的社会信任指标值。

2010；刘春等，2015），本章以[-1，1]、[-2，2]、[-5，5]三个窗口期计算并购事件的累计超额报酬率CAR，来检验社会信任与并购短期绩效之间的关系。本章认为，主并公司所处地区的社会信任度越高，其并购活动的短期市场绩效越好，回归系数 α_1 预计为正。

模型式（7-2）中，被解释变量BHAR测量的是购买的主并公司股票一直持有到考察期结束，其股票收益率超过市场组合或对应组合收益率多少。借鉴Gregory（1997）与李善民和朱滔（2006）的研究，计算主并公司 i 开展重大资产重组后[0，T]月的 BHAR，公式为 $\mathrm{BHAR}_{i,T} = \prod_{t=0}^{T}(1 + R_{i,t}) - \prod_{t=0}^{T}(1 + R_{p,t})$，其中，$R_{i,t}$ 为主并公司 i 在 t 的收益率，$R_{p,t}$ 表示对应组合的月收益率，将并购后的 36 个月分为 0～12、0～24、0～36 三组，$t=0$ 表示并购当月，$t=1$ 表示并购后一个月，以此类推。借鉴李善民和朱滔（2006）的方法，采用交叉分组的方法计算 $R_{p,t}$。首先，根据公司在 t 年 6 月的流通市值规模，将公司从小到大分为 5 组，然后，根据公司上年年底（$t-1$）的数据，计算公司的权益账面市值比（每股收益/年末收盘价），同样从小到大排序，均分为 5 组。因此每一年中，所有上市公司被均分成 25 组。每一年中，可以对 25 组公司分别计算每组的等权月收益率 $R_{p,t}$。本章选取了并购后 12 个月、24 个月和 36 个月为并购长期市场绩效的观测期，并且认为，主并公司所处地区的社会信任度越高，其并购活动的长期市场绩效越好，回归系数 β_1 预期为正。

模型式（7-3）中，借鉴已有文献的做法（冯根福和吴林江，2001；李善民和周小春，2007），按照并购首次公告日前后各年的净资产收益率 ΔROE 度量，本章选取了主并公司并购前后一年（$\Delta ROE_{t-1,t+1}$）、两年（$\Delta ROE_{t-2,t+2}$）及三年（$\Delta ROE_{t-3,t+3}$）的净资产收益率之差。本章认为，主并公司所处地区的社会信任度越高，其并购活动的长期财务绩效越好，回归系数 η_1 预期为正。

针对模型式（7-1）～模型式（7-3），本章进一步分为法律环境好坏两组进行子样本分组回归，检验本章提出的 H2a。首先，根据《中国分省份市场化指数报告（2016）》（王小鲁等，2017）的市场化指数来衡量法律环境。市场化指数是包含政府与市场关系、非国有经济的发展、产品市场的发育程度、要素市场的发育程度、市场中介组织和法律制度环境等五个方面的综合指数，代表了中国各省份的市场化进程及法制环境。其次，本章对所有样本公司所在省份的市场化指数取中位数，如主并公司所在地区的市场化指数高于中位数，将该公司归入法律环境好的子样本组；如主并公司所在地区的市场化指数低于中位数，将该公司归入法律环境差的子样本组。本章通过分组子样本回归考察作为非正式制度的社会信任，在不同的正式法律制度环境中，对并购绩效作用的异同。根据理论分析，本章预期，在法律环境差的子样本中，作为非正式制度的社会信任对并购绩效的促进作用将更显著。

接下来，本章根据企业产权性质进行子样本回归，检验本章提出的 H2b。根据 CSMAR 上市公司治理结构研究数据库中的上市公司企业性质信息，本章将总样本分为民营与国有两组。基于理论分析，本章预期，在民营企业组中，作为非正式制度的社会信任对并购绩效的促进作用将更显著。

模型式（7-1）～模型式（7-3）中的向量 Control 表示全部控制变量。以往的研究表明，并购交易规模、是否关联交易、支付方式、并购类型、标的类型、是否重大资产重组，以及主并公司规模、风险、现金流、成长性等特征都影响企业的并购绩效（Moeller et al.，2004；Chen et al.，2007；吴超鹏等，2008；刘春等，2015）。借鉴上述文献，在回归分析中本章对上述因素进行了控制。其中，交易规模（Relative Size）为并购交易金额与主并公司并购前一年总资产的比值；关联交易（Merger Related）为虚拟变量，并购为关联交易时取 1，否则取 0；支付方式（Merger Pay）为虚拟变量，现金支付时取 1，股份支付时取 0；并购类型（Merger Type）为分类变量，资产收购时取 0，资产置换时取 1，吸收合并时取 2，其他取 3；标的类型（Underlying Type）为虚拟变量，股权并购时取 1，资产并购时取 0；规模（Firm Size）为主并公司并购前一年资产的自然对数；风险（Leverage）为主并公司并购前一年的资产负债率；现金流（OCF）为主并公司并购前一年经营性现金流与资产的比率；成长性（Firm Growth）为主并公司并购前一年主营业务收入的环比增长率。回归中本章对行业和年度固定效应也进行了控制，其中行业按照中国证监会 2012 年行业分类标准控制。为了减缓反向因果等可能存在的内生性问题，在回归分析时控制变量随时间变化的主并公司层面变量均取滞后一期值。本章实证检验涉及的主要变量定义见表 7-2。

表 7-2　主要变量的定义

变量名	变量含义	变量说明
CAR	并购短期市场绩效	$CAR_{[-1,1]}$为并购首次宣告日前后 1 天的股票累计超额报酬率 $CAR_{[-2,2]}$为并购首次宣告日前后 2 天的股票累计超额报酬率 $CAR_{[-5,5]}$为并购首次宣告日前后 5 天的股票累计超额报酬率
BHAR	并购长期市场绩效	$BHAR_{12}$代表购买并持有主并公司股票 12 个月，股票收益率超过市场组合的收益率 $BHAR_{24}$代表购买并持有主并公司股票 24 个月，股票收益率超过市场组合的收益率 $BHAR_{36}$代表购买并持有主并公司股票 36 个月，股票收益率超过市场组合的收益率

续表

变量名	变量含义	变量说明
ΔROE	并购长期财务绩效	$\Delta ROE_{t-1,t+1} = ROE_{t+1} - ROE_{t-1}$，并购前后一年净资产收益率的变化 $\Delta ROE_{t-2,t+2} = [ROE_{t+2} + ROE_{t+1}]/2 - [ROE_{t-1} + ROE_{t-2}]/2$，并购前后两年净资产收益率的变化 $\Delta ROE_{t-3,t+3} = [ROE_{t+3} + ROE_{t+2} + ROE_{t+1}]/3 - [ROE_{t-1} + ROE_{t-2} + ROE_{t-3}]/3$，并购前后三年净资产收益率的变化
Trust	社会信任	取自 CGSS 数据，各省份的社会信任指数
Relative Size	交易规模	并购交易金额/主并公司并购前一年总资产
Merger Related	关联交易	关联交易赋值为 1，非关联交易赋值为 0
Merger Pay	支付方式	现金支付赋值为 1，股份支付赋值为 0
Merger Type	并购类型	资产收购为 0，资产置换为 1，吸收合并为 2，其他为 3
Underlying Type	标的类型	股权并购为 1，资产并购为 0
Merger Major	重大资产重组	重大资产重组为 1，非重大资产重组为 0
Firm Size	规模	主并公司并购前一年资产的自然对数值
Leverage	风险	主并公司并购前一年的资产负债率
OCF	现金流	主并公司并购前一年经营性现金流与资产的比率
Firm Growth	成长性	主并公司并购前一年主营业务收入的环比增长率

7.4 实证结果与分析

7.4.1 描述性统计分析

表 7-3 报告了描述性统计结果。Panel A 报告了被解释变量并购短期市场绩效、并购长期市场绩效和并购长期财务绩效的统计结果，Panel B 报告了其余变量的统计结果。从 Panel A 中不难发现，并购获得了较好的短期市场绩效，$CAR_{[-1,1]}$、$CAR_{[-2,2]}$、$CAR_{[-5,5]}$ 三个窗口期的股票超额报酬率均显著大于 0。并购长期市场绩效 $BHAR_{12}$、$BHAR_{24}$ 和 $BHAR_{36}$ 的均值分别为 –0.106、–0.307 和 –0.517，标准差分别为 0.614、0.835 和 1.026，这表明并购并未获得长期正向回报，并且不同期间的公司股票收益率存在着较大的差异性。并购后一至三年的财务绩效 ΔROE 均值与中位数均显著小于 0，并购并未获得长期财务绩效，与并购长期市场绩效的表现趋于一致。Panel B 中，社会信任 Trust 的最小值为 0.993，最大值为 5.389，表明主并公司所在地区的法律环境差异度较大。

表 7-3　描述性统计

Panel A：被解释变量的描述性特征

变量	样本量	均值	中位数	标准差	最小值	最大值	T检验	符号秩和检验
$CAR_{[-1,1]}$	11 656	0.024	0.005	0.085	−0.135	0.467	78.38***	3.19***
$CAR_{[-2,2]}$	11 656	0.028	0.004	0.106	−0.172	0.450	74.03***	2.68***
$CAR_{[-5,5]}$	11 656	0.037	0.004	0.159	−0.222	0.727	65.37***	1.78***
$BHAR_{12}$	11 656	−0.106	−0.177	0.614	−1.403	2.720	−47.56***	−5.47***
$BHAR_{24}$	11 656	−0.307	−0.337	0.835	−2.368	2.853	−101.87***	−7.25***
$BHAR_{36}$	11 384	−0.517	−0.518	1.026	−3.125	3.209	−139.52***	−8.77***
$\Delta ROE_{t-1,t+1}$	11 656	−0.014	−0.006	0.344	−1.943	1.832	−11.64***	−1.81***
$\Delta ROE_{t-2,t+2}$	11 656	−0.019	−0.011	0.354	−1.921	1.882	−14.49***	−2.37***
$\Delta ROE_{t-3,t+3}$	10 218	−0.013	−0.012	0.410	−2.160	2.325	−8.51***	−1.99***

Panel B：解释变量与控制变量描述性特征

变量	均值	中位数	标准差	最小值	最大值
Trust	3.835	4.353	1.165	0.993	5.389
Relative Size	0.177	0.018	1.718	0.001	145.610
Merger Related	0.392	0.000	0.488	0.000	1.000
Merger Pay	0.079	0.000	0.270	0.000	1.000
Merger Type	0.085	0.000	0.122	0.000	3.000
Underlying Type	0.648	1.000	0.478	0.000	1.000
Merger Major	0.046	0.000	0.209	0.000	1.000
Firm Size	21.814	21.669	1.334	18.838	26.055
Leverage	0.524	0.520	0.259	0.055	1.796
OCF	0.043	0.043	0.085	−0.232	0.278
Firm Growth	−0.256	−0.137	0.820	−6.166	0.939

注：由于 2014 年的部分并购事件无法观察到并购后 36 个月的长期市场绩效，$BHAR_{36}$ 的样本量减少至 11 384 个，2014 年的并购事件无法观察到并购后 3 年的长期财务绩效，$\Delta ROE_{t-3,t+3}$ 的样本量减少至 10 218 个

***表示 $p<0.01$

7.4.2　多元回归分析

1.社会信任对并购绩效的影响

本部分考察社会信任对并购绩效的影响。回归模型如模型式（7-1）～模型式（7-3）所示，回归方法使用 OLS 回归，地区社会信任对并购短期市场绩效、长期市场绩效和长期财务绩效的回归结果报告在表 7-4～表 7-6 中。

如表 7-4 所示，地区社会信任水平与并购绩效之间的回归结果表明，Trust 在对[-1，1]、[-2，2]和[-5，5]三个窗口期计算的并购短期市场绩效 CAR 的回归中，其回归系数均显著为正。这表明主并公司所在地区的社会信任程度水平（Trust）越高，并购创造的价值越大。其可能的原因是社会信任程度越高，预期不确定性会减少，并购双方的谈判会更加友好，谈判时间大大减少，并购双方的认同度会增强，从而降低交易成本。在控制变量中，公司规模（Firm Size）回归系数显著为负，这说明规模越大，并购之后的整合难度会越大，公司并购业绩会降低。风险（Leverage）回归系数为正，这说明，企业负债比率越高，进行并购重组后的潜力可能更大。此外，并购交易规模（Relative Size）、重大资产重组（Merger Major）类并购与并购短期市场绩效呈正相关，这表明投资者偏爱交易规模大的并购事件，并预期当目标公司业务对主并公司业务影响较大时，并购更可能实现优化资源配置。在并购支付方式（Merger Pay）中，主并公司采用现金支付提高了并购的短期市场绩效，这可能是因为在信息不对称下，现金支付传递了并购风险低的信息，相应地，并购绩效表现会更好。

表 7-4　社会信任与并购短期市场绩效（一）

变量	$CAR_{[-1,1]}$	$CAR_{[-2,2]}$	$CAR_{[-5,5]}$
Intercept	0.091* （1.70）	0.069 （1.03）	0.125 （1.25）
Trust	0.002** （2.26）	0.003*** （3.33）	0.003* （1.84）
Relative Size	0.002*** （4.61）	0.002*** （4.28）	0.005*** （5.29）
Merger Related	0.001 （0.33）	−0.001 （−0.12）	0.003 （0.84）
Merger Pay	0.029*** （6.98）	0.030*** （5.89）	0.125*** （4.31）
Merger Type	0.011 （0.73）	0.025 （1.29）	0.027 （0.96）
Underlying Type	0.001 （0.30）	0.001 （0.20）	0.005 （1.42）
Merger Major	0.029*** （5.74）	0.046*** （7.26）	0.065*** （6.87）
Firm Size	−0.007*** （−9.58）	−0.009*** （−9.59）	−0.012*** （−8.37）
Leverage	0.017*** （4.93）	0.023*** （5.22）	0.033*** （5.73）
OCF	−0.020* （−1.91）	−0.019 （−1.48）	−0.014 （−0.71）

变量	CAR$_{[-1,1]}$	CAR$_{[-2,2]}$	CAR$_{[-5,5]}$
Firm Growth	0.002* （1.90）	0.002* （1.74）	0.005*** （2.06）
YEAR	Yes	Yes	Yes
INDUSTRY	Yes	Yes	Yes
调整 R^2	0.055	0.056	0.052
F-statistic	13.93***	14.14***	13.06***
样本量	11 656	11 656	11 656

注：表中数据为各解释变量的回归系数，括号内为回归 t 值

*表示 $p<0.1$，**表示 $p<0.05$，***表示 $p<0.01$

表 7-5 报告了以并购后一年的长期市场绩效 BHAR$_{12}$、并购后两年的长期市场绩效 BHAR$_{24}$ 和并购后三年的长期市场绩效 BHAR$_{36}$ 作为被解释变量的回归结果。结果显示，主并企业所在地区的社会信任程度水平（Trust）的回归系数显著为正，这说明，在以长期市场绩效为并购业绩的度量指标中，主并公司所在地区的社会信任程度越高，并购的长期绩效越好。在控制变量中，重大资产重组（Merger Major）与主并公司规模（Firm Size）和并购长期市场绩效的关系，与表 7-4 所示的短期市场绩效关系一致，即重大资产重组类并购可以获得较好的并购长期市场绩效，主并公司规模与并购长期市场绩效呈负相关。此外，主并公司成长性（Firm Growth）的回归系数显著为负，表明处于成熟期的企业开展的并购更可能获得并购长期绩效，而成长型企业由于存在风险偏好高等特点，并购绩效难以提高。

表 7-5　社会信任与并购长期市场绩效（一）

变量	BHAR$_{12}$	BHAR$_{24}$	BHAR$_{36}$
Intercept	0.827*** （2.75）	−0.492 （−1.40）	−0.928** （−2.38）
Trust	0.043*** （11.10）	0.073*** （17.32）	0.093*** （20.60）
Relative Size	0.010*** （3.58）	0.006** （2.00）	−0.001 （−0.19）
Merger Related	−0.007 （−0.77）	0.010 （1.04）	0.001 （0.10）
Merger Pay	−0.004 （−0.18）	−0.036 （−1.54）	−0.063** （−2.46）
Merger Type	−0.172** （−2.16）	0.193** （2.23）	0.136 （1.55）

续表

变量	BHAR$_{12}$	BHAR$_{24}$	BHAR$_{36}$
Underlying Type	0.015 （1.61）	−0.022** （−2.16）	−0.034*** （−3.21）
Merger Major	0.178*** （6.76）	0.243*** （8.46）	0.226*** （7.18）
Firm Size	−0.039*** （−9.84）	−0.034*** （−7.82）	−0.011** （−2.44）
Leverage	0.021 （1.13）	0.055*** （2.63）	0.021 （0.92）
OCF	−0.071 （−1.34）	−0.104* （−1.77）	0.052 （0.83）
Firm Growth	−0.012** （−1.97）	−0.013** （−2.28）	−0.013** （−2.11）
YEAR	Yes	Yes	Yes
INDUSTRY	Yes	Yes	Yes
调整 R^2	0.047	0.054	0.052
F-statistic	22.90***	38.55***	47.98***
样本量	11 656	11 656	11 384

注：表中数据为各解释变量的回归系数，括号内为回归 t 值；由于 2014 年的部分并购事件无法观察到并购后 36 个月的长期市场绩效，BHAR$_{36}$ 的样本量减少至 11 384 个

*表示 $p<0.1$，**表示 $p<0.05$，***表示 $p<0.01$

本章分别采用并购后一年净资产收益率之差 $\Delta ROE_{t-1,t+1}$、两年净资产收益率之差 $\Delta ROE_{t-2,t+2}$ 和三年净资产收益率之差 $\Delta ROE_{t-3,t+3}$ 为被解释变量，考察主并公司的社会信任程度是否有助于提高并购后的业绩。表 7-6 报告了主要的回归结果。回归结果显示，在与并购后一至三年的并购长期财务绩效的回归方程中，社会信任代理变量 Trust 的回归系数均在 1%的水平上显著为正。在控制变量中，并购交易规模（Relative Size）对并购长期财务绩效的回归系数显著为正，与并购短期市场绩效的关系一致，主并公司成长性（Firm Growth）对并购长期财务绩效的回归系数显著为负，与并购长期市场绩效的关系一致。此外，主并公司的现金流（OCF）对并购长期财务绩效的回归系数显著为正，表明主并公司的现金流水平是促进并购长期财务绩效提升的重要因素。在并购类型（Merger Type）中，相比股权转让等重组类型，资产收购可以赢得较好的并购长期财务绩效。

表 7-6　社会信任与并购长期财务绩效（一）

变量	$\Delta ROE_{t-1, t+1}$	$\Delta ROE_{t-2, t+2}$	$\Delta ROE_{t-3, t+3}$
Intercept	0.330** （2.04）	0.201 （1.39）	0.130 （1.18）
Trust	0.006*** （3.07）	0.006*** （3.23）	0.006*** （3.71）
Relative Size	0.003** （2.09）	0.002** （2.01）	0.002* （1.93）
Merger Related	0.005 （0.95）	0.010** （2.40）	0.011*** （2.78）
Merger Pay	0.012 （1.06）	0.022** （2.29）	0.049*** （5.20）
Merger Type	−0.110*** （−2.58）	−0.073** （−2.07）	−0.025* （−1.65）
Underlying Type	0.006 （1.12）	0.007* （1.65）	0.003 （0.76）
Merger Major	0.036** （2.57）	0.036*** （3.04）	0.016 （1.24）
Firm Size	0.004** （2.03）	0.005*** （2.86）	−0.003** （−2.02）
Leverage	0.009 （0.89）	−0.022*** （−2.63）	0.033*** （4.11）
OCF	0.166*** （5.85）	0.192*** （7.97）	0.222*** （9.43）
Firm Growth	−0.023*** （−7.72）	−0.017*** （−7.00）	−0.016*** （−6.76）
YEAR	Yes	Yes	Yes
INDUSTRY	Yes	Yes	Yes
调整 R^2	0.010	0.009	0.011
F-statistic	5.43***	6.99***	11.01***
样本量	11 656	11 656	10 218

注：表中数据为各解释变量的回归系数，括号内为回归 t 值；由于 2014 年的并购事件无法观察到并购后 3 年的长期财务绩效，因此 $\Delta ROE_{t-3, t+3}$ 的样本量减少至 10 218 个

*表示 $p<0.1$，**表示 $p<0.05$，***表示 $p<0.01$

　　表 7-4、表 7-5 和表 7-6 的回归结果表明，较高的社会信任度有助于企业并购及合并收益增加（Bottazzi et al.，2016）。在社会信任程度越高的地区，主并公司与目标公司之间的信息不对称程度会越低，交易双方会朝着提升企业价值的目标开展并购交易，并进行并购整合。因此，社会信任程度越高的地区，并购价值创

造能力越强。地区社会信任水平能够提高契约的自我履行机制，提高公司的外部投资者对公司的信任，增强投资者的信心，限制公司的机会主义行为，并进一步增强并购之后的整合效率。这验证了本章的 H1。

2. 社会信任与并购绩效的子样本检验：非正式制度对正式制度的替代效应

通过上述检验，可以发现，主并公司所在地区的社会信任度会显著提升并购绩效，本章认为社会信任对并购绩效产生正向影响的一个重要影响机制在于：社会信任作为社会资本的关键要素，从本质上构建了经济交换的基础，影响并购交易中契约的签订与执行。根据这一机制形成的一个自然推论是当主并公司所处地区的法律环境较好时，并购双方可以借助企业外部环境的公开信息获取信任，促进并购创造价值，但如果正式制度所提供的产权保护水平和法律制度不能够保护投资者的权益时，非正式制度社会信任在一定程度上可以弥补正式制度的薄弱性，在并购交易的契约签订与执行中，发挥积极作用。基于研究假设的分析，本章根据主并公司所处地区的法律环境，将总样本分为所处法律环境好与所处法律环境差两组子样本，在不同的正式制度环境中，检验非正式制度社会信任如何影响并购绩效，验证非正式制度社会信任与正式制度法律水平在企业并购重组过程中能否形成替代效应。

具体来说，根据《中国分省份市场化指数报告（2016）》（王小鲁等，2017）的市场化指数，本章计算了样本公司所处地区的法律制度水平的中位数，并以此为依据，对样本公司所在地区的法律环境进行了区分，将总样本分为所处法律环境好与所处法律环境差两组，并重复模型式（7-1）～模型式（7-3）的回归，回归结果报告在表 7-7～表 7-9 中。

表 7-7　社会信任与并购短期市场绩效：按法律环境分组

变量	CAR$_{[-1,1]}$		CAR$_{[-2,2]}$		CAR$_{[-5,5]}$	
	法律环境差	法律环境好	法律环境差	法律环境好	法律环境差	法律环境好
Intercept	0.186**	0.065	0.132	0.067	0.218	0.117
	(2.51)	(0.88)	(1.40)	(0.74)	(1.57)	(0.88)
Trust	0.008***	−0.001	0.008**	0.001	0.004**	0.001
	(2.87)	(−0.36)	(2.46)	(−0.06)	(1.98)	(0.12)
Relative Size	0.002**	0.002***	0.005***	0.002***	0.005***	0.003***
	(2.31)	(3.99)	(3.72)	(3.15)	(5.39)	(3.44)
Merger Related	−0.003	0.002	−0.007**	0.003	0.002	0.002
	(−1.33)	(0.92)	(−2.12)	(0.90)	(0.61)	(0.42)
Merger Pay	0.039***	0.018***	0.044***	0.018**	0.030***	0.029***
	(6.88)	(3.03)	(6.01)	(2.42)	(3.33)	(2.64)

续表

变量	CAR$_{[-1,1]}$		CAR$_{[-2,2]}$		CAR$_{[-5,5]}$	
	法律环境差	法律环境好	法律环境差	法律环境好	法律环境差	法律环境好
Merger Type	−0.040* (−1.79)	0.051** (2.35)	−0.015 (−0.53)	0.063** (2.39)	0.003 (0.08)	0.070* (1.78)
Underlying Type	0.002 (0.99)	0.001 (0.29)	0.002 (0.63)	0.001 (0.48)	0.008* (1.94)	0.006 (1.35)
Merger Major	0.023*** (3.32)	0.034*** (4.44)	0.032*** (3.65)	0.054*** (5.85)	0.070*** (6.57)	0.067*** (4.90)
Firm Size	−0.006*** (−5.42)	−0.011*** (−10.12)	−0.008*** (−6.16)	−0.013*** (−9.86)	−0.014*** (−8.91)	−0.018*** (−8.74)
Leverage	0.011** (2.13)	0.019*** (3.96)	0.018*** (2.67)	0.022*** (3.82)	0.035*** (4.49)	0.039*** (4.56)
OCF	−0.046*** (−3.22)	0.004 (0.25)	−0.056*** (−3.09)	0.013 (0.69)	−0.036 (−1.59)	0.019 (0.68)
Firm Growth	−0.001 (−0.69)	0.005*** (3.06)	−0.001 (−0.31)	0.005** (2.55)	0.004 (1.59)	0.004 (1.47)
YEAR	Yes	Yes	Yes	Yes	Yes	Yes
INDUSTRY	Yes	Yes	Yes	Yes	Yes	Yes
调整 R^2	0.047	0.059	0.047	0.061	0.043	0.047
F-statistic	37.39***	47.90***	36.74***	49.45***	33.55***	37.47***
样本量	4662	6994	4662	6994	4662	6994

注：表中数据为各解释变量的回归系数，括号内为回归 t 值

*表示 $p<0.1$，**表示 $p<0.05$，***表示 $p<0.01$

表 7-8　社会信任与并购长期市场绩效：按法律环境分组

变量	BHAR$_{12}$		BHAR$_{24}$		BHAR$_{36}$	
	法律环境差	法律环境好	法律环境差	法律环境好	法律环境差	法律环境好
Intercept	1.739*** (8.80)	2.819*** (3.97)	−0.300 (−1.11)	1.313 (1.34)	−0.024 (−0.07)	−1.089*** (−2.83)
Trust	0.026*** (5.88)	0.024 (1.30)	0.033*** (5.36)	0.035 (1.38)	0.027*** (3.49)	0.022* (1.79)
Relative Size	0.001 (0.80)	0.006 (0.49)	0.003 (1.39)	0.041** (2.28)	−0.003 (−0.93)	0.009** (2.01)
Merger Related	−0.016** (−2.31)	−0.003 (−0.12)	−0.011 (−1.14)	−0.055* (−1.70)	−0.016 (−1.39)	−0.017 (−1.49)
Merger Pay	0.025 (1.53)	0.006 (0.10)	0.011 (0.52)	−0.018 (−0.22)	−0.033 (−1.18)	−0.084*** (−3.09)

续表

变量	BHAR$_{12}$		BHAR$_{24}$		BHAR$_{36}$	
	法律环境差	法律环境好	法律环境差	法律环境好	法律环境差	法律环境好
Merger Type	−0.471*** （−9.07）	−0.688*** （−3.23）	0.242*** （3.41）	−0.007 （−0.02）	0.176** （1.96）	0.074 （0.69）
Underlying Type	0.030*** （4.32）	0.031 （1.29）	0.006 （0.64）	−0.010 （−0.29）	0.019 （1.62）	−0.067*** （−5.77）
Merger Major	0.073*** （3.62）	−0.030 （−0.38）	0.094*** （3.47）	0.031 （0.29）	0.129*** （3.76）	0.302*** （9.02）
Firm Size	−0.041*** （−13.78）	−0.056*** （−5.02）	−0.056*** （−13.85）	−0.091*** （−5.95）	−0.064*** （−12.52）	−0.001 （−0.21）
Leverage	−0.022* （−1.66）	−0.019 （−0.41）	−0.017 （−0.93）	−0.139** （−2.16）	−0.005 （−0.22）	−0.050** （−1.99）
OCF	−0.176*** （−4.32）	−0.204 （−1.43）	−0.315*** （−5.63）	−0.454** （−2.31）	−0.335*** （−4.72）	0.303*** （4.60）
Firm Growth	−0.002 （−0.55）	0.030** （2.04）	−0.001 （−0.06）	0.027 （1.30）	0.004 （0.63）	−0.018** （−2.52）
YEAR	Yes	Yes	Yes	Yes	Yes	Yes
INDUSTRY	Yes	Yes	Yes	Yes	Yes	Yes
调整 R^2	0.039	0.041	0.047	0.036	0.043	0.024
F-statistic	30.72***	33.12***	37.21***	27.83***	33.56***	18.83***
样本量	4662	6994	4662	6994	4553	6831

注：表中数据为各解释变量的回归系数，括号内为回归 t 值；由于 2014 年的部分并购事件无法观察到并购后 36 个月的长期市场绩效，BHAR$_{36}$ 的样本量减少至 11 384 个

*表示 $p<0.1$，**表示 $p<0.05$，***表示 $p<0.01$

表 7-9　社会信任与并购长期财务绩效：按法律环境分组

变量	$\Delta ROE_{t-1,t+1}$		$\Delta ROE_{t-2,t+2}$		$\Delta ROE_{t-3,t+3}$	
	法律环境差	法律环境好	法律环境差	法律环境好	法律环境差	法律环境好
Intercept	0.251* （1.87）	−0.056 （−0.54）	−0.348 （−0.65）	−0.050 （−0.19）	−0.087 （−0.20）	−0.208 （−0.74）
Trust	0.023*** （7.42）	0.005 （1.56）	0.036*** （2.60）	0.001 （0.32）	0.025** （2.42）	0.002 （0.17）
Relative Size	−0.001 （−0.10）	0.001 （0.00）	0.031*** （3.13）	0.001 （0.40）	0.025*** （3.59）	−0.001 （−0.60）
Merger Related	0.005 （1.03）	0.001 （0.30）	0.008 （0.47）	0.004 （0.60）	0.017 （1.06）	−0.002 （−0.21）
Merger Pay	0.055*** （4.92）	−0.012 （−1.59）	0.074 （1.62）	0.004 （0.21）	0.026 （0.66）	0.004 （0.18）

续表

变量	$\Delta ROE_{t-1,t+1}$		$\Delta ROE_{t-2,t+2}$		$\Delta ROE_{t-3,t+3}$	
	法律环境差	法律环境好	法律环境差	法律环境好	法律环境差	法律环境好
Merger Type	−0.154*** （−4.31）	−0.043 （−1.47）	−0.070 （−0.43）	0.034 （0.52）	−0.017 （−0.13）	−0.006 （−0.07）
Underlying Type	0.007 （1.38）	0.007** （2.32）	0.006 （0.31）	0.015** （2.00）	0.009 （0.57）	−0.002 （−0.25）
Merger Major	0.039*** （2.79）	0.051*** （5.73）	0.036 （0.60）	0.061*** （2.99）	0.019 （0.36）	0.064** （2.06）
Firm Size	0.002 （0.86）	0.005*** （4.16）	0.016* （1.95）	0.004 （1.26）	−0.001 （−0.11）	0.002 （0.52）
Leverage	0.008 （0.86）	−0.068*** （−10.06）	−0.125*** （−3.54）	−0.016 （−1.10）	0.026 （0.87）	−0.024 （−1.27）
OCF	0.097*** （3.47）	0.066*** （3.73）	−0.412*** （−3.82）	0.131*** （3.04）	0.057 （0.61）	0.026 （0.47）
Firm Growth	−0.007** （−2.37）	−0.005*** （−2.77）	0.005 （0.44）	−0.023*** （−4.93）	−0.039*** （−4.13）	−0.006 （−1.02）
YEAR	Yes	Yes	Yes	Yes	Yes	Yes
INDUSTRY	Yes	Yes	Yes	Yes	Yes	Yes
调整 R^2	0.008	0.008	0.009	0.008	0.006	0.018
F-statistic	6.96***	6.85***	7.35***	7.12***	5.04***	12.76***
样本量	4662	6994	4662	6994	4087	6131

注：表中数据为各解释变量的回归系数，括号内为回归 t 值；由于 2014 年的并购事件无法观察到并购后 3 年的长期财务绩效，$\Delta ROE_{t-3,t+3}$ 的样本量减少至 10 218 个

*表示 $p<0.1$，**表示 $p<0.05$，***表示 $p<0.01$

在以 Trust 为社会信任代理变量的回归结果中，可以发现，Trust 的回归系数在法律水平较低的一组显著为正，但在法律水平较高的一组大多未通过显著性检验。这一结果表明，在并购交易的价值创造过程中，主并企业所在地区的社会信任程度和该地区法律制度水平存在着替代关系。在地方法律环境较差的地区，非正式制度社会信任对并购价值创造的影响显著，并购的交易主体通常会在正式制度之外寻求解决矛盾的方法，他们私下发展出一套依靠信任解决纠纷和惩治违约者的机制。但当地区法律水平较高时，对并购交易中的不诚信违约行为，主要依靠行政法律惩罚机制来减少合作中违约现象的发生，降低信息不对称和并购整合成本。这一结论支持本章的 H2a。

3. 社会信任与并购绩效的子样本检验：根据企业产权性质分类

在本部分中，基于研究假设的分析，将主并公司按产权性质进行区分，将总

样本分为国有企业与民营企业两组，在不同的企业产权性质环境中，检验社会信任与并购绩效之间的关系，相关回归结果报告在表 7-10～表 7-12 中。

表 7-10　社会信任与并购短期市场绩效：按企业性质分组

变量	$CAR_{[-1,1]}$		$CAR_{[-2,2]}$		$CAR_{[-5,5]}$	
	民营企业	国有企业	民营企业	国有企业	民营企业	国有企业
Intercept	0.334*** (9.10)	−0.078** (−2.36)	0.336*** (7.47)	−0.097** (−2.28)	0.463*** (6.53)	−0.062 (−1.06)
Trust	0.003*** (6.36)	−0.001 (−0.75)	0.005*** (8.69)	0.001 (0.86)	0.004*** (4.28)	0.001 (0.11)
Relative Size	0.002*** (10.24)	0.002*** (3.12)	0.003*** (9.37)	0.004*** (5.02)	0.005*** (10.94)	0.007*** (7.49)
Merger Related	0.003*** (2.63)	0.001 (0.61)	0.003** (2.31)	−0.001 (−0.97)	0.009*** (4.25)	−0.001 (−0.82)
Merger Pay	0.027*** (11.10)	0.030*** (14.82)	0.027*** (9.04)	0.033*** (12.72)	0.032*** (6.80)	0.034*** (9.41)
Merger Type	−0.040*** (−4.40)	0.046*** (6.82)	−0.030*** (−2.71)	0.059*** (6.78)	−0.039** (−2.19)	0.058*** (4.84)
Underlying Type	−0.001 (−0.39)	−0.001 (−1.25)	0.002 (1.27)	−0.004*** (−3.95)	0.009*** (4.00)	−0.004*** (−2.65)
Merger Major	0.030*** (9.94)	0.020*** (7.69)	0.049*** (13.53)	0.028*** (8.51)	0.069*** (12.00)	0.038*** (8.46)
Firm Size	−0.012*** (−24.53)	−0.003*** (−7.24)	−0.015*** (−24.15)	−0.003*** (−7.41)	−0.018*** (−19.03)	−0.004*** (−7.27)
Leverage	0.016*** (8.13)	0.014*** (7.22)	0.015*** (5.91)	0.027*** (11.23)	0.025*** (6.46)	0.033*** (9.73)
OCF	0.004 (0.63)	−0.030*** (−5.95)	0.008 (1.07)	−0.026*** (−4.04)	0.043*** (3.65)	−0.054*** (−6.07)
Firm Growth	0.001* (1.73)	0.001 (1.38)	0.001 (1.33)	0.001 (1.03)	0.003*** (3.09)	−0.001 (−0.81)
YEAR	Yes	Yes	Yes	Yes	Yes	Yes
INDUSTRY	Yes	Yes	Yes	Yes	Yes	Yes
调整 R^2	0.063	0.037	0.062	0.040	0.046	0.035
F-statistic	50.37***	28.94***	49.10***	31.43***	36.23***	27.16***
样本量	4662	6994	4662	6994	4662	6994

注：表中数据为各解释变量的回归系数，括号内为回归 t 值

*表示 $p<0.1$，**表示 $p<0.05$，***表示 $p<0.01$

表 7-11　社会信任与并购长期市场绩效：按企业性质分组

变量	$BHAR_{12}$		$BHAR_{24}$		$BHAR_{36}$	
	民营企业	国有企业	民营企业	国有企业	民营企业	国有企业
Intercept	1.374***	−1.400	0.565	−2.704	−0.209	−3.813*
	（5.19）	（−0.91）	（1.60）	（−1.52）	（−0.49）	（−1.81）
Trust	0.030***	0.037	0.054***	0.002	0.073***	−0.053
	（8.64）	（1.21）	（11.76）	（0.06）	（13.24）	（−1.26）
Relative Size	0.007***	0.033	0.002	−0.009	−0.004	0.002
	（4.26）	（0.40）	（0.98）	（−0.10）	（−1.41）	（0.02）
Merger Related	−0.010	−0.106	0.021*	−0.119	0.009	−0.124
	（−1.23）	（−1.56）	（1.92）	（−1.51）	（0.67）	（−1.35）
Merger Pay	−0.026	−0.056	−0.058**	−0.184	−0.093***	−0.257
	（−1.48）	（−0.44）	（−2.48）	（−1.26）	（−3.25）	（−1.49）
Merger Type	−0.294***	0.046	0.042	−0.046	0.021	−0.013
	（−4.46）	（0.10）	（0.47）	（−0.08）	（0.20）	（−0.02）
Underlying Type	0.028***	−0.117	−0.015	−0.058	−0.047***	−0.016
	（3.40）	（−1.54）	（−1.36）	（−0.67）	（−3.57）	（−0.16）
Merger Major	0.286***	0.210	0.318***	0.374**	0.326***	0.388*
	（13.32）	（1.30）	（11.08）	（2.00）	（9.40）	（1.76）
Firm Size	−0.052***	0.025	−0.072***	0.081**	−0.038***	0.128***
	（−14.26）	（0.74）	（−14.77）	（2.07）	（−6.43）	（2.79）
Leverage	−0.050***	0.151	0.095***	0.071	0.144***	−0.155
	（−3.40）	（0.85）	（4.88）	（0.34）	（6.10）	（−0.64）
OCF	−0.029	1.932***	0.057	1.040*	0.108	2.497***
	（−0.64）	（4.03）	（0.97）	（1.88）	（1.51）	（3.82）
Firm Growth	−0.005	0.036	−0.007	0.036	−0.008	0.013
	（−1.27）	（1.47）	（−1.23）	（1.25）	（−1.21）	（0.40）
YEAR	Yes	Yes	Yes	Yes	Yes	Yes
INDUSTRY	Yes	Yes	Yes	Yes	Yes	Yes
调整 R^2	0.051	0.045	0.058	0.055	0.039	0.068
F-statistic	40.14***	35.04***	45.72***	43.26***	30.49***	54.18***
样本量	4662	6994	4662	6994	4553	6831

注：表中数据为各解释变量的回归系数，括号内为回归 t 值；由于 2014 年的部分并购事件无法观察到并购后 36 个月的长期市场绩效，$BHAR_{36}$ 的样本量减少至 11 384 个

*表示 $p<0.1$，**表示 $p<0.05$，***表示 $p<0.01$

表 7-12 社会信任与并购长期财务绩效：按企业性质分组

变量	$\Delta ROE_{t-1,t+1}$		$\Delta ROE_{t-2,t+2}$		$\Delta ROE_{t-3,t+3}$	
	民营企业	国有企业	民营企业	国有企业	民营企业	国有企业
Intercept	0.139 （1.33）	0.416*** （2.91）	−0.468*** （−3.17）	0.022 （0.14）	−0.283* （−1.66）	0.231 （1.27）
Trust	0.006*** （4.54）	0.003 （1.10）	0.006*** （3.12）	0.002 （1.25）	0.010*** （4.23）	−0.003 （−1.51）
Relative Size	0.001 （0.64）	−0.008* （−1.89）	0.002** （2.21）	−0.004* （−1.69）	0.002 （1.49）	−0.006* （−1.77）
Merger Related	0.007** （2.28）	−0.015*** （−2.72）	0.021*** （4.57）	−0.006 （−1.63）	0.015*** （2.67）	−0.005 （−1.14）
Merger Pay	0.015* （1.94）	0.055*** （4.20）	0.042*** （4.30）	0.012 （1.33）	0.088*** （6.40）	−0.019* （−1.67）
Merger Type	−0.069*** （−2.61）	−0.245*** （−5.52）	0.108*** （2.95）	−0.137*** （−4.42）	0.123*** （2.90）	−0.272*** （−7.07）
Underlying Type	0.007** （2.12）	0.001 （0.02）	0.030*** （6.63）	−0.003 （−0.86）	0.010* （1.88）	−0.007 （−1.55）
Merger Major	0.053*** （5.69）	0.009 （0.57）	0.034*** （2.86）	0.083*** （7.12）	0.040** （2.26）	0.065*** （4.36）
Firm Size	0.002 （1.30）	0.015*** （6.49）	0.002 （1.04）	0.005*** （3.17）	−0.002 （−0.74）	−0.002 （−0.99）
Leverage	−0.013** （−2.14）	−0.100*** （−7.23）	−0.011 （−1.41）	−0.047*** （−5.39）	0.029*** （2.97）	−0.023** （−2.20）
OCF	0.074*** （4.05）	0.121*** （3.31）	0.063** （2.56）	0.088*** （3.82）	0.106*** （3.55）	0.076*** （2.74）
Firm Growth	−0.009*** （−4.76）	0.016*** （3.93）	−0.010*** （−4.20）	0.004* （1.66）	−0.010*** （−3.64）	0.002 （0.58）
YEAR	Yes	Yes	Yes	Yes	Yes	Yes
INDUSTRY	Yes	Yes	Yes	Yes	Yes	Yes
调整 R^2	0.006	0.008	0.010	0.008	0.020	0.006
F-statistic	5.19***	6.88***	8.60***	6.90***	14.02***	5.25***
样本量	4662	6994	4662	6994	4087	6131

注：表中数据为各解释变量的回归系数，括号内为回归 t 值；由于 2014 年的并购事件无法观察到并购后 3 年的长期财务绩效，$\Delta ROE_{t-3,t+3}$ 的样本量减少至 10 218 个

*表示 $p<0.1$，**表示 $p<0.05$，***表示 $p<0.01$

从表 7-10～表 7-12 中，可以发现，在民营企业组，社会信任 Trust 对并购短期市场绩效、长期市场绩效和并购长期财务绩效的回归系数在 1% 的显著性水平上为正，但在国有企业组未通过显著性检验。这一结果表明，在民营企业开展的并购重组中，主并公司所在地区的社会信任程度对并购价值创造发挥着积极作用。

相比国有企业，民营企业在政府支持方面优势不足，其逐利性特征使正式制度的约束力比较薄弱，而依靠社会信任非正式制度建立的信任机制，可以降低并购交易中的交易摩擦，非正式制度弥补了正式制度的不足，提高了并购价值创造能力。国有企业在并购过程中，主要依靠正式制度来约束不诚信履约行为和减少交易成本，作为非正式制度的社会信任在并购价值创造过程中的作用不突出。这一结论支持本章的 H2b。

7.4.3　进一步的分析

在企业并购重组的过程中，中介机构发挥着缓解并购双方的信息不对称或者提供专业意见，降低交易成本、信息不对称程度和代理成本的作用。上文研究结论的潜在作用机理是主并企业所在地区社会信任程度越高，越能够降低企业之间的交易成本，信息不对称程度会降低。基于上述理论分析逻辑，在主并企业所在地区，由于社会信任程度越高，并购交易双方之间信息交易成本越低，这是否也会降低聘任交易中介的概率呢？为此，本章进一步从中介机构选聘的视角，对地区社会信任与并购价值创造之间的作用机制进行检验。

本章首先建立模型式（7-4）并使用 Logistic 回归方法考察非正式制度信任对并购是否选聘中介机构产生影响，构建如下模型。

$$Agent = \rho_0 + \rho_1 Trust\_3 + \rho_i' Control + \rho_j \Sigma YEAR + \rho_k \Sigma INDUSTRY + \omega \quad （7-4）$$

被解释变量 Agent 表示并购是否选聘了中介机构，为虚拟变量，当主并公司为并购选聘了中介机构时，取 1，否则取 0。中介机构[①]包含主并方是否为并购聘任资产评估机构 Agent1 和财务顾问 Agent2。中介机构聘任数据取自 CSMAR 并购数据库，由于数据库数据缺失较多，研究团队通过手动查阅上市公司并购事件的临时公告，对中介机构聘任数据进行了核对。Trust_3 为解释变量社会信任，包含三个代理变量 Trust、Trust_Social 和 Blood。Trust 沿用模型式（7-1）～模型式（7-3）采用的 CGSS 数据提供的地区信任指数。Trust_Social 为张维迎和柯荣住（2002）提供的地区信任数据。张维迎和柯荣住（2002）在 2000 年委托"中国企业家调查系统"对中国 15 000 家企业做了信任度调查，并以此为基础，对全国 31 个省市自治区的信用度做了排名。本章以此作为度量地区社会信任水平的第二个指标。

---

　　① 企业并购中的选聘中介机构主要包括资产评估机构、财务顾问、会计师事务所和法律事务所。在并购尽职调查中，基于交易的真实性、流程的合规性和中小投资者利益的考虑，律师需要出具法律意见书，注册会计师需要出具审计报告；当收购标的为资产时，需要出具资产评估报告，收购标的为股权时，企业可以自行决定是否聘请资产评估机构；企业可以自行决定是否聘请财务顾问。因此，本章选取企业可以自主聘请的资产评估机构、财务顾问，作为聘用中介机构的代理变量。相关法规见《证券法》《上市公司收购管理办法》《律师事务所从事证券法律业务管理办法》等。

Blood 为无偿自愿献血率，本章利用中国输血协会、红十字会等部门的统计数据及华通经济统计数据库，收集全国各省区的无偿自愿献血率（Blood）作为衡量全国各区域社会信任的第三个重要指标。

本章认为，已经建立了社会信任机制的企业，并购中的信息不对称会减少，并购双方基于信任可能选择不聘用中介机构，并购双方直接进行并购交易，因此回归系数 ρ_1 预期为负。向量 Control 表示全部控制变量，与模型式（7-1）～模型式（7-3）的控制变量相同。

表 7-13 报告了社会信任与并购中介机构选聘的 Logistic 回归检验结果。结果显示，社会信任 Trust 对为并购选聘资产评估机构 Agent1 的 Logistic 回归系数为 −0.108，在 1% 的水平上显著，社会信任 Trust 对为并购选聘财务顾问 Agent2 的 Logistic 回归系数为−0.116，在 1% 的水平上显著。同样地，以 Trust_Social 和 Blood 为社会信任代理变量的回归结果，也显示了社会信任和中介机构聘用之间的负向关系。这表明，当主并公司所在地区社会信任程度较高时，并购交易主体之间的信任程度会提高，信息不对称程度会降低，这会降低并购双方对中介机构的聘任行为，进而降低交易成本。

表 7-13　社会信任与并购中介机构选聘的 Logistic 回归

变量	Trust		Trust_Social		Blood	
	Agent1	Agent2	Agent1	Agent2	Agent1	Agent2
Intercept	−5.286***	−6.547***	−5.657***	−6.901***	−5.116***	−6.385***
	（14.32）	（20.71）	（16.20）	（22.82）	（13.34）	（19.51）
Trust_3	−0.108***	−0.116***	−0.157***	−0.160***	−0.128***	−0.147***
	（22.54）	（19.69）	（34.36）	（26.30）	（24.24）	（23.56）
Relative Size	0.026	−0.240***	0.023	0.026*	0.023	0.027*
	（0.22）	（13.52）	（2.07）	（2.78）	（2.15）	（2.95）
Merger Related	0.634***	0.405***	0.640***	0.410***	0.650***	0.420***
	（140.76）	（41.85）	（143.19）	（42.84）	（147.04）	（44.91）
Merger Pay	1.740***	2.129***	1.749***	2.138***	1.735***	2.123***
	（265.94）	（361.52）	（267.58）	（363.16）	（264.27）	（358.61）
Merger Type	1.039**	1.275***	1.073**	1.305***	1.050**	1.287***
	（5.62）	（8.41）	（5.94）	（8.77）	（5.70）	（8.46）
Underlying Type	0.627***	1.810***	0.630***	1.812***	0.621***	1.803***
	（109.75）	（374.04）	（110.94）	（374.92）	（108.13）	（372.34）
Merger Major	1.731***	1.758***	1.738***	1.759***	1.720***	1.750***
	（132.31）	（130.86）	（132.64）	（130.67）	（130.66）	（129.74）
Firm Size	0.033	0.004	0.035	0.005	0.022	−0.006
	（2.16）	（0.02）	（2.49）	（0.03）	（0.99）	（0.05）

续表

变量	Trust		Trust_Social		Blood	
	Agent1	Agent2	Agent1	Agent2	Agent1	Agent2
Leverage	−0.676*** (35.03)	−0.624*** (22.28)	−0.686*** (35.97)	−0.632*** (22.75)	−0.620*** (30.32)	−0.556*** (18.13)
OCF	−0.309 (0.93)	−0.394 (1.12)	−0.302 (0.89)	−0.387 (1.08)	−0.236 (0.55)	−0.322 (0.75)
Firm Growth	0.051 (1.96)	0.020 (0.26)	0.047 (1.66)	0.016 (0.16)	0.054 (2.24)	0.023 (0.35)
YEAR	Yes	Yes	Yes	Yes	Yes	Yes
INDUSTRY	Yes	Yes	Yes	Yes	Yes	Yes
调整 R^2	0.14	0.19	0.14	0.19	0.14	0.19
预测准确百分比	0.72	0.79	0.72	0.79	0.72	0.79
似然比	1 526.45***	2 121.68***	1 539.51***	2 129.33***	1 528.46***	2 125.91***
样本量	11 656	11 656	11 656	11 656	11 656	11 656

注：表中数据为各解释变量的回归系数，括号内为回归 Wald 卡方值

*表示 $p<0.1$，**表示 $p<0.05$，***表示 $p<0.01$

7.4.4　稳健性检验

在社会信任与中介机构聘用的关系研究中，本章选用了社会信任的三个代理变量带入模型回归，得出了较为稳健的结论。而在本章的主模型中，本书仅用了 CGSS 数据提供的地区信任指数 Trust，考察了社会信任与并购绩效之间的关系。在本部分，本书选用社会信任的另两个代理变量，对本章的主要结论进行稳健性检验。

首先，采用张维迎和柯荣住（2002）提供的地区信任数据（Trust_Social）作为度量地区社会信任水平的指标，与并购短期市场绩效、长期市场绩效和长期财务绩效进行回归。回归结果列于表 7-14～表 7-16 中。主要回归结果没有变化。根据法律环境与企业产权性质分组的子样本回归结果没有变化，因此基于篇幅的考虑，本书没有详细报告子样本的分组回归结果。

表 7-14　社会信任与并购短期市场绩效（二）

变量	$CAR_{[-1,1]}$	$CAR_{[-2,2]}$	$CAR_{[-5,5]}$
Intercept	0.080 (1.48)	0.056 (0.83)	0.126 (1.26)
Trust_Social	0.008*** (2.93)	0.009*** (2.61)	−0.002 (−0.43)

续表

变量	CAR$_{[-1,1]}$	CAR$_{[-2,2]}$	CAR$_{[-5,5]}$
Relative Size	0.002*** （4.67）	0.003*** （4.36）	0.005*** （5.34）
Merger Related	0.001 （0.32）	−0.001 （−0.15）	0.003 （0.81）
Merger Pay	0.029*** （7.03）	0.031*** （5.94）	0.033*** （4.30）
Merger Type	0.010 （0.67）	0.024 （1.26）	0.029 （1.00）
Underlying Type	0.001 （0.36）	0.001 （0.30）	0.005 （1.50）
Merger Major	0.029*** （5.70）	0.046*** （7.24）	0.065*** （6.90）
Firm Size	−0.007*** （−9.53）	−0.009*** （−9.36）	−0.012*** （−8.14）
Leverage	0.017*** （4.91）	0.022*** （5.02）	0.035*** （5.45）
OCF	−0.021** （−2.00）	−0.020 （−1.58）	−0.014 （−0.74）
Firm Growth	0.002* （1.87）	0.002* （1.68）	0.004** （2.01）
YEAR	Yes	Yes	Yes
INDUSTRY	Yes	Yes	Yes
调整 R^2	0.056	0.056	0.052
F-statistic	14.01***	14.04***	12.98***
样本量	11 656	11 656	11 656

注：表中数据为各解释变量的回归系数，括号内为回归 t 值

*表示 $p<0.1$，**表示 $p<0.05$，***表示 $p<0.01$

表 7-15 社会信任与并购长期市场绩效（二）

变量	BHAR$_{12}$	BHAR$_{24}$	BHAR$_{36}$
Intercept	0.763** （2.52）	−0.587* （−1.66）	−1.104*** （−2.81）
Trust_Social	0.029** （2.07）	0.041*** （2.72）	0.073*** （4.52）
Relative Size	0.010*** （3.78）	0.007** （2.31）	0.001 （0.21）
Merger Related	−0.008 （−0.92）	0.008 （0.80）	−0.001 （−0.12）

续表

变量	BHAR$_{12}$	BHAR$_{24}$	BHAR$_{36}$
Merger Pay	-0.004 （-0.16）	-0.037 （-1.57）	-0.067^{***} （-2.58）
Merger Type	-0.163^{**} （-2.05）	0.209^{**} （2.41）	0.165^{*} （1.86）
Underlying Type	0.018^{**} （2.00）	-0.015 （-1.51）	-0.027^{**} （-2.48）
Merger Major	0.181^{***} （6.85）	0.247^{***} （8.56）	0.231^{***} （7.29）
Firm Size	-0.033^{***} （-8.46）	-0.024^{***} （-5.63）	0.001 （0.04）
Leverage	-0.004 （-0.21）	0.011 （0.53）	-0.030 （-1.35）
OCF	-0.078 （-1.48）	-0.114^{*} （-1.93）	0.039 （0.60）
Firm Growth	-0.011^{**} （-2.01）	-0.014^{**} （-2.31）	-0.014^{**} （-2.24）
YEAR	Yes	Yes	Yes
INDUSTRY	Yes	Yes	Yes
调整 R^2	0.041	0.045	0.042
F-statistic	20.20^{***}	32.03^{***}	39.00^{***}
样本量	11 656	11 656	11 384

注：表中数据为各解释变量的回归系数，括号内为回归 t 值；由于2014年的部分并购事件无法观察到并购后36个月的长期市场绩效，BHAR$_{36}$ 的样本量减少至11 384个

*表示 $p<0.1$，**表示 $p<0.05$，***表示 $p<0.01$

表 7-16　社会信任与并购长期财务绩效（二）

变量	$\Delta ROE_{t-1,t+1}$	$\Delta ROE_{t-2,t+2}$	$\Delta ROE_{t-3,t+3}$
Intercept	0.269^{*} （1.67）	0.132 （0.91）	0.054 （0.49）
Trust_Social	0.043^{***} （5.79）	0.050^{***} （8.12）	0.047^{***} （7.94）
Relative Size	0.003^{**} （2.18）	0.002^{**} （2.09）	0.002^{*} （1.91）
Merger Related	0.005 （0.97）	0.010^{**} （2.45）	0.011^{***} （2.81）
Merger Pay	0.013 （1.16）	0.023^{**} （2.44）	0.051^{***} （5.37）
Merger Type	-0.115^{***} （-2.71）	-0.080^{**} （-2.27）	-0.027^{*} （-1.82）

续表

变量	$\Delta ROE_{t-1,t+1}$	$\Delta ROE_{t-2,t+2}$	$\Delta ROE_{t-3,t+3}$
Underlying Type	0.006 （1.18）	0.007* （1.69）	0.003 （0.82）
Merger Major	0.035** （2.47）	0.034*** （2.90）	0.014 （1.13）
Firm Size	0.004** （2.10）	0.005*** （2.77）	− 0.004** （− 2.12）
Leverage	0.010 （1.01）	− 0.019** （− 2.29）	0.036*** （4.49）
OCF	0.160*** （5.64）	0.185*** （7.67）	0.215*** （9.14）
Firm Growth	− 0.023*** （− 7.75）	− 0.017*** （− 7.03）	− 0.016*** （− 6.73）
YEAR	Yes	Yes	Yes
INDUSTRY	Yes	Yes	Yes
调整 R^2	0.011	0.011	0.012
F-statistic	5.96***	8.18***	12.09***
样本量	11 656	11 656	10 218

注：表中数据为各解释变量的回归系数，括号内为回归 t 值；由于 2014 年的并购事件无法观察到并购后 3 年的长期财务绩效，$\Delta ROE_{t-3,t+3}$ 的样本量减少至 10 218 个

*表示 $p<0.1$，**表示 $p<0.05$，***表示 $p<0.01$

接下来，选用全国各省区的无偿自愿献血率（Blood）作为衡量全国各区域社会信任的另一个重要指标，与并购短期市场绩效、长期市场绩效和长期财务绩效进行回归，回归结果没有变化，列于表 7-17～表 7-19 中。根据法律环境与企业产权性质分组的子样本回归结果没有变化，但基于篇幅的考虑，本书没有详细报告子样本的分组回归结果。

表 7-17 社会信任与并购短期市场绩效（三）

变量	$CAR_{[-1,1]}$	$CAR_{[-2,2]}$	$CAR_{[-5,5]}$
Intercept	0.096* （1.79）	0.076 （1.14）	0.137 （1.37）
Blood	0.002*** （2.91）	0.004*** （3.52）	0.006*** （3.54）
Relative Size	0.002*** （4.59）	0.002*** （4.27）	0.005*** （5.25）
Merger Related	0.001 （0.29）	− 0.001 （− 0.18）	0.003 （0.81）

续表

变量	CAR$_{[-1,1]}$	CAR$_{[-2,2]}$	CAR$_{[-5,5]}$
Merger Pay	0.029*** (6.96)	0.030*** (5.87)	0.033*** (4.30)
Merger Type	0.011 (0.70)	0.024 (1.27)	0.026 (0.91)
Underlying Type	0.001 (0.27)	0.001 (0.18)	0.004 (1.35).
Merger Major	0.029*** (5.72)	0.046*** (7.24)	0.065*** (6.83)
Firm Size	−0.007*** (−9.67)	−0.009*** (−9.61)	−0.012*** (−8.61)
Leverage	0.017*** (4.98)	0.022*** (5.20)	0.038*** (5.93)
OCF	−0.020* (−1.89)	−0.019 (−1.47)	−0.013 (−0.67)
Firm Growth	0.002* (1.93)	0.002* (1.76)	0.004** (2.12)
YEAR	Yes	Yes	Yes
INDUSTRY	Yes	Yes	Yes
调整 R^2	0.056	0.056	0.053
F-statistic	14.00***	14.17***	13.27***
样本量	11 656	11 656	11 656

注：表中数据为各解释变量的回归系数，括号内为回归 t 值

*表示 $p<0.1$，**表示 $p<0.05$，***表示 $p<0.01$

表 7-18 社会信任与并购长期市场绩效（三）

变量	BHAR$_{12}$	BHAR$_{24}$	BHAR$_{36}$
Intercept	0.879*** (2.91)	−0.382 (−1.08)	−0.811** (−2.07)
Blood	0.032*** (7.38)	0.062*** (12.93)	0.076*** (14.74)
Relative Size	0.010*** (3.63)	0.006** (2.07)	−0.001 (−0.06)
Merger Related	−0.009 (−0.96)	0.008 (0.74)	−0.002 (−0.21)
Merger Pay	−0.005 (−0.24)	−0.039* (−1.66)	−0.068*** (−2.66)
Merger Type	−0.171** (−2.15)	0.191** (2.21)	0.142 (1.60)

续表

变量	BHAR$_{12}$	BHAR$_{24}$	BHAR$_{36}$
Underlying Type	0.016* （1.73）	−0.020** （−2.00）	−0.032*** （−2.99）
Merger Major	0.179*** （6.78）	0.243*** （8.45）	0.227*** （7.19）
Firm Size	−0.037*** （−9.28）	−0.031*** （−7.19）	−0.008 （−1.64）
Leverage	0.009 （0.50）	0.039* （1.85）	−0.001 （−0.01）
OCF	−0.070 （−1.32）	−0.102* （−1.72）	0.057 （0.90）
Firm Growth	−0.010* （−1.89）	−0.013** （−2.15）	−0.013** （−2.05）
YEAR	Yes	Yes	Yes
INDUSTRY	Yes	Yes	Yes
调整 R^2	0.044	0.050	0.047
F-statistic	21.34***	35.60***	43.38***
样本量	11 656	11 656	11 384

注：表中数据为各解释变量的回归系数，括号内为回归 t 值；由于 2014 年的部分并购事件无法观察到并购后 36 个月的长期市场绩效，BHAR$_{36}$ 的样本量减少至 11 384 个

*表示 $p<0.1$，**表示 $p<0.05$，***表示 $p<0.01$

表 7-19　社会信任与并购长期财务绩效（三）

变量	$\Delta ROE_{t-1,t+1}$	$\Delta ROE_{t-2,t+2}$	$\Delta ROE_{t-3,t+3}$
Intercept	0.340** （2.10）	0.212 （1.47）	0.034 （0.51）
Blood	0.006** （2.42）	0.006*** （3.05）	0.008*** （3.70）
Relative Size	0.003** （2.09）	0.002** （2.01）	0.001** （2.47）
Merger Related	0.004 （0.89）	0.010** （2.35）	0.010** （2.24）
Merger Pay	0.012 （1.04）	0.022** （2.27）	0.051*** （4.84）
Merger Type	−0.110*** （−2.59）	−0.074** （−2.09）	−0.021 （−1.26）
Underlying Type	0.006 （1.14）	0.007* （1.65）	0.003 （0.74）
Merger Major	0.036** （2.57）	0.036*** （3.03）	0.018 （1.26）

续表

变量	$\Delta ROE_{t-1,t+1}$	$\Delta ROE_{t-2,t+2}$	$\Delta ROE_{t-3,t+3}$
Firm Size	0.005** (2.13)	0.005*** (2.88)	−0.003 (−1.36)
Leverage	0.007 (0.76)	−0.023*** (−2.71)	0.026*** (2.94)
OCF	0.167*** (5.86)	0.192*** (7.98)	0.210*** (8.08)
Firm Growth	0.340*** (2.10)	−0.017*** (−6.97)	−0.018*** (−6.63)
YEAR	Yes	Yes	Yes
INDUSTRY	Yes	Yes	Yes
调整 R^2	0.010	0.009	0.010
F-statistic	5.35***	6.96***	10.26***
样本量	11 656	11 656	10 218

注：表中数据为各解释变量的回归系数，括号内为回归 t 值；由于 2014 年的并购事件无法观察到并购后 3 年的长期财务绩效，$\Delta ROE_{t-3,t+3}$ 的样本量减少至 10 218 个

*表示 $p<0.1$，**表示 $p<0.05$，***表示 $p<0.01$

7.5　研　究　结　论

　　本章以 1998 年至 2014 年我国 A 股上市公司发生的并购事件为研究对象，从非正式制度的视角，分析主并公司所在地的社会信任程度是否会影响并购企业之间的交易行为，并从市场中介机构选聘的视角，考察信任对企业并购业绩的作用机理。本章发现，主并公司所在地区社会信任程度越高，越能够通过信任与互惠降低交易主体之间的机会主义和免费搭车行为，督促交易双方彼此诚实守信，减少不确定性，最终促进合作行为的产生，提高并购价值创造能力。这种影响在以民营企业为主导的并购和地方法律制度水平较低的地区更为显著。本章进一步从中介机构的聘用视角检验了非正式制度影响并购交易主体之间的并购价值创造能力的作用机理。

　　上述研究结果表明，在我国具有新兴转轨特征的资本市场中，非正式制度社会信任能够促进并购绩效提升，当企业所处的制度环境不完善时，非正式制度可以弥补正式制度的不足，帮助并购企业赢得信任和促进投资者权益受到保护，提升企业的并购价值创造能力。概言之，本章揭示了非正式制度能够帮助主并公司通过地区信任水平降低信息不对称和交易成本，创造并购价值的可行性和重要性，研究结论不仅为理解转轨经济阶段我国资本市场并购行为提供了一种新的视角，

而且丰富了非正式制度的研究领域。

本章的发现对于我国企业的并购重组实践及利益相关者对企业并购事件的评估也具有一定的参考价值。虽然并购交易中的短期利益效应可以使企业得到认可，但从长期看，并购企业获取信任并创造企业价值主要依靠并购交易与整合中的正式制度培育，同时实现正式制度与非正式制度的融合，对企业并购重组可持续发展有着重要的意义。

7.6　国有企业混合所有制并购

自改革开放以来，我国市场化改革已持续近 40 年，然而，国有企业如何成为独立市场参与主体这一问题始终未得到有效解决（綦好东等，2017），无疑，混合所有制经济作为满足各种所有制经济追求优势互补的条件下的产物，是现阶段国有企业改革的突破口。长期以来，国有企业在关系国计民生和国民经济命脉的重要行业领域处于绝对垄断地位，企业获利常常被认为主要来自"垄断"优势，但垄断也制约了国有企业商业模式与管理体制的创新活力。国有企业进行混改，可以汲取非国有资本在技术、商业模式、经营机制等上面的资源优势，实现互补共赢；非国有资本借助混改进入垄断行业，既能增加市场竞争力，分享市场份额，也能享受国有企业在技术、信誉、政治关联等上面的产权优势。

国有企业进行混改的首要动机是通过改善不同所有制资本的配置状况提高资本配置效率，其次是通过引入非国有股东改变国有股东"一股独大"的局面进而改善国有企业的公司治理。并购作为存量资源配置优化和激发企业活力的有效方式，是国有企业推进混改的重要实现途径。对于国有企业来说，以并购民营企业的方式进行改革，不仅可以让企业通过战略性调整提升竞争实力，也可以让企业能更加适应市场化的竞争形式。对于整个国有经济的发展来说，国有企业混合所有制并购重组将进一步释放要素市场化红利，加速国有资产资本化进程，提升国有企业改革成效。

国有企业以并购方式推行混合所有制改革，从理论上来说对国有企业后续发展具有积极影响。然而，关于国有企业混合所有制并购能否真正在并购实践中为企业创造价值的现有结论并不统一，究其原因，除正式制度影响外，非正式制度作用不可忽视。与西方发达国家相比，我国在法律、金融等方面的正式制度安排均较为薄弱，但在过去的几十年间经济却取得了快速增长，这离不开非正式制度的重要作用发挥（Allen et al.，2005）。因此，在国有企业混合所有制并购进程中，除正式制度的激励外，非正式制度的作用也很重要，而信任作为经济社会的一项基础性非正式制度，尤其值得关注。

　　本章发现，信任机制影响并购定价和并购业绩，收购方所在地区社会信任度越高，并购越能为企业创造价值，这对于国有企业混合所有制并购具有重要的现实意义。并购双方的信息不对称会降低市场运行效率、提高交易成本，在国有企业混合所有制并购中，显然每个环节均存在信息不对称，当并购双方之间的信息不对称较为严重时（如目标公司民营企业在并购前故意隐瞒企业存在的一些未披露且难以调查核实的潜在债务等），很可能造成并购交易失败。并购信息的有效传递可以帮助并购企业获取信任，如果作为并购双方的国有企业和民营企业在混合所有制并购过程中彼此不信任，并购交易就需要更多的保障，混合所有制并购交易成本也就更高，而信任作为一种纽带在并购整合中可以减少并购双方之间的冲突并促进彼此融合。因此可以预期，国有企业所在地的社会信任程度越高，国有企业和民营企业之间的并购交易将更容易开展，双方通过信任与互惠降低并购交易成本，提高其他资本（如金融资本）的效率，减少交易的不确定性，促进并购合作的产生和完成，最终提高企业的并购价值创造能力。

　　混合所有制是国有企业和民营企业双方达到互利共赢的有效途径。本章表明非正式制度社会信任对处于转轨经济阶段的我国资本市场的并购重组效率具有重要作用，这意味着，在持续推动国有企业战略性并购重组过程中，如果一味注重正式制度而忽略了非正式制度，原本能够取得的经济效益也可能损失，只有将非正式制度与正式制度充分融合，才能真正让混合所有制并购不断为国有企业改革注入新动力。

第8章　国有企业混合所有制并购
与创新驱动发展的案例研究

本章基于并购带来的开放式创新向自主创新能力演化路径、创新能力与企业发展的关系及混合所有制制度对创新驱动发展的作用机理提出理论分析框架，以广东省地方国有企业"瀚蓝环境"三次并购活动为案例研究对象，探究混合所有制并购促进创新驱动发展的内在机制。研究表明，收购方具有原始创新能力、收购方与目标公司知识互补及创新环境是促使企业通过并购实现创新驱动发展的前提条件，立足于存量资源整合的混合所有制并购，通过融合资本与生产要素，聚焦创新能力开展并购整合，可有效解决企业价值再发现和实现途径的问题。在中国经济转型升级背景下，国有企业以混合所有制与创新能力为"二元"并购动机实施并购，能够实现创新驱动发展。

8.1　引　　言

2015 年我国 GDP 为 676 708 亿元，同比增长 6.9%，增速滑落至 1990 年以来的新低。在新常态经济形势下，国有企业正积极探索存量资源重组式产权改革，并购成为国有企业推进混合所有制发展的实现途径。十八届三中全会提出积极发展混合所有制经济，十八届五中全会强调坚持公有制为主体、多种所有制经济共同发展，深化国有企业改革，增强国有经济活力、控制力、影响力和抗风险能力。然而，从国有企业混合所有制改革实践来看，混合所有制并购并未破解"并购难以创造企业价值"黑匣子，如何通过并购整合实现所有权最优安排和释放制度红利成为企业产权改革的焦点问题（Sudarsanam et al.，1996；孔东民等，2014）。近年来，以获取创新能力为并购动机的技术并购成为企业实现跨越式发展的重要手段，但经验证据也表明，在技术并购整合中，收购方和目标公司难以实现核心技术相互转移，企业难以获得和保持持续竞争优势（Kallunki et al.，2009；周煊等，2012）。在优化经济增长结构和实施《中国制造 2025》的经济环境中，国有企业通过混合所有制并购深化改革，实现创新驱动发展，亟须解决企业价值再发现和实现途径的问题（厉以宁，2015）。因此，嵌入中国经济转型升级社会情景，以混合所有制与创新能力为"二元"并购动机,探究并购创造企业价值的路径和机制具有重大意义(Hoskisson et al., 2002;武常岐和韩煦,2011;鲁桐和党印,2014)。

总体而言,混合所有制并购和自主创新能力研究领域仍处于理论建构的深化中。首先,现有文献未区分国有企业引入非国有战略投资者进行资本混合,与国有企业并购民营企业、并购交易定价通过股份支付、引入战略投资者非国有股东、实现资本与生产要素混合之间的区别,这阻碍了企业自主创新能力与混合所有制制度的关系研究。从我国微观视角的混合所有制出发,有四种企业混合所有制实现形式,包括产权转让、增资扩股、新设企业和并购,但鲜有文献明确界定和区分这四类混合所有制企业的内涵,大多数研究以公司治理和产权结构为主要维度考察混合所有制制度的经济后果(Carvalho, 2014;Cambini and Spiegel, 2016;涂国前和刘峰,2010;杨典,2013)。其次,现有文献中混合所有制并购背景下企业自主创新能力演化路径研究也较为鲜有(Chen et al., 2014),并购领域研究多关注技术并购动机与创新绩效之间的关系(Bauer and Matzler, 2014),较少从内部能力基础观视角研究企业自主创新能力在混合所有制并购整合情境中的发展路径(Chesbrough, 2003;Chen et al., 2014),并且在并购整合中,也缺乏对混合所有制企业"混而不合"特征的考虑。我国国有企业在转型经济背景中开展并购和自主创新实践,却鲜有文献从外部权变观视角探讨混合所有制制度特征在并购整合中对创新驱动发展的作用机制,因而限制了这些文献对混合所有制经济发展的指导作用(江诗松等,2011)。因此,探讨混合所有制并购中我国国有企业自主创新能力发展和培育机制,将有助于在微观机制上设计混合所有制制度红利的释放路径,为通过混合所有制并购实现创新驱动发展提供一个新的研究视角。

基于上述问题,本章拟采用纵向案例研究方法,选取在混合所有制并购中实现自主创新能力提升的地方性国有企业"瀚蓝环境"为研究对象,分析和归纳其从企业上市以来开展的多次并购重组中自主创新能力的演化路径,以及混合所有制制度对并购创造企业价值的促进作用,为我国国有企业通过混合所有制并购实现创新驱动发展提供一定的借鉴与参考。

8.2　文献回顾

8.2.1　企业并购与自主创新能力发展

熊彼特 1912 年提出创新理论,中国学者傅家骥 1998 年在《技术创新学》一书中从企业角度界定了自主创新内涵为企业通过自身探索实现技术突破,并依靠自身努力完成技术商品化和达到预期目标。Chesbrough（2003）发现创新能力并非完全来自企业内部，通过外部渠道获得的创意可以为企业创造现有业务之外的价值，形成开放式创新能力。菲力浦·哈斯普斯劳格和大卫·杰米逊率先将核心能力理论置于企业并购背景中研究，认为并购的首要动因是为了快速获得企业创新所需的新技术，核心能力转移是并购成功的最主要驱动力（Szulanski，1996；Meyer et al.，2009；Acemoglu and Cao，2015）。于开乐和王铁民（2008）研究发现在并购双方知识互补且目标公司知识积累更多的基础上，当收购方有能力整合来自目标公司的创意时，开放式创新转换为自主创新能力（李杰等，2011；罗仲伟等，2014）。现有文献将企业自主创新分为二次创新、集成创新与原始创新三类（吴晓波等，2009），随着并购带来的企业组织边界扩展，以开放式创新向自主创新能力转换的路径与过程为突破口，在并购整合中辨析原始创新、集成创新和二次创新能力的形成过程及创新能力对并购价值创造的作用机制变得非常重要。

8.2.2　国有企业改革与混合所有制并购

早期的研究认为国有股东将其持有的股权转让给民营企业，并通过企业控制权转移实现企业民营化，可以提高企业价值（Boardman and Vining，1989）。在混合所有制与企业价值的关系研究中，涂国前和刘峰（2010）认为股权制衡度的强弱会使企业价值产生显著性差异，不同性质股东的制衡作用效果不同，股权结构与企业价值之间并非呈线性关系（杨典，2013；章卫东等，2015）。在存量资源重组式产权改革的理论研究中，将并购与其他混合所有制实现途径相区分，围绕混合所有制并购动因，以"并购动机—并购整合—经济后果"为研究路线，揭示并购对制度释放红利的驱动效应，有助于解决混合所有制改革中企业价值创造的问题（Masulis et al.，2007；孔东民等，2014；李维安，2014）。

8.2.3　混合所有制并购与企业自主创新能力

首先，早期制度理论以外部权变视角来研究企业自主创新能力变化过程，按照这一理论逻辑，混合所有制制度变革具有外生性，企业若希望生存，就必须适应制度环境（Ambos and Schlegelmilch，2007），但这一理论在企业并购研究中有一定局限性，对于自主创新能力存在异质性的企业开展混合所有制并购（Hoskisson et al.，2002；Zahra and George，2002；Keupp et al.，2012），其并购动机是实现混合所有制还是创新驱动发展？企业并购中自主创新能力演化的最本质驱动力，是企业的主动选择？还是被动适应？这不仅是战略管理领域中的"选择-适应"焦点问题争议（Hannan and Freeman，1984），也是混合所有制研究领域的一个盲点（Pache and Santos，2013）。其次，在外部创意向内部创意转移的过程中，企业先前的相关知识基础并不影响企业吸收能力，然而企业混合所有制并购整合中的难点是如何实现利益相关者利益均衡，当预期利益的产生与实现基础是围绕创新能力创造企业价值展开时，并购整合重点将聚焦且并购更趋于成功（吴延兵，2014；厉以宁，2015）。因此，在混合所有制并购领域，企业自主创新能力的演化过程并非个体随机适应环境（吴延兵，2012；许庆瑞等，2013），并购方与目标公司的原始创新能力及知识相关性，直接影响开放式创新向自主创新能力转换的效果，是混合所有制并购整合成功与否的关键因素。在混合所有制并购研究中嵌入创新能力并购动机，并用样本企业进行客观观察，可以更加全面和深入地分析混合所有制制度促进创新驱动发展的机理。

8.2.4　研究述评与缺口

尽管现有文献有助于理解混合所有制并购中的企业自主创新能力演变机制，但仍存在一些研究缺口。首先，并购中开放式创新向自主创新能力转换的路径需要细化，通过考察开放式创新向原始创新、集成创新、二次创新能力的演化进程，解析并购中企业自主创新能力的发展路径。其次，中国国有企业在经济结构转型升级背景下开展混合所有制并购，混合所有制制度在企业自主创新能力演化进程中的作用机制与作用条件具有特殊性，将外部权变观与内部能力观相结合，以混合所有制与创新能力为"二元"并购动机，开展"并购创造价值"与"创新驱动发展"的互动机制研究，具有重要的现实意义。综上，本章希望回答如下问题：①通过并购可以实现国有企业自主创新能力提升及创新驱动发展吗？②混合所有制制度对并购活动中创新驱动发展的作用机理是什么？

8.3　研究方法与设计

8.3.1　研究方法

案例研究作为管理学的重要研究方法，通过对某一特定现象问题进行深入描述和剖析，可以获得对问题全面与整体的观点，回答"如何"与"为什么"类型的问题（许庆瑞等，2013；邢小强等，2015），所以本章采用案例研究的方式探讨并购中我国国有企业自主创新能力的发展路径及混合所有制制度对创新驱动发展的促进作用。单案例研究比多案例研究更适用于研究典型案例，尤其是基于长期过程导向的视角对同一案例进行纵向研究，有利于捕捉管理实践中涌现出来的新现象，并且常常能够在旧理论体系基础上得出新的研究结论（Eisenhardt，1989；

Eisenhardt and Graebner，2007；罗仲伟等，2014）。本章主要考察并购中开放式创新如何演化为自主创新能力的问题，属于偏重过程的纵向案例，为单案例研究。

8.3.2　案例企业选择

本书选择从水务行业纯公益性国有企业发展成为环保行业高新技术企业的广东省地方国有企业作为研究母本。改革开放以来，城市化进程的加速为城市水务行业迅速发展提供了广阔的空间，但受制于资源禀赋的约束，水务企业面临转型升级。国有水务企业的成长与升级一方面依靠政府注入资源提高企业价值创造能力，另一方面通过发展循环经济提升自主创新能力。换言之，由于资源禀赋的约束，水务行业始终在实践创新驱动发展之路，这为本书提供了一个很好的研究背景。

参考毛基业和李晓燕（2010）的研究，本书确定了如下案例企业选择标准。第一，企业专注于转型升级和自主创新实践已有较长时间，其间实现从纯公益企业转变为高新技术企业，并且企业所得税税率从 25%降为 15%。第二，企业经历了内生发展和并购两种企业成长战略发展途径，在内生发展过程中，建立了原始创新能力；在并购过程中，经历了并购不能带来自主创新能力提升、并购带来的创新能力未能驱动企业可持续发展、通过并购实现创新驱动发展三个阶段，在转型经济中更具代表性和典型性。第三，根据十八届三中和五中全会精神，选择不改变国有控股股东地位的混合所有制并购案例，在创新能力发展的纵向研究中嵌入混合所有制制度要素，抓取以混合所有制与自主创新能力为"二元"并购动因的并购事件，考察混合所有制制度在创新能力整合中的作用机制。第四，在纵向案例研究中，比较市场机制导向与政府行为导向的并购战略异同，揭示混合所有制制度对国有企业实现创新驱动发展的作用机理。第五，本章拟采用长期纵向案例研究，前期相关研究越丰富、资料掌握越翔实，研究越能顺利展开。基于上述标准，选取"瀚蓝环境"为案例企业。首先，"瀚蓝环境"从一个纯公益性的地方性国有企业发展成为具有市场竞争力的混合所有制企业，从水务类企业转型升级成为环保类高新技术企业，在自主创新能力探索的实践过程中，从依靠地方政府资源注入式并购发展到市场机制主导的混合所有制并购，非国有企业的创新资源及项目拓展能力与国有企业的品牌及运营能力优势互补，形成了由源头到终端完整的固体废物处理（简称"固废处理"）产业链，企业财务绩效增长，混合所有制并购得到资本市场认可，市场绩效增幅超过 200%。可以说，"瀚蓝环境"为本书提供了一个极佳的研究样本。其次，作者在中国企业界与资本市场有十二年中高层工作经历，曾任"瀚蓝环境"控股母公司财务负责人，作为核心成员参与了"瀚蓝环境"的多次并购重组工作，积累了大量的一手资料和数据。2014 年，作者辞去企业财务负责人职务，进入广东财经大学从事专职教学研究工作，这样的工作调整与衔接，保证了本书的研究规范、深入和翔实地开展。

8.3.3　构念测度

1. 企业自主创新能力的测度

基于能力的本质，自主创新能力可表述为"嵌入在自主创新行为过程中的高级知识"，这是本章分析的起点，并且贯穿案例纵向研究的始终。在内生成长的企业组织环境中，自主创新能力分为原始创新、集成创新和二次创新能力（吴晓波等，2009；许庆瑞等，2013）。原始创新能力的特点是在企业组织内部，通过自主研发和自主设计形成技术发明和技术创新；集成创新能力是使已经存在的科技资源通过组织边界发生联系，兼容并蓄和融会贯通，整合创新元素和提升创新效率；二次创新的核心技术源于组织边界之外，企业通过购买等方式在技术引进基础上开展模仿创新，创造新产品。并购带来企业组织边界扩展，Rigby 和 Zook（2002）以创新来源为依据，将创新能力划分为开放式和自主式，当创新成果源于外部创意内部化时，为开放式创新能力，而当创新成果源于内部原始创新活动的持续积累时，为自主式创新能力。并购打破了传统企业的创新能力分类标准，收购方和目标公司共存于新的组织边界内，组织内部的创新活动兼有外部性和内部性特点，原始创新与集成创新活动均可能在组织内部发生。

本章结合内生成长企业的组织边界特征和并购组织特征，在企业并购中，从创新活动的起点开始，分别测度并购中的原始创新活动和开放式创新活动对企业自主创新能力的影响方式和路径，一是考察原始创新活动的持续积累是否带来企业自主创新能力的提升，二是考察开放式创新活动向集成创新、二次创新活动的演进路径，以及是否形成集成创新能力或二次创新能力，并促进企业自主创新能力的提升。

2. 混合所有制并购的测度

基于存量资源重组式产权改革视角，将混合所有制并购界定为通过并购实现"资本+生产要素"两层面融合的混合所有制企业。具体而言，国有上市公司为收购方，非国有企业为目标公司，以股份支付为并购交易定价主要支付方式，非国有企业的原股东以战略投资者身份成为国有企业新股东，国有企业通过向国有控股股东定向增发夯实国有股东的控制权，构建以国有资本控股、国有资本和非国有资本交叉持股、国有企业与非国有企业生产要素融合的混合所有制企业。

3. 企业发展的测度

企业发展能力衡量的核心是企业价值增长率，由于本书主要关注混合所有制制度与企业自主创新能力对并购价值创造的影响，因此按照张新（2003）以企业价值衡量企业发展能力的思路，将企业市场价值与账面价值相结合，对企业发展状况进行测度。市场价值方面根据事件研究法的思想，以并购带来的短期市场绩效与长期市场绩效来测度（Healy et al.，1992；翟进步等，2010）。账面价值方面根据会计研究法的思想，参考李善民等（2004）的测度变量选取标准，用并购前后营业收入、净资产收益率等变量的差值来测度财务绩效，并采用非财务绩效与财务绩效相结合的方式，从多个维度测度企业发展能力与水平。

8.3.4 数据来源

根据迈尔斯（Matthew B. Miles）和休伯曼（A. Michael Huberman）于 1994 年在 *Qualitative Data Analysis* 一书中提出的三角测量法，用不同来源的数据进行案例研究，达到信息相互补充和数据交叉验证的效果（毛基业和张霞，2008）。本章研究第一手资料主要为半结构化访谈、非正式访谈、现场观察，包括①访谈企业高管 8 次；②现场考察固废处理流程和与技术人员交流 10 次；③与国有控股股东、非国有战略投资者及企业终极控制人交流 8 次。二手资料主要为文献资料和档案记录，包括①企业直接资料，如领导人讲话、内部管理制度和手册；②通过企业官方和 Wind 数据库获得企业并购等战略活动相关公告及媒体评价信息；③相关学术期刊论文。

8.3.5 数据分析

本章对上述数据进行分析，并且根据数据对内容进行有效的反复推断。通过反复思考与探讨原始数据、二手资料呈现的企业并购中自主创新能力的演化过程及混合所有制制度对创新驱动发展的影响、现有的企业并购及创新能力和混合所有制制度理论之间的关系，通过迭代非线性的路径，得出可推广的研究结论（Eisenhardt and Graebner，2007）。

首先，由于本章是考察国有企业并购中自主创新能力的演化路径，以及创新与企业发展之间的关系、混合所有制制度对创新驱动发展的影响，分析的第一步是从纵向时序视角，以标志性并购事件为分段标准，将企业上市以来的发展阶段分为三段，一是 2001～2011 年的"原始创新能力形成与积累"阶段，二是 2012～2013 年的"开放式创新向二次创新能力演化"阶段，三是 2014～2015 年的"开放式创新向集成创新能力演化+混合所有制改革"阶段。

其次，根据理论框架对前两个并购事件中的自主创新能力演化路径及创新与企业发展之间的关系进行分析，对最后一个并购事件中的混合所有制度对自主创新能力演化路径影响及创新与企业发展之间的关系进行分析，着重比较构念在不同并购事件中的相对变化。因此，在对构念测量基础上，本章通过数据描述构念变动，贴近构念的理论内涵开展分析。

最后，本章整合了前面阶段得到的结果，沿三次并购时间轴分析、归纳、发掘了创新驱动发展的关键因素与内在机制，研究了不同并购事件中的企业创新活动特征与混合所有制嵌入时创新能力演化路径的改变，并考察了这些变化又是如何推动企业发展进一步演化。数据与理论来回转换，最后趋于收敛（邢小强等，2015）。

8.4　案　例　分　析

8.4.1　原始创新能力形成与并购中自主创新能力积累

瀚蓝环境于 1992 年 12 月以定向募集方式设立。1999 年 11 月，佛山市南海区公有资产管理委员会（简称"南海区公资委"）辖下供水集团有限公司（简称"供水集团"）以承担债务方式受让瀚蓝环境 7 609.45 万股国有法人股，成为公司控股股东，公司经营业务主要为自来水生产和供应。2000 年 12 月，公司以 6.68 元的发行价格向社会公开发行人民币普通股股票 6 500 万股，并在上海证券交易所上市。

作为一个公益性供水企业，瀚蓝环境从上市以来一直探索和实践转型升级的发展道路，实现创新驱动发展战略目标。2006 年 4 月，瀚蓝环境与南海区公资委辖下联达公司合资成立佛山市南海绿电再生能源有限公司（简称"绿电公司"），绿电公司主要运营以南海垃圾焚烧发电为主的固废处理业务。瀚蓝环境持有绿电公司 70% 股权，主要负责绿电公司的自主研发技术实施。2010 年，绿电公司拥有日处理生活垃圾 1 500 吨、日转运生活垃圾 4 000 吨、日处理 300 吨污泥的能力，通过 ISO9001\ISO14001\OHSAS18001\SA8000 国际质量、环境、职业健康安全和社会责任标准体系认证，成为国家"AAA 级无害化焚烧厂"之一，获批住房和城乡建设部"市政公用科技示范工程"、广东省环境教育基地。

2010 年，瀚蓝环境自主创新能力提升，但当年固废处理业务仅实现营业收入 2 315 万元，以固废处理业务为主的高新技术服务收入占比未达到当年总收入 60%，无法享受 15% 优惠所得税税率。为进一步发展固废处理业务，扩大规模增加利润，增强控股股东的控制权，瀚蓝环境于 2011 年 9 月 9 日发布资产收购及关联交易公告，以 2.4 亿元收购联达公司持有的绿电公司 30% 股权，并购溢价率为

87.64%。在并购首次公告日前后两个窗口期内,并购未能实现良好的市场绩效,其中在[-1,1]窗口期,较相对同风险股票的股票超额回报率累计值 CAR 为 -0.6512%,而在[-15,10]这一更长窗口期 CAR 为-4.2212%,截至 2012 年 12 月 31 日,瀚蓝环境股价仅为 6.52 元/股,低于公司上市的发行价格。创新绩效方面,并购后公司加大研发投入,并购后一年获得 9 项国家专利授权。财务绩效方面,创新能力提升驱动财务绩效趋好,源于绿电公司业务收入贡献。并购当年,瀚蓝环境享受 15%所得税税率优惠;并购后一年,绿电公司实现固废处理业务收入 1.06 亿元,毛利率达到 53.53%;并购后两年,绿电公司业务收入增至 3.02 亿元。并购后一年净资产收益率 ROE 达到 10.64%,在支付并购交易定价 2.4 亿元后,ROE 同比提高 1.10 个百分点。

在瀚蓝环境创建绿电公司的历程中,企业形成了原始创新能力。并购后,绿电公司成为瀚蓝环境的全资子公司。随着股东角色的转变,瀚蓝环境从引导绿电公司对固废处理进行自主研发转换为对全资子公司开展全方位公司治理和资源整合。公司围绕"全国有影响力的系统化环境投资商和运营商"战略定位,加大创新投入,提高自主创新能力,并购后研发费用支出主要用于垃圾处理、垃圾运转、污泥处理、餐厨垃圾处理与垃圾渗滤处理的研发与推广、技术改造与创新、运营管理信息化与自动化建设方面,并购后一年形成了国内首家集垃圾焚烧处理、污泥处理、餐厨垃圾处理等城市固废综合处理的垃圾循环经济产业园,首创"四个统一(统一规划、统一配置、统一调度、统一处理)"集约化与信息化管理模式,促进企业集约化成长。并购后一年,绿电公司获得 9 项国家专利,获评为"2012 年度中国固废行业最具社会责任企业",获得第五届世界环保大会颁发的中国绿效企业"最具成长潜力奖"、南粤环卫三十佳"最佳运营奖"。同年,绿电公司通过"三标一体化体系"的国际认证,其辖下垃圾焚烧发电厂被评为广东 AAA 级无害化垃圾焚烧厂第一名。在企业转型升级制度背景下,瀚蓝环境以提升创新能力为并购动因,对绿电公司进行并购,使目标公司成为收购方的全资子公司,在并购整合过程中,收购方通过资源共享等方式支持目标公司发展,企业创新活动产生协同效应,创新绩效提升。同时,并购双方均围绕提升原始创新能力开展并购整合,企业资源、知识和能力均产生协同效应,并购双方的协同效应有效化解了并购溢价率为 87.64%这一交易成本对企业财务绩效产生的负向影响,并购后企业财务绩效提升。但并购并未带来良好的市场绩效,从并购的性质分析,关联并购、同地区间并购、以现金为并购交易定价支付方式这些并购属性可能影响股票二级市场投资者信心,成为减损并购市场绩效的主要因素。因此,企业以提升自主创新能力为并购动因,但地方政府主导下的地方国有企业之间的并购行为,并不能完全实现创新驱动企业发展,自主创新能力未能促进企业市场价值提升。

8.4.2 政府主导式并购与开放式创新向二次创新能力演化

瀚蓝环境为佛山市南海区辖内唯一一家在 A 股上市的地方性国有企业，除企业自身探索自主创新的发展道路外，地方政府也积极引导优质国有资源并购重组，拟促进瀚蓝环境通过外延式发展提升企业可持续发展能力，根据这一战略思想，瀚蓝环境并购了南海区内优质国有企业佛山市南海燃气发展有限公司（简称"燃气发展"）。

燃气发展于 1995 年 2 月成立，是佛山市南海区唯一一家从事城市管道燃气供应的燃气企业，为中外合资企业，其中南海区公资委辖下国有企业佛山市燃气集团股份有限公司（简称"燃气有限"）持有 75%股权，英属维尔京群岛的 GOOD TRADE LIMITED 持有 25%股权，其业务涉及管道液化石油气、管道天然气及液化石油气的供应和相关配套业务、燃气工程的技术咨询和信息服务。截至 2011 年 6 月 30 日，燃气发展公司净资产账面值 30 818 万元。2008~2010 年，公司发展迅猛，盈利能力较强，销售收入由 2008 年的 6.46 亿元上升至 2010 年的 7.74 亿元，年净利润由 4103 万元上升至约 9590 万元。根据 2010 年的预测数据，从 2010 年起的未来 3 年，燃气发展平均年总收入预计超过 10 亿元，年净利润预计超过 1 亿元。按照创新驱动发展的战略目标，瀚蓝环境并购燃气发展，燃气发展良好的盈利能力和现金流水平，将为瀚蓝环境提供资金支持和提升其融资能力，通过技术引进等二次创新提升企业自主创新能力和固废处理业务扩张能力。因此，在地方政府的主导下，瀚蓝环境通过一次并购一次增资获得了燃气发展的控制权。

2012 年 1 月 11 日，瀚蓝环境发布公告，受让 GOOD TRADE LIMITED 转让的燃气发展 25%股权。并购交易定价为 2.7 亿元，瀚蓝环境以现金支付为并购交易定价支付方式，并购溢价为 246.81%。

2012 年 3 月 15 日，经南海区公资委批复，将燃气有限持有的燃气发展 75% 股权中的 1/2（37.5%股权）无偿划转给佛山市南海城市建设投资有限公司（简称"南海城投"），2013 年 6 月 6 日燃气发展第三次股东会议决议，瀚蓝环境以货币的形式出资 2.2 亿元向燃气发展进行单方增资扩股。增资扩股完成后，燃气发展的股权的结构为瀚蓝环境持有 40%股权、燃气有限持有 30%股权、南海城投持有 30%股权。瀚蓝环境成为燃气发展第一大股东，并实现相对控股。

根据与南海区公资委签署的《关于佛山市南海燃气发展有限公司的战略发展协议》，瀚蓝环境通过并购和增资获得了燃气发展的控制权，瀚蓝环境与燃气发展同属于南海区公资委控制。瀚蓝环境对燃气发展的并购活动体现了地方政府的优质资产整合意图，并购后，燃气发展给瀚蓝环境带来了丰厚利润和现金流，实现了较好的财务协同效应。2014 年瀚蓝环境将燃气发展的资产负债和损益均纳入企业合并，并追溯调整了 2013 年和 2012 年的合并财务数据。2014 年，瀚蓝环境实现营业收入 24.35 亿元，同比增加 143.18%，主要原因是公司主营业务增加燃气供应业务，实现营业收入 12.6 亿元，占公司总营业收入一半以上，公司实现利润总额 4.67 亿元，同比增加 69.02%，归属于母公司净利润 3.51 亿元，同比增加 49.73%。但在并购首次公告日前后两个窗口期内，并购未能实现良好的市场绩效，其中处于[-1,1]和[-15,10]窗口期的 CAR 分别为-1.7451%和-5.669%。创新绩效方面，瀚蓝环境并购燃气发展，未能在自主创新能力上形成核心竞争力，并购当年，公司未能通过高新技术企业复审，公司不再具备高新技术企业资质，这将对瀚蓝环境"创新驱动发展"战略的实施带来较大的负向影响。

在瀚蓝环境并购燃气发展的历程中，公司通过地方政府支持获得了优质资产，燃气发展的盈利能力及现金流水平使企业财务绩效提升。但此次并购却给企业的自主创新能力持续提升带来了负向影响，瀚蓝环境并购燃气发展，虽然在财务资源上形成了协同效应，但并购交易定价高且瀚蓝环境是以现金支付和现金增资的方式才实现了对燃气发展的相对控股，现金支出 4.9 亿元，其中受让 GOOD TRADE LIMITED 转让的燃气发展 25%股权，并购溢价为 246.81%，这导致瀚蓝环境向绿电公司的创新投入不足，有碍于绿电公司原始创新能力持续积累。瀚蓝环境以提升自主创新能力为并购动机并购燃气发展，但过重的交易成本负担使并购形成的开放式创新难以向二次创新能力转化，财务资源不足导致创新投入不足。并购当年，研发支出占营业收入的比例为 2.21%，并购后一年研发支出占营业收入的比例仅为 1.69%，低于高新技术企业研发投入占比 3%这一认定标准，这成为瀚蓝环境未能通过高新技术企业复审的最主要原因。同时，绿电公司依靠自身进行原始创新，创新能力的贡献度有限，2011 年与 2012 年绿电公司业务收入占瀚蓝环境总业务收入的 26.02%和 31.16%，并且随着燃气发展纳入瀚蓝环境合并财务报表范围，绿电公司业务收入占比将更低。基于这一因素，并购并未带来良好的市场绩效，从并购的性质分析，收购方和目标公司属于不同行业，并购难以实现技术协同，开放式创新难以向二次创新能力演化，并且同一地区内的关联并购并不被资本市场认同。企业价值由市场价值与账面价值共同构成，地方政府主导下的地方国有企业之间的非相关并购，未能促进企业自主创新能力提升，虽然并购提高了企业账面价值，但并不能提升企业市场价值，企业未能实现创新驱动发展。

8.4.3　混合所有制并购与开放式创新向集成创新能力演化

瀚蓝环境并购燃气发展，虽然使企业的规模和盈利水平提升，但并未带来企业自主创新能力的提升，地方政府主导下的优质国有资源并购重组难以使企业实现创新驱动发展，因此，瀚蓝环境开始探索以企业自主创新能力提升为战略目标，通过市场机制合理配置资源的并购重组战略。根据这一战略思想，瀚蓝环境并购了创冠环保（中国）有限公司（简称"创冠中国"），并实现了企业混合所有制改革。

创冠中国成立于 2004 年，是创冠环保（香港）有限公司（简称"创冠香港"，注册于香港）的全资子公司，总部设于厦门，当前主要通过建设–经营–转让（build-operate-transfer，BOT）、建设–拥有–经营（building-owning-operation，BOO）、建设–转让（build-transfer，BT）等方式投建、运营包括生活垃圾、餐厨垃圾、污泥等各类固废综合处理项目，目前在中国拥有 11 个垃圾发电环保项目，分别位于福建、湖北、河北、辽宁等省份，日处理垃圾总规模超过 1 万吨，根据全国工商联环境商会统计的"2012 年垃圾处理企业实力排行榜"，创冠中国位列前十。长期以来，创冠中国坚持技术研发持续投入，在垃圾处理、污泥处理的关键环节上均拥有自主研发的核心技术，其中垃圾焚烧余热锅炉、垃圾焚烧余热回收装置、烟气净化工艺 3 项核心技术已获中国专有技术授权，垃圾焚烧余热锅炉还入选国家重点环境保护实用技术名录。截至 2012 年，公司总资产 35.45 亿元，净资产 11.61 亿元。

2013 年 10 月 17 日，瀚蓝环境首次发布公告，拟筹划重大资产重组事项。2013 年 12 月，公司发布发行股份及支付现金购买资产的交易预案，创冠中国 100%股权预估值为 18.5 亿元，评估增值 5.6 亿元，增值率 43.40%。瀚蓝环境以 8.34 元/股为对价，向创冠香港发行股份 13 597 万股，完成了混合所有制并购，国有企业瀚蓝环境为收购方，创冠中国为目标公司，并购交易定价以"股份+现金"混合方式支付，创冠香港以战略投资者身份成为瀚蓝环境第二大股东，企业实现了"资本+生产要素"两层面的混合。

市场绩效方面，在并购首次公告时前后两个窗口期内，[-1,1]和[-15,10]的CAR 分别为 1.7551%和 31.7101%，截至 2015 年底，股价突破 16.05 元/股。财务绩效方面，2015 年瀚蓝环境将创冠中国的资产负债和损益均纳入企业合并，2015 年公司实现营业收入 33.57 亿元，同比增长 37.85%，其中固废业务收入 10.02 亿元，同比增长 165.32%，公司实现利润 4.03 亿元，同比增长 30.51%，其中固废处理净利润 2.23 亿元，同比增长 55.65%，净利润占比由 19.36%上升至 55.41%。创新绩效方面，瀚蓝环境并购创冠中国后，研发投入持续增加，并购后一年研发支出 2660 万元，同比增长 57.14%，并购后两年研发支出 3860 万元，同比增加 45.09%，研发支出主要用于提升绿电公司自主创新能力。并购后一年，绿电公司通过高新技术企业复审，享受高新技术企业所得税优惠政策三年，伴随着成功并购创冠中国，瀚蓝环境固废处理业务扩张到全国多个省市，垃圾焚烧发电规模从 3000 吨/日增加到 14 350 吨/日，业务规模增加近 4 倍，并购后一年，在广东省住房和城乡建设厅发布的《广东省生活垃圾焚烧处理项目建设和运营企业推荐名录（第一批）》中，瀚蓝环境位列推荐名录第一位。并购后，瀚蓝环境连续两年被评为中国固废处理行业十大影响力企业。

在瀚蓝环境并购创冠中国的历程中，公司立足于自主创新能力与混合所有制

"二元"并购动机,通过市场机制合理配置资源,实现了创新驱动发展。瀚蓝环境以提升自主创新能力为并购动机,并购创冠中国,开放式创新向集成创新能力演化,然而在并购整合中实现创新能力提升并非一蹴而就,混合所有制制度安排对创新机制的形成及创新绩效的提升产生了积极的正向影响。基于混合所有制制度安排,在并购交易中目标公司创冠中国并购溢价率43.40%,低于同行业并购溢价水平,减少了交易成本对并购价值创造的负向影响。在并购整合中,国有控股股东与非国有战略投资者主导的公司治理层,确定了瀚蓝环境为"综合环境服务领跑者"的战略定位,在公司治理中强化"责任、诚信、合作、创新"经营理念,以创新能力提升为导向,对收购方(国有企业)瀚蓝环境与目标公司(非国有企业)创冠中国开展资源整合,财务资源向自主创新能力培育聚焦,一方面增加研发支出的投入资金,另一方面在2014年高新技术企业复审申请中,改变战略定位,不以集团公司为高新技术企业申请主体,在创冠中国已被认定为高新技术企业的基础上,仅以瀚蓝环境子公司绿电公司为申请主体,以国有企业绿电公司和非国有企业创冠中国作为创新驱动发展引擎,驱动并购带来的开放式创新向集成创新能力演化,进而提升创新绩效。在新的战略定位下,2016年公司自主创新能力建设需支出资本性支出20亿元,在面临融资约束的情况下,瀚蓝环境并购的另一个子公司燃气发展雄厚的财务资源提升了企业的融资能力和支持了企业的创新发展。在混合所有制制度安排下,2012年在地方政府主导下实施的瀚蓝环境并购燃气发展这一并购活动,也实现了从开放式创新向二次创新能力演化的本质性并购动机。同时,针对"混而不合"和信任缺失等混合所有制企业并购整合中的共性难题,公司治理层和管理层以企业自主创新能力提升为导向开展并购整合,在开放式创新向自主创新能力演化过程中,国有企业和非国有企业建立信任机制,国有控股股东和非国有战略投资者在企业创新能力提升基础上实现利益平衡。并购后一年,瀚蓝环境市场价值与账面资产价值均超过100亿元,此次混合所有制并购带来了良好的市场绩效与财务绩效。从并购的性质分析,收购方和目标公司属于同一行业,通过技术并购实现了开放式创新向集成创新能力的演化和企业自主创新能力的提升,通过异地非关联并购实现跨区域扩张,混合所有制制度安排减少了并购的交易成本与整合成本,引导资本与生产要素向自主创新建设聚焦,并驱动企业账面价值与市场价值提升,实现了创新驱动发展战略目标。

8.5　案例分析与讨论

8.5.1　通过并购实现企业创新驱动发展的前提条件

在并购中,企业自主创新能力有三条演化路径,一是纯粹依靠自身形成和积累原始创新能力；二是依靠并购的财务协同效应，通过购买和引进技术进行二次创新，实现自主创新能力提升；三是依托于并购双方的核心能力，通过集成创新实现自主创新能力提升，并且后两条演化路径是开放式创新向自主创新能力的转化途径。瀚蓝环境第一次并购绿电公司，仅仅依靠自身形成和积累原始创新能力。作为一个地方性国有企业，其原始创新能力有限，虽然创新能力成为企业业务增长和利润提升的重要影响因素，但创新产出在企业整体业务收入与利润构成中占比偏低，并且资本市场对以原始创新能力积累为并购动机，以关联并购、同地区间并购、现金支付为主要特征的并购事件响应度不高，企业市场价值未能因创新能力提升而实现突破性增长，企业难以实现创新驱动发展。第二次并购燃气发展，实现了财务协同，并购为企业带来财务和资金资源，瀚蓝环境可以运用资金优势，以技术引进和设备改造等方式，通过二次创新提升自主创新能力，但能力的本质是一种高级知识（许庆瑞等，2013），通过资金引进的技术是机械的，瀚蓝环境并没有大规模改造核心知识的能力，而且并购溢价高和以现金支付获得对目标公司控制权等交易成本和资金约束制约了企业的创新投资能力，开放式创新难以演化为二次创新能力，并购使企业财务绩效提高，但未能提高企业自主创新能力和创新绩效，企业财务绩效提高的主要驱动因素并非自主创新能力，而且地方政府主导下的地方国有企业之间的非相关并购，未能得到资本市场的响应，企业未能实现创新驱动发展。第三次并购创冠中国，瀚蓝环境首先自身拥有原始创新能力，全资子公司绿电公司主要运营以南海垃圾焚烧发电为主的固废处理业务，在此基础上，以提升自主创新能力为并购动机开展技术并购，目标公司创冠中国的原始创新能力大于收购方瀚蓝环境，日均垃圾处理能力为 11 350 吨/日，在全国持有十多个垃圾发电环保项目，在垃圾处理、污泥处理的关键环节上拥有多项专利，取得中国生态环境部"生活垃圾处理设施甲级运营资质"，为国内技术领先的城市固废运营商。瀚蓝环境通过集成创新，实现了技术资源从"为我所用"到"为我所有"，并且以创新作为发展的引擎，将企业短期目标与长期目标进行有机结合，同时进行持续创新投资。这也促进了第二次并购形成的开放式创新向二次创新能力转化，第二次并购在第三次并购整合成功的条件下产生财务协同效应，开放式创新通过集成创新演化为企业自主创新能力，自主创新能力提升又促进开放式创新通过二次创新演化为企业自主创新能力，自主创新能力持续提升。从 2010年瀚蓝环境以集团公司为主体申请认定为高新技术企业，2012 年以集团公司为主体复审未能通过高新技术企业认定，2014 年以子公司绿电公司为主体申请复审，绿电公司通过高新技术企业认定，也体现了瀚蓝环境如何通过三次并购活动，实现"创新驱动发展"战略转型目标。瀚蓝环境并购创冠中国，不仅提升了企业自主创新能力和创新绩效，而且促进了企业实现异地业务扩张、营业收入和净利润等大幅增长，财务绩效提高。同时，这一异地非关联的相关性技术并购得到了资本市场响应，长短期市场绩效好，企业市场价值提升，企业实现了创新驱动发展。

　　瀚蓝环境在创新驱动发展的实践过程中，除了技术上追求自主创新能力提升，在经营管理、资本市场信号释放和企业文化建设方面，仍然是以创新驱动发展为导向。2013 年 11 月，公司名称由"南海发展股份有限公司"更名为"瀚蓝环境股份有限公司"，不仅代表了公司的战略定位从传统水务类企业向"综合环境服务领跑者"的根本性转变，也向资本市场传递了创新驱动发展的积极信号。公司树立与培育"城市好管家、行业好典范、社区好邻居"核心文化，2014~2015 年连续两年荣获"中国固废行业十大影响力企业"，充分体现了行业和利益相关者对公司的市场能力、投融资能力、社会责任、品牌能力、企业家及团队、管理能力的综合肯定。公司总经理金铎女士从 2005 年就谋划公司业务从单一城市供水领域向环保行业转型，亲自领导企业培育原始创新能力，创建绿电公司，并使之发展成为全国 5 家 AAA 级无害化垃圾焚烧发电厂之一，2013 年又设计并主导瀚蓝环境并购创冠中国，通过集成创新将并购中的开放式创新转换为自主创新能力。2014 年 6 月，瀚蓝环境修改公司章程，法人代表由董事长变更为总经理，作为法人代表的创新型领导人的语言、行为与思想引领企业树立和强化创新价值观核心文化（王艳和阚铄，2014；王艳，2014）。2015 年底，瀚蓝环境与德国最大、全球领先的环境服务企业瑞曼迪斯工业服务国际有限公司（简称"瑞曼迪斯"）签订战略合作协议，将利用各自的优势在佛山市及中国其他区域共同开展危险废弃物的资源再生及终端处理业务，2016 年创新投资为 20 亿元，这表明瀚蓝环境已经完成了对创冠中国的并购整合，在完成并购带来的开放式创新向集成创新能力转化的基础上，开放式创新将向二次创新能力转化，企业创新驱动发展将再次迎来新起点。

　　基于瀚蓝环境并购创冠中国实现创新驱动发展的案例，可以得出更一般性的命题，即基于并购的开放式创新对企业提升自主创新能力有可能产生积极的影响，自主创新能力可能促进企业发展能力提升，这种积极影响的发生条件为：①收购方在并购前已形成原始创新能力，具备吸收开放式创新能力的基础条件。②收购方与目标公司知识互补，而目标公司的原始创新能力和知识积累大于收购方，收购方以提升自主创新能力为并购动机，通过集成创新开放式创新可以演化为自主创新能力。③收购方完成开放式创新向集成创新能力演化后，并购带来的开放式创新将向二次创新能力演化，企业自主创新能力持续提升。④收购方的组织环境和核心文化，使其有能力整合来自目标公司的原始创新能力。收购方具有原始创新能力、收购方与目标公司知识互补及创新环境是促使企业通过并购实现创新驱动发展的前提条件。

8.5.2　混合所有制并购对企业实现创新驱动发展的积极影响

瀚蓝环境从 2000 年股改上市以来,始终探索与实践如何培育和提升自主创新能力,实现创新驱动发展,但在股权融资与股权结构改革等资本运作方面,却一直趋于保守。公司 2001~2011 年上市十年间,总股本保持 2.7 亿股,在 A 股主板市场总股本偏少,并且其控股股东为南海区公资委辖下供水集团,仅以 28.24%的股权比例对其相对控股。股票发行价格为 6.68 元/股,上市十年间基本维持这一水平,即使 2011~2012 年并购绿电公司与燃气发展,股票价格也未突破 7 元/股。企业的发展来自其创造价值的能力,瀚蓝环境的市场价值偏小,仅依靠自身培育原始创新能力和地方政府主导国有优质资产并购重组进行二次创新,难以使自主创新能力成为企业核心竞争力,并且不能提高资本市场对企业的估值水平,企业难以实现创新驱动发展。

瀚蓝环境并购创冠中国,以股份支付为交易定价主要支付方式,引入非国有战略投资者并开展企业混合所有制改革。在资本层面,充分发挥国有控股股东广东南海控股投资有限公司(简称"南海控股")政策、资源优势与非国有战略投资者创冠香港的创业创新精神,在公司治理中强化创新与诚信经营理念,以提升自主创新能力为导向构建股权制衡机制,促进企业实现创新驱动发展。在生产要素层面,收购方国有企业瀚蓝环境全资子公司绿电公司建立的"南海固废处理环保产业园",以固废处理全产业链的集约处理模式和领先的技术及运营管理水平,已成为国内固废处理行业的标杆和典范,形成了解决城市垃圾围城问题的"南海模式",但由于绿电公司是地方性国有企业的全资子公司,存在垃圾处理规模小且仅在佛山市南海区区域内运营、在垃圾处理和污泥处理的关键环节上缺乏先进技术等制约企业发展的问题。目标公司非国有企业创冠中国垃圾处理总规模已突破 1 万吨/日,在垃圾处理和污泥处理的关键环节上拥有多项专利,在全国通过项目公司获得城市生活垃圾焚烧发电项目 BOT 特许经营权,与项目公司所在地政府开展合作,投资、建设、运营和移交城市生活垃圾焚烧发电项目,但由于创冠中国是非国有企业,其运营模式是成立项目公司并与地方政府合作,仅获得 BOT 特许经营权开展固废处理,没有形成固废处理全产业链集约处理模式,在运营中存在盈利水平低和现金流水平低等问题。在并购整合中,收购方与目标公司进行存量资源整合,通过集成创新,相互转移核心竞争力,国有企业与非国有企业之间优势互补,提升了企业的自主创新能力,收购创冠中国后瀚蓝环境的垃圾处理总规模达到 14 300 吨/日,在突破区域限制向外发展后,可在异地复制绿电公司的"南海模式",实现固废的一体化、集约化处理,并促进企业财务绩效提升。在资本市场,投资者预期混合所有制改革能够提高公司治理效率,通过对国有企业与非国有企业进行存量资源整合,提升资源配置水平,资本层面与生产要素层面聚焦自主创新能力建设，此次混合所有制并购将创造企业创新协同效应。在混合所有制并购信号释放复盘后，瀚蓝环境股价突破 13 元/股，企业市场价值翻番。在并购整合中，基于良好的混合所有制度安排，并购双方实现了核心能力相互转移，开放式创新通过集成创新转换为企业自主创新能力，并购整合效果较好，2015 年全国环保上市公司营业收入排名榜单显示，瀚蓝环境成为跻身 20 强的唯一一家广东国有控股公司，截至 2015 年底，公司总股本 7.66 亿股，公司股价突破 16 元/股，总市值突破 120 亿元。混合所有制并购促使公司实现了创新驱动发展根本性战略目标。

更重要的是，在国有企业混合所有制改革过程中，瀚蓝环境还积极思考和实践如何避免国有企业改革私有化倾向和抑制战略投资者的投机动机等混合所有制改革难题，逐步增强国有经济活力、控制力、影响力和抗风险能力。一是夯实国有股东控制权。从 2012 年开始，在混合所有制并购战略设计过程中，瀚蓝环境向终极控制人辖下多家国有企业进行定向增发和在并购中实施股份支付，加强和巩固国有股东的控股地位。2012 年 4 月 16 日，瀚蓝环境发布公告，以 6.57 元/股的价格向其控股股东供水集团的母公司南海控股定向增发 9131 万股，南海控股持股比例为 15.77%，终极控制人南海区公资委的持股比例上升至 39.56%。2014 年 1 月以 8.34 元/股的价格向南海区公资委辖下南海城投发行股份 4597 万股，购买其持有的燃气发展 30%股权。瀚蓝环境并购创冠中国前，净资产总额为 24.43 亿元，而创冠中国净资产评估值为 18.5 亿元，这一重大资产重组很可能导致实际控制人变更，正是由于瀚蓝环境在并购前不断加强国有控股股东的控制权，在完成并购创冠中国的交易定价支付后，终极控制人南海区公资委的总持股比例为 35.97%，战略投资者创冠香港的持股比例为 11.88%，瀚蓝环境并购创冠中国此次重大资产重组未改变国有股东的控股地位。2015 年 11 月，瀚蓝环境在开展又一次增资扩股和股权融资之前，以 11.95 元/股的价格向燃气有限发行股份，收购燃气有限持有的燃气发展 30%股权，使燃气发展成为瀚蓝环境的全资子公司，在其增资扩股和股权融资之后，南海区公资委通过南海控股、供水集团、燃气有限和南海城投合计持股比例为 34.93%，仍为公司的实际控制人。二是抑制战略投资者的投机动机。瀚蓝环境在并购创冠中国的过程中，为了防止国有股东控制权转移，在并购交易定价支付过程中，除了股份支付，还现金支付了 11 亿元。为了防止并购标的溢价过高的风险，除根据《外国投资者对上市公司战略投资管理办法》等外部正式制度规定外，要求创冠香港持有股份锁定 36 个月不得转让，瀚蓝环境还与创冠香港签订了对赌协议，创冠香港承诺创冠中国 2014 年度、2015 年度、2016 年度实现的净利润分别不低于资产评估报告确定的各年度净利润预测值，若创冠中国于承诺期内实际实现的净利润低于承诺的净利润，则需以现金形式向上市公司补偿承诺的净利润与实际净利润之间的差额。

混合所有制并购对创新驱动发展可能产生积极的影响，这种积极影响表现为①立足于存量资源整合的混合所有制并购，通过"资本+生产要素"融合，可有效解决企业价值再发现和实现途径的问题。②国有企业在混合所有制并购中不断夯实国有股东的控制权，通过对并购交易定价进行股份支付引入非国有战略投资者，可增强国有经济活力、控制力、影响力和抗风险能力。③国有企业和非国有企业聚焦创新能力开展并购整合，可化解混合所有制改革中"混而不合"的难题。

8.6　结论与展望

8.6.1　研究结论

本章通过对瀚蓝环境创新驱动发展实践的纵向案例研究，梳理了瀚蓝环境2000年上市以来的并购活动中自主创新能力演化过程及创新驱动发展路径，得出混合所有制并购能够促进企业实现创新驱动发展的研究结论。为了更清晰地理解混合所有制并购中企业自主创新能力的演化路径和创新驱动发展机制，本章提出了一个完整性的机理模型，如图 8-1 所示。

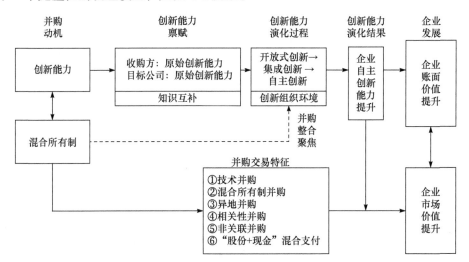

图 8-1　混合所有制并购促进创新驱动发展的机理模型

第一，瀚蓝环境的自主创新过程是一个动态积累的过程，从原始创新能力形成，过渡到对并购带来开放式创新活动整合，演化为集成创新活动整合，最终实现自主创新能力提升。这一过程是企业经历了原始创新能力积累的"瓶颈"和通过技术引进进行二次创新活动却难以形成核心能力等现实困境所做出的战略选择，三次并购看似是随机事件，但实际上是自主创新能力非线性积累的过程。企业从原始创新起步，通过第一次并购逐步积累技术知识，再试图通过第二次并购实现财务协同，通过技术引进进行二次创新，最后，企业在自身原始创新基础上，开展同行业技术并购，通过有效并购整合，开放式创新通过集成创新转换为自主创新能力。这一发现相比于前人研究，更严谨地验证了基于并购的开放式创新向自主创新能力转换的路径。本章通过对比并购形成的开放式创新向三种自主创新能力演化的路径和经济后果，发现在转型经济背景下，自主创新能力沿"原始创新能力→技术并购→集成创新→自主创新能力"的发展路径演进，是企业创新能力从量变到质变的过程，是能力复制和重构的过程，企业自主创新能力随转型环境不断提升。

第二，瀚蓝环境混合所有制并购同时提升了企业的市场价值和账面价值，在自主创新能力提升的基础上，混合所有制制度是实现创新驱动发展的主要驱动力。混合所有制企业可以实现不同所有制资源优势互补，但易出现"混而不合"现象，而瀚蓝环境在具备原始创新能力基础之上开展技术并购，除了在资本层面实现混合，更重要的是实现生产要素混合和核心能力相互转移，"资本+生产要素"两个层面混合所有制有利于构建信任机制，资本市场投资者对市场机制导向下的企业创新能力整合有良好预期，国有股东和非国有股东围绕企业创新能力提升开展公司治理。创冠中国与生俱来的创新机制激发瀚蓝环境的集成创新能力，进而提升其市场开拓能力和经营效率，瀚蓝环境的盈利模式和资金优势帮助创冠中国解决盈利能力偏低和资金匮乏等难题，并且运用国有企业的信用优势帮助创冠中国消除隐形壁垒、拓展市场空间及增强市场竞争力。以自主创新能力和混合所有制制度为"二元"并购动机开展并购活动，将促进并购创造企业价值，实现企业创新驱动发展。在制度理论视角下研究并购中企业自主创新能力的提升机制，从而发现了混合所有制制度促进企业创新驱动发展这一重要机理。

8.6.2　理论贡献

经过前述分析和讨论，本章的理论贡献主要有两点。

第一，打开了"基于并购的开放式创新"向自主创新能力演化的路径"黑箱"。从核心技术知识源的角度，区分和界定了自主创新能力中的二次创新、集成创新和原始创新，并分析基于并购的开放式创新向上述三种创新能力转换的路径，以及考察了最终实现企业自主创新能力提升的程度。本章提出集成创新是从开放式创新演化为自主创新能力的有效演化路径，这一研究维度也打破了以往自主创新能力研究的静态视角（Kochhar and David，1996；Ambos and Schlegelmilch，2007），从并购整合的角度，剖析了自主创新能力演进的动态规律性。因此，这一切入点有助于理解基于并购的开放式创新对于企业提升自主创新能力的作用机制，从而为并购领域的创新研究提供了新的研究视角。

第二，本章基于外部权变观和能力基础观等视角（许庆瑞等，2013；罗仲伟等，2014），在并购理论的启发下，揭示了企业通过并购实现创新驱动发展的重要驱动因素为内在吸收能力和外部制度变迁。这表明创新驱动发展是企业主动选择并被动适应环境的一种结果，为企业共演机理提供了新维度。此外，在转型经济背景下，本章通过纵向案例研究引入并购事件等研究变量，解释了并购能够促进创新驱动发展的影响因素。

8.6.3　实践启示

由于瀚蓝环境以原始创新为起点开创了固废处理业务，这一"原始创新能力背景"使其成功的经验对我国转型经济中地方国企发展有普适的借鉴意义。对于以获取创新能力为并购动机的企业，要想实现创新驱动发展，可以考虑积极推动集成创新，以实现开放式创新向自主创新能力的转换。立足于自主创新能力提升开展混合所有制并购，将并购动机转化为并购价值创造的驱动力，并把并购重组与企业市场价值、公司治理和并购整合与企业账面价值等有机结合，通过不断提升企业价值实现创新驱动发展，这对我国企业以创新能力和混合所有制为导向的战略性并购重组实践具有示范作用。

参 考 文 献

曹玉贵, 杨忠直. 2005. 基于信号博弈的企业并购交易行为分析. 南开管理评论, 8(4): 22-24.

陈仕华, 姜广省, 卢昌崇. 2013. 董事联结、目标公司选择与并购绩效——基于并购双方之间信息不对称的研究视角. 管理世界, (12): 117-132, 187-188.

陈仕华, 卢昌崇. 2013. 企业间高管联结与并购溢价决策——基于组织间模仿理论的实证研究. 管理世界, (5): 144-156.

崔万田, 周晔馨. 2006. 正式制度与非正式制度的关系探析. 教学与研究, (8): 42-48.

董晓庆, 赵坚, 袁朋伟. 2014. 国有企业创新效率损失研究. 中国工业经济, (2): 97-108.

杜兴强, 杜颖洁, 周泽将. 2011. 商誉的内涵及其确认问题探讨. 会计研究, (1): 11-16, 95.

杜运潮, 王任祥, 徐凤菊. 2016. 国有控股上市公司的治理能力评价体系——混合所有制改革背景下的研究. 经济管理, 38(11): 11-25.

樊纲, 王小鲁, 张立文, 等. 2003. 中国各地区市场化相对进程报告. 经济研究, 38(3): 9-18, 89.

方洪全, 曾勇. 2004. 对银行信用风险评价体系的比较. 系统工程理论方法应用, 13(3): 214-217, 221.

方媛, 张海霞. 2008. 管理者自利行为、债权人保护与债务融资期限结构研究//厦门大学会计发展研究中心、厦门大学财务管理与会计研究院、厦门大学会计系. 资本市场会计研究——第八届会计与财务问题国际研讨会论文集. 409-418.

冯根福, 吴林江. 2001. 我国上市公司并购绩效的实证研究. 经济研究, 36(1): 54-61, 68.

葛扬, 尹紫翔. 2019. 70 年所有制改革:实践历程、理论基础与未来方向. 经济纵横, (10): 9-15, 129.

国家统计局. 2019. 2019 中国统计摘要. 北京: 中国统计出版社.

洪银兴. 2013. 论创新驱动经济发展战略. 经济学家, (1): 5-11.

洪银兴. 2018. 资源配置效率和供给体系的高质量. 江海学刊, (5): 84-91.

江诗松, 龚丽敏, 魏江. 2011. 转型经济中后发企业的创新能力追赶路径:国有企业和民营企业的双城故事. 管理世界, (12): 96-115, 188.

姜付秀, 陆正飞. 2006. 多元化与资本成本的关系——来自中国股票市场的证据. 会计研究, (6): 48-55, 97.

姜付秀, 朱冰, 王运通. 2014. 国有企业的经理激励契约更不看重绩效吗?. 管理世界, (9): 143-159.

姜卫韬. 2012. 中小企业自主创新能力提升策略研究——基于企业家社会资本的视角. 中国工业经济, (6): 107-119.

鞠晓生, 卢荻, 虞义华. 2013. 融资约束、营运资本管理与企业创新可持续性. 经济研究, 48(1): 4-16.

孔东民, 代昀昊, 李阳. 2014. 政策冲击、市场环境与国企生产效率: 现状、趋势与发展. 管理世界, (8): 4-17, 187.

黎文飞, 郭惠武, 唐清泉. 2016. 产业集群、信息传递与并购价值创造. 财经研究, 42(1): 123-133.

李东屿, 汪海粟. 2016. 基于资产弹性假说的企业性质研究. 中国工业经济, (1): 130-145.

李国平, 王奕淇, 张文彬. 2015. 矿企跨国并购定价谈判优化策略——基于演化博弈视角. 中央财经大学学报, (7): 91-97.

李杰, 李捷瑜, 黄先海. 2011. 海外市场需求与跨国垂直并购——基于低端下游企业的视角. 经济研究, 46(5): 99-110.

李善民, 陈玉罡. 2002. 上市公司兼并与收购的财富效应. 经济研究, 37(11): 27-35, 93.

李善民, 公淑玉, 杨继彬. 2019. CEO 文化背景对并购绩效的影响研究——基于南北文化差异视角. 中山大学学报(社会科学版), 59(5): 195-207.

李善民, 黄灿, 史欣向. 2015. 信息优势对企业并购的影响——基于社会网络的视角. 中国工业经济, (11): 141-155.

李善民, 刘永新. 2010. 并购整合对并购公司绩效的影响——基于中国液化气行业的研究. 南开管理评论, 13(4): 154-160.

李善民, 郑南磊. 2007. 股东—利益相关者博弈对并购方股东财富效应的影响. 金融研究, (8): 141-153.

李善民, 周小春. 2007. 公司特征、行业特征和并购战略类型的实证研究. 管理世界, (3): 130-137.

李善民, 朱滔, 陈玉罡, 等. 2004. 收购公司与目标公司配对组合绩效的实证分析. 经济研究, 39(6): 96-104.

李善民, 朱滔. 2006. 多元化并购能给股东创造价值吗?——兼论影响多元化并购长期绩效的因素. 管理世界, (3): 129-137.

李维安. 2014. 深化国企改革与发展混合所有制. 南开管理评论, 17(3): 1.

李文贵, 余明桂. 2015. 民营化企业的股权结构与企业创新. 管理世界, (4): 112-125.

李钊. 2019. 在创新引领中培育壮大新动能//国务院研究室. 十三届全国人大二次会议《政府工作报告》辅导读本. 北京: 人民出版社: 229.

李志辉, 李萌. 2005. 我国商业银行信用风险识别模型及其实证研究. 广东社会科学, (2): 17-22.

厉以宁. 2015. 依法治国和深化经济改革. 经济研究, 50(1): 8-10.

梁琪. 2005. 企业经营管理预警: 主成分分析在 logistic 回归方法中的应用. 管理工程学报, 19(1): 100-103.

梁云. 2005. 市场份额的价格与非价格竞争策略. 价格理论与实践, (3): 58-59.

廖红伟, 赵翔实. 2014. 国外国有经济发展演进的历史轨迹与启示. 江汉论坛, (9): 69-74.

林德钦. 2011. 基于结构方程模型的我国上市公司并购绩效实证研究. 生产力研究, (7): 170-172.

林钟高, 郑军, 卜继栓. 2015. 环境不确定性、多元化经营与资本成本. 会计研究, (2): 36-43, 93.

刘超, 徐丹丹, 郑忱阳. 2019. 商誉、高溢价并购与股价崩盘风险. 金融监管研究, (6): 1-20.

刘春, 李善民, 孙亮. 2015. 独立董事具有咨询功能吗?——异地独董在异地并购中功能的经验研究. 管理世界, (3): 124-136, 188.

刘瑞明, 石磊. 2010. 国有企业的双重效率损失与经济增长. 经济研究, 45(1): 127-137.

刘伟. 2019. 坚持社会主义市场经济的改革方向——中国特色社会主义经济转轨的体制目标. 中国高校社会科学, (2): 16-20, 157.

刘伟, 蔡志洲. 2018. 新时代中国经济增长的国际比较及产业结构升级. 管理世界, 34(1): 16-24.

刘小玄. 2000. 中国工业企业的所有制结构对效率差异的影响——1995 年全国工业企业普查数

据的实证分析. 经济研究, 35(2): 17-25, 78.

刘笑萍, 黄晓薇, 郭红玉. 2009. 产业周期、并购类型与并购绩效的实证研究. 金融研究, (3): 135-153.

鲁桐, 党印. 2014. 公司治理与技术创新: 分行业比较. 经济研究, 49(6): 115-128.

罗珉, 曾涛, 周思伟. 2005. 企业商业模式创新: 基于租金理论的解释. 中国工业经济, (7): 73-81.

罗仲伟, 任国良, 焦豪, 等. 2014. 动态能力、技术范式转变与创新战略——基于腾讯微信 "整合" 与 "迭代" 微创新的纵向案例分析. 管理世界, (8): 152-168.

吕长江, 韩慧博. 2014. 业绩补偿承诺、协同效应与并购收益分配. 审计与经济研究, 29(6): 3-13.

毛基业, 李晓燕. 2010. 理论在案例研究中的作用——中国企业管理案例论坛(2009)综述与范文分析. 管理世界, (2): 106-113, 140.

毛基业, 张霞. 2008. 案例研究方法的规范性及现状评估——中国企业管理案例论坛(2007)综述. 管理世界, (4): 115-121.

孟庆福, 张维维, 王巍. 2006. 内地与香港股票市场信用风险的比较. 税务与经济(长春税务学院学报), (2): 72-78.

潘越, 戴亦一, 吴超鹏, 等. 2009. 社会资本、政治关系与公司投资决策. 经济研究, 44(11): 82-94.

潘越, 吴超鹏, 史晓康. 2010. 社会资本、法律保护与 IPO 盈余管理. 会计研究, (5): 62-67, 95.

裴长洪, 许光伟. 2019. 习近平重要论述与新中国 70 年经济理论问题纲要. 教学与研究, (10): 18-37.

綦好东, 郭骏超, 朱炜. 2017. 国有企业混合所有制改革: 动力、阻力与实现路径. 管理世界, (10): 8-19.

沈满洪, 张兵兵. 2013. 交易费用理论综述. 浙江大学学报(人文社会科学版), 43(2): 44-58.

宋清华, 曲良波. 2011. 高管薪酬、风险承担与银行绩效: 中国的经验证据. 国际金融研究, (12): 69-79.

孙宁华, 洪银兴, 支纪元. 2015. 商业模式创新与科技创新的协同. 河北学刊, 35(2): 113-120.

唐建新, 陈冬. 2010. 地区投资者保护、企业性质与异地并购的协同效应. 管理世界, (8): 102-116.

唐宗明, 蒋位. 2002. 中国上市公司大股东侵害度实证分析. 经济研究, 37(4): 44-50, 94.

涂国前, 刘峰. 2010. 制衡股东性质与制衡效果——来自中国民营化上市公司的经验证据. 管理世界, (11): 132-142, 188.

王碧珺, 谭语嫣, 余淼杰, 等. 2015. 融资约束是否抑制了中国民营企业对外直接投资. 世界经济, 38(12): 54-78.

王丹. 2019. 推动混合所有制经济走深走实的思路与建议. 宏观经济管理, (9): 45-50, 58.

王凤荣, 苗妙. 2015. 税收竞争、区域环境与资本跨区流动——基于企业异地并购视角的实证研究. 经济研究, 50(2): 16-30.

王化成, 蒋艳霞, 王珊珊, 等. 2011. 基于中国背景的内部资本市场研究: 理论框架与研究建议. 会计研究, (7): 28-37, 97.

王小鲁, 樊纲, 余静文. 2017. 中国分省份市场化指数报告(2016). 北京: 社会科学文献出版社.

王艳. 2014. "诚信创新价值观" 文化差异度与并购绩效——基于 2008-2010 年沪深上市公司股权并购事件的经验数据. 会计研究, (9): 74-80, 97.

王艳. 2016. 混合所有制并购与创新驱动发展——广东省地方国企"瀚蓝环境"2001～2015 年纵向案例研究. 管理世界, (8): 150-163.

王艳, 阚铄. 2014. 企业文化与并购绩效. 管理世界, (11): 146-157, 163.

王艳, 李善民. 2017. 社会信任是否会提升企业并购绩效?. 管理世界, (12): 125-140.

温忠麟, 张雷, 侯杰泰, 等. 2004. 中介效应检验程序及其应用. 心理学报, 36(5): 614-620.

吴超鹏, 吴世农, 郑方镳. 2008. 管理者行为与连续并购绩效的理论与实证研究. 管理世界, (7): 126-133, 188.

吴世农, 黄世忠. 1987. 企业破产的分析指标和预测模型. 中国经济问题, (6): 8-15.

吴晓波, 马如飞, 毛茜敏. 2009. 基于二次创新动态过程的组织学习模式演进——杭氧 1996～2008 纵向案例研究. 管理世界, (2): 152-164.

吴延兵. 2012. 国有企业双重效率损失研究. 经济研究, 47(3): 15-27.

吴延兵. 2014. 不同所有制企业技术创新能力考察. 产业经济研究, (2): 53-64.

武常岐, 韩煦. 2011. 管理学视角下的民营化现象: 一个多层面的研究框架. 管理世界, (8): 92-101, 114, 188.

武鹏. 2017. 我国混合所有制经济发展的成就、问题与对策. 学习与探索, (12): 118-123.

向显湖, 刘天. 2014. 论表外无形资产: 基于财务与战略相融合的视角——兼析无形资源、无形资产与无形资本. 会计研究, (4): 3-9, 95.

谢纪刚, 张秋生. 2013. 股份支付、交易制度与商誉高估——基于中小板公司并购的数据分析. 会计研究, (12): 47-52, 97.

辛宇, 李天钰, 吴雯敏. 2015. 上市公司的并购、估值与股价崩溃风险研究. 中山大学学报(社会科学版), 55(3): 200-212.

辛宇, 李新春, 徐莉萍. 2016. 地区宗教传统与民营企业创始资金来源. 经济研究, 51(4): 161-173.

邢小强, 葛沪飞, 仝允桓. 2015. 社会嵌入与 BOP 网络演化: 一个纵向案例研究. 管理世界, (10): 160-173.

许庆瑞, 吴志岩, 陈力田. 2013. 转型经济中企业自主创新能力演化路径及驱动因素分析——海尔集团 1984～2013 年的纵向案例研究. 管理世界, (4): 121-134, 188.

许庆瑞, 张蕾, 王勇. 2002. 知识员工的能力及其测度. 科学学与科学技术管理, 23(8): 74-77.

杨典. 2013. 公司治理与企业绩效——基于中国经验的社会学分析. 中国社会科学, (1): 72-94, 206.

杨威, 宋敏, 冯科. 2018. 并购商誉、投资者过度反应与股价泡沫及崩盘. 中国工业经济, (6): 156-173.

杨小凯. 2004. 新政治经济学与交易费用经济学. 制度经济学研究, (4): 158-164.

于开乐, 王铁民. 2008. 基于并购的开放式创新对企业自主创新的影响——南汽并购罗孚经验及一般启示. 管理世界, (4): 150-159, 166.

苑泽明, 李海英, 孙浩亮, 等. 2012. 知识产权质押融资价值评估:收益分成率研究. 科学学研究, 30(6): 840, 856-864.

翟进步, 贾宁, 李丹. 2010. 中国上市公司收购兼并的市场预期绩效实现了吗?. 金融研究, (5): 133-151.

张爽, 陆铭, 章元. 2007. 社会资本的作用随市场化进程减弱还是加强?——来自中国农村贫困的实证研究. 经济学(季刊), 6(2): 539-560.

张维迎. 2001. 市场秩序的信誉基础. 中国质量万里行, (Z2): 9-12.

张维迎, 柯荣住. 2002. 信任及其解释: 来自中国的跨省调查分析. 经济研究, 37(10): 59-70, 96.

张伟, 于良春. 2019. 创新驱动发展战略下的国有企业改革路径选择研究. 经济研究, 54(10): 74-88.

张蔚虹, 朱海霞. 2012. Z-Score 模型对科技型上市公司财务风险预警的适用性检验. 科技管理研究, 32(14): 228-231.

张新. 2003. 并购重组是否创造价值?——中国证券市场的理论与实证研究. 经济研究, 38(6): 20-29, 93.

张新, 胡鞍钢, 陈怀锦, 等. 2020. "十四五"创新发展基本思路: 加快建设世界创新强国. 清华大学学报(哲学社会科学版), 35(1): 155-165, 205.

章卫东. 2010. 定向增发新股与盈余管理——来自中国证券市场的经验证据. 管理世界, (1): 54-63, 73.

章卫东, 张江凯, 成志策, 等. 2015. 政府干预下的资产注入、金字塔股权结构与公司绩效——来自我国地方国有控股上市公司资产注入的经验证据. 会计研究, (3): 42-49, 94.

赵春雨. 2015. 混合所有制发展的历史沿革及文献述评. 经济体制改革, (1): 48-53.

赵剑治, 陆铭. 2010. 关系对农村收入差距的贡献及其地区差异—— 一项基于回归的分解分析. 经济学(季刊), 9(1): 363-390.

赵息, 张西栓. 2013. 内部控制、高管权力与并购绩效——来自中国证券市场的经验证据. 南开管理评论, 16(2): 75-81.

郑志刚. 2007. 法律外制度的公司治理角色—— 一个文献综述. 管理世界, (9): 136-147, 159.

周小春, 李善民. 2008. 并购价值创造的影响因素研究. 管理世界, (5): 134-143.

周煊, 程立茹, 王皓. 2012. 技术创新水平越高企业财务绩效越好吗?——基于 16 年中国制药上市公司专利申请数据的实证研究. 金融研究, (8): 166-179.

周媛媛, 李帮义. 2010. 非对称信息条件下企业并购定价的进化博弈分析. 管理评论, 22(11): 21-29.

朱滔. 2006. 上市公司并购的短期和长期股价表现. 当代经济科学, 28(3): 31-39, 125.

朱永忠, 姚烨, 张艳. 2012. 基于主成分分析和 Logistic 回归的上市公司财务困境预警模型的研究. 浙江工业大学学报, 40(6): 692-694, 698.

Acemoglu D, Cao D. 2015. Innovation by entrants and incumbents. Journal of Economic Theory, 157: 255-294.

Ahern K R, Daminelli D, Fracassi C. 2015. Lost in translation? The effect of cultural values on mergers around the world. Journal of Financial Economics, 117(1): 165-189.

Ahuja G, Katila R. 2001. Technological acquisitions and the innovation performance of acquiring firms: a longitudinal study. Strategic Management Journal, 22(3): 197-220.

Aliberti V, Green M B. 2005. A spatio-temporal examination of Canada's domestic merger activity, 1971~1991. Cahiers De Géographie Du Québec, 43(119): 239-250.

Allen F, Qian J, Qian M J. 2005. Law, finance, and economic growth in China. Journal of Financial Economics, 77(1): 57-116.

Altman E I. 1968. Financial ratios, discriminant analysis and the prediction of corporate bankruptcy. The Journal of Finance, 23(4): 589-609.

Altman E I, Haldeman R G, Narayanan P. 1977. ZETATM analysis: a new model to identify bankruptcy risk of corporations. Journal of Banking & Finance, 1(1): 29-54.

Ambos B, Schlegelmilch B B. 2007. Innovation and control in the multinational firm: a comparison of political and contingency approaches. Strategic Management Journal, 28(5): 473-486.

Amir E, Lev B. 1996. Value-relevance of nonfinancial information: the wireless communications industry. Journal of Accounting and Economics, 22(1/2/3): 3-30.

Andrade G, Mitchell M, Stafford E. 2001. New evidence and perspectives on mergers. Journal of Economic Perspectives, 15(2): 103-120.

Ayyagari M, Demirgüç-Kunt A, Maksimovic V. 2010. Formal versus informal finance: evidence from China. The Review of Financial Studies, 23(8): 3048-3097.

Ball R, Brown P. 1968. An empirical evaluation of accounting income numbers. Journal of Accounting Research, 6(2): 159-178.

Barney J B, Hansen M H. 1994. Trustworthiness as a source of competitive advantage. Strategic Management Journal, 15(S1): 175-190.

Baron R M, Kenny D A. 1986. The moderator-mediator variable distinction in social psychological research: conceptual, strategic, and statistical considerations. Journal of Personality and Social Psychology, 51(6): 1173-1182.

Barth J R, Brumbaugh J R, Sauerhaft D, et al. 1989. Thrift institution failures: estimating the regulator's closure rule. Journal of Financial Services Research, 1: 1-23.

Barzel Y. 1974. A theory of rationing by waiting. The Journal of Law and Economics, 17(1): 73-95.

Bauer F, Matzler K. 2014. Antecedents of M&A success: the role of strategic complementarity, cultural fit, and degree and speed of integration. Strategic Management Journal, 35(2): 269-291.

Beaver W, Lambert R, Morse D. 1980. The information content of security prices. Journal of Accounting and Economics, 2(1): 3-28.

Bhaumik S K, Selarka E. 2012. Does ownership concentration improve M&A outcomes in emerging markets? Evidence from India. Journal of Corporate Finance, 18(4): 717-726.

Billett M T, King T H D, Mauer D C. 2004. Bondholder wealth effects in mergers and acquisitions: new evidence from the 1980s and 1990s. The Journal of Finance, 59(1): 107-135.

Billett M T, Qian Y. 2008. Are overconfident CEOs born or made? Evidence of self-attribution bias from frequent acquirers. Management Science, 54(6): 1037-1051.

Boardman A E, Vining A R. 1989. Ownership and performance in competitive environments: a comparison of the performance of private, mixed, and state-owned enterprises. The Journal of Law and Economics, 32(1): 1-33.

Bottazzi L, Da Rin M, Hellmann T F. 2016. The importance of trust for investment: evidence from venture capital. The Review of Financial Studies, 29(9): 2283-2318.

Bradley M, Desai A, Kim E H. 1988. Synergistic gains from corporate acquisitions and their division between the stockholders of target and acquiring firms. Journal of Financial Economics, 21(1): 3-40.

Bruner R F, 2002. Does M&A pay? A survey of evidence for the decision-maker. Journal of Applied Finance, 12(1): 48-68.

Butler K C, Saraoglu H. 1999. Improving analysts' negative earnings forecasts. Financial Analysts Journal, 55(3): 48-56.

Cambini C, Spiegel Y. 2016. Investment and capital structure of partially private regulated firms. Journal of Economics & Management Strategy, 25(2): 487-515.

Carvalho D. 2014. The real effects of government-owned banks: evidence from an emerging market. The Journal of Finance, 69(2): 577-609.

Chen V Z, Li J, Shapiro D M, et al. 2014. Ownership structure and innovation: an emerging market perspective. Asia Pacific Journal of Management, 31(1): 1-24.

Chen Z G, Lam W, Zhong J N. 2007. Leader-member exchange and member performance: a new look at individual-level negative feedback-seeking behavior and team-level empowerment climate. Journal of Applied Psychology, 92(1): 202-212.

Chesbrough H W. 2003. A better way to innovate. Harvard Business Review, 81(7): 12-13, 155.

Chung K H, Pruitt S W. 1994. A simple approximation of Tobin's Q. Financial Management, 23(3): 70.

Coase R H. 1937. The nature of the firm. Economica, 4 (16): 386-405.

Coase R H. 1959. The federal communications commission. The Journal of Law and Economics, 2: 1-40.

Colla P, Ippolito F, Li K. 2013. Debt specialization. The Journal of Finance, 68(5): 2117-2141.

Copeland T E, Koller T, Murrin J. 1991. Valuation: measuring and managing the value of companies. The Journal of Finance, 46(1): 35-54.

Cramton P C. 1984. Bargaining with incomplete information: an infinite-horizon model with two-sided uncertainty. The Review of Economic Studies, 51(4): 579-593.

D'Souza J, Megginson W, Nash R. 2005. Effect of institutional and firm-specific characteristics on post-privatization performance: evidence from developed countries. Journal of Corporate Finance, 11(5): 747-766.

de Wintoki M B, Linck J S, Netter J M. 2012. Endogeneity and the dynamics of internal corporate governance. Journal of Financial Economics, 105(3): 581-606.

Demsetz H. 1967. Toward a theory of property rights. Classic Papers in Natural Resource Economics, 57(2): 163-177.

Deng X, Kang J K, Low B S. 2013. Corporate social responsibility and stakeholder value maximization: evidence from mergers. Journal of Financial Economics, 110(1): 87-109.

Deutsch M. 1958. Trust and suspicion. Journal of Conflict Resolution, 2(4): 265-279.

Eger C E. 1983. An empirical test of the redistribution effect in pure exchange mergers. The Journal of Financial and Quantitative Analysis, 18(4): 547.

Eisenhardt K M. 1989. Building theories from case study research. Academy of Management Review, 14(4): 532-550.

Eisenhardt K M, Graebner M E. 2007. Theory building from cases: opportunities and challenges. Academy of Management Journal, 50(1): 25-32.

Eisfeldt A L, Papanikolaou D. 2013. Organization capital and the cross-section of expected returns. The Journal of Finance, 68(4): 1365-1406.

Erel I, Liao R C, Weisbach M S. 2012. Determinants of cross-border mergers and acquisitions. The

Journal of Finance, 67(3): 1045-1082.

Faccio M, Masulis R W. 2005. The choice of payment method in european mergers and acquisitions. The Journal of Finance, 60(3): 1345-1388.

Fama E F, Fisher L, Jensen M C, et al. 1969. The adjustment of stock prices to new information. International Economic Review, 10: 1-21.

Fan J P H, Titman S, Twite G. 2012. An international comparison of capital structure and debt maturity choices. Journal of Financial and Quantitative Analysis, 47(1): 23-56.

Feri F, Gantner A. 2011. Bargaining or searching for a better price?——An experimental study. Games and Economic Behavior, 72(2): 376-399.

Francis J, LaFond R, Olsson P, et al. 2005. The market pricing of accruals quality. Journal of Accounting and Economics, 39(2): 295-327.

Fu F J, Lin L M, Officer M S. 2013. Acquisitions driven by stock overvaluation: are they good deals?. Journal of Financial Economics, 109(1): 24-39.

Ganesan S. 1994. Determinants of long-term orientation in buyer-seller relationships. Journal of Marketing, 58(2): 1.

Ghosh A. 2001. Does operating performance really improve following corporate acquisitions?. Journal of Corporate Finance, 7(2): 151-178.

Gillespie N, Dietz G. 2009. Trust repair after an organization-level failure. Academy of Management Review, 34(1): 127-145.

Givoly D, Hayn C. 2000. The changing time-series properties of earnings, cash flows and accruals: has financial reporting become more conservative?. Journal of Accounting and Economics, 29(3): 287-320.

Goyal V K, Park C W. 2002. Board leadership structure and CEO turnover. Journal of Corporate Finance, 8(1): 49-66.

Graebner M E. 2009. Caveat venditor: trust asymmetries in acquisitions of entrepreneurial firms. Academy of Management Journal, 52(3): 435-472.

Gregory A. 1997. An examination of the long run performance of UK acquiring firms. Journal of Business Finance & Accounting, 24(7/8): 971-1002.

Gregory A. 2005. The long run abnormal performance of UK acquirers and the free cash flow hypothesis. Journal of Business Finance & Accounting, 32(5/6): 777-814.

Grossman S J, Perry M. 1986. Sequential bargaining under asymmetric information. Journal of Economic Theory, 39(1): 120-154.

Guest P M, Cosh A, Hughes A, et al. 2004. Why must all good things come to an end? The performance of multiple acquirers. Academy of Management Proceedings, 2004(1): S1-S6.

Guiso L, Sapienza P, Zingales L. 2004. The role of social capital in financial development. American Economic Review, 94(3): 526-556.

Guiso L, Sapienza P, Zingales L. 2008. Trusting the stock market. The Journal of Finance, 63(6): 2557-2600.

Hall B H. 2002. The financing of research and development. Oxford Review of Economic Policy, 18(1): 35-51.

Hannan M T, Freeman J. 1984. Structural inertia and organizational change. American Sociological Review, 49(2): 149.

Hart O, Moore J. 1990. Property rights and the nature of the firm. Journal of Political Economy, 98(6): 1119-1158.

Healy P M, Palepu K G, Ruback R S. 1992. Does corporate performance improve after mergers?. Journal of Financial Economics, 31(2): 135-175.

Holderness C G. 2017. Culture and the ownership concentration of public corporations around the world. Journal of Corporate Finance, 44: 469-486.

Hoskisson R E, Hitt M A, Johnson R A, et al. 2002. Conflicting voices: the effects of institutional ownership heterogeneity and internal governance on corporate innovation strategies. Academy of Management Journal, 45(4): 697-716.

Huang S L, Lin F R. 2008. Using temporal-difference learning for multi-agent bargaining. Electronic Commerce Research and Applications, 7(4): 432-442.

Hunady J, Orviska M. 2014. Determinants of foreign direct investment in EU countries-do corporate taxes really matter?. Procedia Economics and Finance, 12: 243-250.

Hunter W C, Jagtiani J. 2003. An analysis of advisor choice, fees, and effort in mergers and acquisitions. Review of Financial Economics, 12(1): 65-81.

Hutton I, Jiang D L, Kumar A. 2015. Political values, culture, and corporate litigation. Management Science, 61(12): 2905-2925.

Ittner C D, Larcker D F. 1998. Are nonfinancial measures leading indicators of financial performance? An analysis of customer satisfaction. Journal of Accounting Research, 36: 1.

Jefferson G H, Bai H M, Guan X J, et al. 2006. R&D performance in Chinese industry. Economics of Innovation and New Technology, 15(4/5): 345-366.

Jensen M C, Meckling W H. 1976. Theory of the firm: managerial behavior, agency costs and ownership structure. Journal of Financial Economics, 3(4): 305-360.

Jensen M C, Ruback R S. 1983. The market for corporate control: the scientific evidence. Journal of Financial Economics, 11(1/2/3/4): 5-50.

Joseph J, Ocasio W, McDonnell M H. 2014. The structural elaboration of board independence: executive power, institutional logics, and the adoption of CEO-only board structures in US corporate governance. Academy of Management Journal, 57(6): 1834-1858.

Kallunki J P, Pyykkö E, Laamanen T. 2009. Stock market valuation, profitability and R&D spending of the firm: the effect of technology mergers and acquisitions. Journal of Business Finance & Accounting, 36(7/8): 838-862.

Kaplan R S, Norton D P. 1992. The balanced scorecard: measures that drive performance. Harvard Business Review, 83(7): 172-180.

Keupp M M, Palmié M, Gassmann O. 2012. The strategic management of innovation: a systematic review and paths for future research. International Journal of Management Reviews, 14(4): 367-390.

Keynes J M. 1936. The General Theory of Employment, Interest and Money. Cambridge: Macmillan.

Klein B, Crawford R G, Alchian A A. 1978. Vertical integration, appropriable rents, and the competitive contracting process. The Journal of Law and Economics, 21(2): 297-326.

Klein B, Leffler K B. 1981. The role of market forces in assuring contractual performance. Journal of Political Economy, 89(4): 615-641.

Knack S, Keefer P. 1997. Does social capital have an economic payoff? A cross-country investigation. The Quarterly Journal of Economics, 112(4): 1251-1288.

Knight J, Yueh L. 2008. The role of social capital in the labour market in China. Economics of Transition, 16(3): 389-414.

Kochhar R, David P. 1996. Institutional investors and firm innovation: a test of competing hypotheses. Strategic Management Journal, 17(1): 73-84.

Kreps D M. 1990. Corporate culture and economic theory//ALTJE. Perspectives on Positive Political Economy. Cambridge: Cambridge University Press: 90-143.

Leuz C, Nanda D, Wysocki P D. 2003. Earnings management and investor protection: an international comparison. Journal of Financial Economics, 69(3): 505-527.

Lioukas C S, Reuer J J. 2015. Isolating trust outcomes from exchange relationships: social exchange and learning benefits of prior ties in alliances. Academy of Management Journal, 58(6): 1826-1847.

MacKinnon D P, Warsi G, Dwyer J H. 1995. A simulation study of mediated effect measures. Multivariate Behavioral Research, 30(1): 41-62.

Malkiel B G, Fama E F. 1970. Efficient capital markets: a review of theory and empirical work. The Journal of Finance, 25(2): 383-417.

Malmendier U, Tate G. 2008. Who makes acquisitions? CEO overconfidence and the market's reaction. Journal of Financial Economics, 89(1): 20-43.

Masulis R W, Wang C, Xie F. 2007. Corporate governance and acquirer returns. The Journal of Finance, 62(4): 1851-1889.

Mayer R C, Davis J H, Schoorman F D. 1995. An integrative model of organizational trust. Academy of Management Review, 20(3): 709-734.

McCauley D, Kuhnert K W. 1992. A theoretical review and empirical investigation of employee trust in management. Public Administration Quarterly, 16(3): 265-283.

McGuire S T, Omer T C, Sharp N Y. 2012. The impact of religion on financial reporting irregularities. The Accounting Review, 87(2): 645-673.

Megginson W L, Nash R C, van Randenborgh M. 1994. The financial and operating performance of newly privatized firms: an international empirical analysis. The Journal of Finance, 49(2): 403-452.

Megginson W L, Netter J M. 2001. From state to market: a survey of empirical studies on privatization. Journal of Economic Literature, 39(2): 321-389.

Meyer K E, Estrin S, Bhaumik S K, et al. 2009. Institutions, resources, and entry strategies in emerging economies. Strategic Management Journal, 30(1): 61-80.

Milgrom P, Stokey N. 1982. Information, trade and common knowledge. Journal of Economic Theory, 26(1): 17-27.

Moatti V, Ren C R, Anand J, et al. 2015. Disentangling the performance effects of efficiency and bargaining power in horizontal growth strategies: an empirical investigation in the global retail industry. Strategic Management Journal, 36(5): 745-757.

Moeller S B, Schlingemann F P, Stulz R M. 2004. Firm size and the gains from acquisitions. Journal of Financial Economics, 73(2):201-228.

Myers S C, Majluf N S. 1984. Corporate financing and investment decisions when firms have information that investors do not have. Journal of Financial Economics, 13(2): 187-221.

Narayan D, Pritchett L. 1999. Cents and sociability: household income and social capital in rural Tanzania. Economic Development and Cultural Change, 47(4): 871-897.

Nyhan R C. 1999. Increasing affective organizational commitment in public organizations. Review of Public Personnel Administration, 19(3): 58-70.

Ohlson J A. 1980. Financial ratios and the probabilistic prediction of bankruptcy. Journal of Accounting Research, 18(1): 109.

Pache A C, Santos F. 2013. Inside the hybrid organization: selective coupling as a response to competing institutional logics. Academy of Management Journal, 56(4): 972-1001.

Peng M W. 2003. Institutional transitions and strategic choices. Academy of Management Review, 28(2): 275-296.

Penrose E T. 1959. Contributions to the resource-based view of strategic management. Journal of Management Studies, 41(1): 183-191.

Podsakoff P M, MacKenzie S B, Moorman R H, et al. 1990. Transformational leader behaviors and their effects on followers'trust in leader, satisfaction, and organizational citizenship behaviors. The Leadership Quarterly, 1(2): 107-142.

Powell R G, Stark A W. 2005. Does operating performance increase post-takeover for UK takeovers? A comparison of performance measures and benchmarks. Journal of Corporate Finance, 11(1/2): 293-317.

Prahalad C K, Hamel G. 1990. The core competence of the corporation. Harvard Business Review, 68(3): 79-91.

Press S J, Wilson S. 1978. Choosing between logistic regression and discriminant analysis. Journal of the American Statistical Association, 73(364): 699-705.

Rhodes-Kropf M, Robinson D T. 2008. The market for mergers and the boundaries of the firm. The Journal of Finance, 63(3): 1169-1211.

Rigby D, Zook C. 2002. Open-market innovation. Harvard Business Review, 80(10): 80-93.

Robert D C, Selim S T, Jason J B. 1988. A multi-dimensional study of trust in organizations. Journal of Managerial Tissue, (10): 303-317.

Rossi S, Volpin P F. 2004. Cross-country determinants of mergers and acquisitions. Journal of Financial Economics, 74(2): 277-304.

Rotter J B. 1967. A new scale for the measurement of interpersonal trust. Journal of Personality, 35(4): 651-665.

Schijven M, Hitt M A. 2012. The vicarious wisdom of crowds: toward a behavioral perspective on investor reactions to acquisition announcements. Strategic Management Journal, 33(11): 1247-1268.

Schul Y, Mayo R, Burnstein E. 2004. Encoding under trust and distrust: the spontaneous activation of incongruent cognitions. Journal of Personality and Social Psychology, 86(5): 668-679.

Sen A, Harsanyi J C. 1978. Essays on ethics, social behavior, and scientific explanation. The Economic Journal, 88(352): 843-845.

Servaes H. 1991. Tobin's Q and the gains from takeovers. The Journal of Finance, 46(1): 409-419.

Sharma D S, Ho J. 2002. The impact of acquisitions on operating performance: some Australian evidence. Journal of Business Finance & Accounting, 29(1/2): 155-200.

Shleifer A, Vishny R W. 1994. Politicians and firms. The Quarterly Journal of Economics, 109(4): 995-1025.

Slusky A R, Caves R E. 1991. Synergy, agency and the determinants of premia paid in mergers. Journal of Industrial Economics, 39(3): 277-296.

Smith K. 2005. Measuring innovation. Oxford Handbook of Innovation, 26(2): 148-177.

Solow R M. 1956. A contribution to the theory of economic growth. The Quarterly Journal of Economics, 70(1): 65.

Spence M. 1973. Job market signaling. The Quarterly Journal of Economics, 87(3): 355.

Stahl G K, Larsson R, Kremershof I, et al. 2011. Trust dynamics in acquisitions: a case survey. Human Resource Management, 50(5): 575-603.

Stigler G J. 1950. Monopoly and oligopoly by merger. The American Economic Review, 40(2): 23-34.

Sudarsanam S, Holl P, Salami A. 1996. Shareholder wealth gains in mergers: effect of synergy and ownership structure. Journal of Business Finance & Accounting, 23(5/6): 673-698.

Szulanski G. 1996. Exploring internal stickiness: impediments to the transfer of best practice within the firm. Strategic Management Journal, 17(S2): 27-43.

Szymanski D M, Bharadwaj S G, Varadarajan P R. 1993. An analysis of the market share-profitability relationship. Journal of Marketing, 57(3): 1-18.

Teece D J, Pisano G, Shuen A. 1997. Dynamic capabilities and strategic management. Strategic Management Journal, 18(7): 509-533.

Telser L G. 1980. A theory of self-enforcing agreements. The Journal of Business, 53(1): 27.

Thijssen J J J. 2008. Optimal and strategic timing of mergers and acquisitions motivated by synergies and risk diversification. Journal of Economic Dynamics and Control, 32(5): 1701-1720.

Tobin J. 1969. A general equilibrium approach to monetary theory. Journal of Money, Credit and Banking, 1(1): 15.

Travlos N G, Papaioannou G. 1987. Corporate acquisitions: method of payment effects, capital structure effects and bidding firms' stock returns. The Financial Review, 22(3): 118.

Wang C, Xie F. 2009. Corporate governance transfer and synergistic gains from mergers and acquisitions. The Review of Financial Studies, 22(2): 829-858.

Weber Y, Drori I. 2011. Integrating organizational and human behavior perspectives on mergers and acquisitions. International Studies of Management & Organization, 41(3): 76-95.

Wei Z, Xie F, Zhang S. 2005. Ownership structure and firm value in China's privatized firms: 1991∼ 2001. Journal of Financial and Quantitative Analysis, 40(1): 87-108.

Wernerfelt B. 1984. A resource-based view of the firm. Strategic Management Journal, 5(2): 171-180.

Weston J F, Chung K S. 1983. Do mergers make money?. Advances in Mergers & Acquisitions,

18(3): 40-48.

Williamson O E. 1981. The economics of organization: the transaction cost approach. American Journal of Sociology, 87(3): 548-577.

Xin K K, Pearce J L. 1996. Guanxi: connections as substitutes for formal institutional support. Academy of Management Journal, 39(6): 1641-1658.

Zahra S A, George G. 2002. Absorptive capacity: a review, reconceptualization, and extension. Academy of Management Review, 27(2): 185-203.

Zak P J, Knack S. 2001. Trust and growth. The Economic Journal, 111(470): 295-321.

后　记

　　《国有企业混合所有制并购中的信任与创新机制研究》是本人近年来学术成果的总结，也是国家社科基金重大项目"深化混合所有制改革的机制创新和实践路径研究（21ZDA039）"的阶段性研究成果，是本人所著丛书"混合所有制改革"中的第一部专著。混合所有制改革是我多年来一直重点学习和研究的领域，它在我国经济体制改革中的重要作用激发了我极大的兴趣，我也希望可以通过该领域的研究，为国家经济发展贡献自己的一份力量。为此，我在混合所有制改革这个领域投入了大量时间和精力，倾注了心血，并写成了这本专著。本书以新颖的视角，多样的研究方法和深入的理论分析丰富了混合所有制改革的研究文献，同时这也为我持续开展混合所有制改革研究打下了基础。回顾本书的成书过程，对于所有给予我支持、指导、帮助的人，我唯有深深的感激。

　　首先，我要感谢全国哲学社会科学工作办公室，本专著是国家社科基金重大项目"深化混合所有制改革的机制创新和实践路径研究（21ZDA039）"的阶段性研究成果，相信在主管主办部门的领导下，在项目组子课题负责人和项目组成员的共同努力下，课题建设必将获得强劲动力，为服务党和国家工作大局做出贡献。其次，感谢中国社会科学院工业经济研究所研究员黄速建教授为本书作序，黄教授一丝不苟的工作态度和在国资国企研究中的专研精神值得我学习，让我获益匪浅。再次，感谢在本书编写和修订过程中参与文献查找和数据比对的博士生和硕士生，他们分别是何竺虔、刘美婷、朱颖和赵昕。最后，感谢所有专家和读者，没有你们的鞭策和鼓励，我就没有克服困难的勇气，就难以坚持完成拙作。同时，由于本人学术水平和时间投入有限，书中难免有不完美之处，希望各位专家和读者能够不吝指教，也希望日后可以和大家进行更深入的探讨。

王　艳

2021 年 11 月 25 日